Debora Gay

La lingua dell'Arte

Italienisch für Studierende der Kunstgeschichte und Archäologie

Begleitheft

BUSKE

Bibliografische Information der Deutschen Nationalbibliothek

Die Deutsche Nationalbibliothek verzeichnet diese Publikation in der Deutschen Nationalbibliografie; detaillierte bibliografische Daten sind im Internet über ‹http://dnb.d-nb.de› abrufbar.
ISBN 978-3-87548-592-9

www.buske.de

 Gedruckt auf alterungsbeständigem Papier, hergestellt aus 100 % chlorfrei gebleichtem Zellstoff. Umschlaggestaltung: QART Büro für Gestaltung, Hamburg. Satz: Jens-Sören Mann. Druck und Bindung: Grafisches Centrum Cuno, Calbe. Printed in Germany.

INHALT

VORWORT

Das Begleitheft zu *La lingua dell'Arte* erleichtert insbesondere das selbstständige Lernen. Aber auch denjenigen, die das Lehrwerk im Rahmen eines Sprachkurses verwenden, kann es von Nutzen sein, zum Beispiel um die im Kurs behandelten Inhalte zu wiederholen oder um die Grammatik durch die Übersetzung der Erklärungen besser zu verstehen.

Im *ersten Teil* finden Sie die deutsche Übersetzung der in den Lektionen vorkommenden grammatischen Erklärungen, Beispiele und Aufgabenstellungen. Bei der Übersetzung der Beispiele zur Grammatik wurde darauf geachtet, dass sie die betrachteten Strukturen des Italienischen möglichst genau wiedergibt. Dadurch soll das Verständnis der grammatischen Aspekte erleichtert werden. Auf die Übersetzung der Beispiele zur Grammatik wurde aus methodischen Gründen dann verzichtet, wenn sich die Lernenden nur mit dem italienischen Text auseinandersetzen sollen, um eine grammatische Regel zu erschließen.

Zu den Hörtexten werden keine Erläuterungen gegeben. Sie sind vor allem für diejenigen gedacht, die im Selbststudium Aussprache, Betonung und Intonation erlernen. Die Hörtexte ersetzen somit den mündlichen Teil der Kommunikation, der in der Regel in einem traditionellen Sprachkurs mit inbegriffen ist. Aber auch diejenigen, die mit diesem Buch in einem Kurs arbeiten, sollten sich mit den Hörtexten als Übung individuell auseinandersetzen, um ihre mündliche Sprachkompetenz zu verbessern.

Im *zweiten Teil* des Heftes sind die Lösungen aller im Buch angebotenen Übungen zu finden. Bei den meisten Übungen ist die Lösung eindeutig. Für andere, offene Aufgaben, beispielsweise bei der Aufforderung zur Produktion eines schriftlichen Textes bzw. Formulierung von Sätzen oder zu einem Brainstorming, wird eine mögliche Lösung als Beispiel gegeben. Auch in diesen Fällen wird die Situation der Selbstlernenden berücksichtigt, indem denjenigen, die keine Möglichkeit haben, Beispiele vom Kursleiter zu erhalten, eine Musterlösung angeboten wird. Übungen, die als Gruppenarbeiten im Buch gegeben sind, können auch von Selbstlernenden schriftlich bearbeitet und mit der Lösung im Begleitheft kontrolliert werden.

Den Abschluss bildet das deutsch-italienische Vokabelverzeichnis.

TEIL 1

Übersetzung der grammatischen Erklärungen und Aufgabenstellungen

UNITÀ 1

S. 1 **Kennen Sie diese Wörter?**
Lesen Sie die Wörter laut! Versuchen Sie, zusammen mit einem/r anderen Kursteilnehmer/in, die Bedeutung der Wörter zu erschließen.
Wenn Sie andere Wörter aus dem künstlerischen Bereich kennen, schreiben Sie sie hier auf.

Wie sagt man ... auf Italienisch?
Führen Sie den Dialog mit anderen Wörtern: Kunst *(arte)*, Bild *(quadro/immagine)*, Museum *(museo)*, Archäologe *(archeologo)*, Ausstellung *(mostra, esposizione)*, Tempel *(tempio)*, Künstler *(artista)*.

S. 2 **Das Alphabet**
Hören Sie und lesen Sie laut: ...
Das italienische Alphabet besteht aus 21 Buchstaben. Die grün markierten Buchstaben sind fremder Herkunft. Schreiben Sie sie hier auf.

Die besonderen Laute der italienischen Sprache
Die Vokale und das «h» ändern die Aussprache von «c», «g» und «sc».
Andere besondere Laute sind: ...

① *Lesen Sie die folgenden Wörter vor und tragen Sie sie anschließend in die Tabelle in das richtigen Kästchen ein.*

S. 3 **Einen Namen buchstabieren**
Um einen Namen zu buchstabieren, benutzt man in Italien die Städte (so wie man in Deutschland Vornamen verwendet).

Ein Anruf bei der Universität

② a. *Buchstabieren Sie Ihren Namen schriftlich hier unten. Verwenden Sie dabei die Städtenamen.*
b. *Spielen Sie zu zweit den Anruf und buchstabieren Sie Ihren Namen.*

S. 4 **Wie heißt du?**
Hören Sie den Dialog.

Der erste Tag an der Universität zu Pisa.
Suchen Sie jetzt die Informationen im Text:
Wie sagt man auf Italienisch ...?

③ a. *Tragen Sie die Vokabeln in den Text ein und vervollständigen Sie die Vorstellung Andreas'.*
b. *Wiederholen Sie den Dialog mit einem/r anderen Kursteilnehmer/in, dann stellen Sie sich schriftlich vor.*

S. 5 **Was studierst du?**
Im Kästchen: Ich studiere Kunstgeschichte / Archäologie / Malerei an der Kunstakademie zu Venedig / Restaurierung in Florenz / Visuelle Künste an der Universität zu Bologna / am DAMS zu Bologna

DAMS bedeutet Kunst-, Musik- und Theaterwissenschaften.
Dies ist ein Studiengang der Philologischen Fakultät an mehreren italienischen Universitäten.
In diesem Studiengang studiert man: Kunstgeschichte, Geschichte der Musik, Geschichte des Theaters, Filmgeschichte und Filmkritik.
Am Institut der visuellen Künste studiert man Kunstgeschichte.

④ *Besuchen Sie die Internetseite des «Dipartimento delle Arti Visive» der Università zu Bologna (www.artivisive.unibo.it), suchen Sie Informationen heraus und beantworten Sie die Fragen.*

Unter «Didattica» (*Didaktik, didaktisches Angebot*) finden Sie Informationen über die Kurse.

1. Gibt es einen Kurs für Kunstpsychologie? Ja / Nein
2. Gibt es einen Kurs zur Geschichte der Zeichnung und der Stile? Ja / Nein
3. Ist in der Bibliothek auch eine Fotothek? Ja / Nein
4. In der Fotothek gibt es mehrere Filme. Richtig / Falsch
5. Es gibt einen Online-Service der Universität, um ein Praktikum zu absolvieren. Richtig / Falsch
6. Wie heißt «tirocinio» in deiner Sprache?
7. An der Universität zu Bologna gibt es eine «Scuola di Specializzazione in Beni Storici Artistici». Richtig / Falsch
8. Die «Scuola di Specializzazione» ist ein Bachelorstudiengang / ein Masterstudiengang. Ja / Nein

S. 6 Grammatik

Das Präsens der Verben *essere* und *avere* und der I. Konjugation
Suchen Sie die Verben in den Texten der vorangehenden Seiten heraus und vervollständigen Sie die Tabelle. Vergleichen Sie die Übung mit der unterstehenden Tabelle und hören Sie anschließend.

⑤ *Ergänzen Sie die Sätze mit den Verben.*

S. 7 ⑥ *Stellen Sie einen/eine Freund/in vor.*

All'università c'è ... C'è – ci sono – esserci

Lesen Sie die Beispiele:
- Am Institut für Visuelle Künste der Università zu Bologna **gibt es** eine Bibliothek.
- In der Bibliothek **gibt es** auch eine Fotothek.
- In der Fotothek **gibt es** viele Fotografien, aber **gibt es** keine Filme und keine Videos.

Was bedeutet «c'è» in Ihrer Sprache?
Was bedeutet «ci sono»?

«C'è» und «ci sono» sind besondere Formen des Verbs *essere*, im Infinitiv in diesem Fall *esserci*. Man benutzt den Singular, wenn das nachfolgende Substantiv im Singular steht. Man benutzt den Plural, wenn das nachfolgende Substantiv im Plural steht.

⑦ *Ergänzen Sie die Sätze mit den Formen von «esserci»: «c'è» oder «ci sono»*

⑧ *Ergänzen Sie die Beschreibung mit c'è / ci sono*

UNITÀ 2

S. 8 MASKULINUM UND FEMININUM

Lesen wir den Text:
Im Italienischen sind Substantive maskulin oder feminin:
- mit der Endung *-o* sind sie in der Regel maskulin: ...
- mit der Endung *-a* sind sie in der Regel feminin: ...
- Substantive mit der Endung *-e* können maskulin oder feminin sein: ...

Es gibt zusätzlich mehrere Ausnahmen:
- Substantive griechischer Etymologie mit der Endung *-a* sind maskulin: ...
- Substantive griechischer Etymologie mit der Endung *-i* sind feminin: ...

Suchen Sie die Substantive im Text und schreiben Sie sie hier unten auf. Maskulina: ... Feminina: ...

S. 9 (1) *Tragen Sie die folgenden Substantive in die Rahmen für die Maskulina bzw. Feminina ein.*

Der unbestimmte Artikel

Vor Maskulina verwendet man den Artikel **un**, wenn das Substantiv mit Vokal bzw. einfachem Konsonanten anfängt.
Vor Maskulina verwendet man den Artikel **uno**, wenn das Substantiv mit **z, y, gn, ps, x, s+Konsonant** anfängt.

Vor Feminina verwendet man den Artikel **una**, wenn das Substantiv mit Konsonant anfängt.
Vor Feminina verwendet man den Artikel **un'**, wenn das Substantiv mit Vokal anfängt.

(2) *Setzen Sie den unbestimmten Artikel vor das Substantiv.*

(3) *Tragen Sie die Substantive in die richtige Spalte ein und ergänzen Sie dabei den unbestimmten Artikel.*

S. 10 (4) Substantive und Artikel.
Betrachten Sie das Bild, lesen Sie sich die Substantive durch und setzen Sie den unbestimmten Artikel un bzw. una ein. Verbinden Sie anschließend das Substantiv und den entsprechenden Teil des Tempels mit einem Pfeil.

Die Teile der griechischen Vase

(5) *Teilen Sie die Bezeichnungen der Teile der griechischen Vase in die zwei Gruppen der Maskulina und Feminina auf.*

S. 11

Grammatik

Die Form der Adjektive

Der Singular

Betrachten Sie die Beispiele:
- Polyklet von Argo ist ein griechischer Bildhauer der ersten Klassik.
- Eine berühmte Statue von ihm ist der Doryphoros (der Speerträger).
- Eine Kopie des Doryphoros wird im archäologischen Nationalmuseum von Neapel aufbewahrt.

Im Italienischen werden die Adjektive in zwei Gruppen eingeteilt:

1. Adjektive mit der Endung -o für das Maskulinum und Adjektive mit der Endung -a für das Femininum im Singular
2. Adjektive mit Endung -e für das Maskulinum und Femininum im Singular

Eine Sonderform haben die Adjektive auf -ista, z. B. *verista, realista, impressionista,* die im Singular dieselbe Endung für das Maskulinum und das Femininum haben. Beispiel: ...
Das Substantiv *artista* hat ebenfalls dieselbe Form für das Maskulinum und das Femininum im Singular.

(6) *Lesen Sie sich jetzt den Text auf Seite 8 noch einmal durch, unterstreichen Sie die Adjektive und schreiben Sie sie zusammen mit dem Substantiv auf einen Zettel. Haben Sie Pluralformen gefunden? Welche?*

Der Plural

Der Plural der Adjektive wird wie folgt gebildet:

Adjektive auf -o (mask.), -a (fem.)	bilden die Pluralform auf -i (mask.), -e (fem.)
Adjektive auf -e (mask. und fem.)	bilden die Pluralform auf -i
Adjektive auf -ista (mask. und fem.)	bilden die Pluralform auf -isti (mask.) und -iste (fem.)

Beachten Sie die Formen mit «-c» bzw. «-g»

Adjektive, deren letzte Silbe mit «-c» bzw. «-g» beginnt, fügen ein «h» im Femininum Plural ein; im Maskulinum fügen sie das «h» nur in einigen Fällen ein. Betrachten Sie die Tabelle.

Die Betonung bestimmt den Unterschied im Maskulinum: ...
Beachten Sie! greco / greci ist eine Ausnahme

S. 12 **Zusammengesetzte Adjektive**

In Texten, die einen künstlerischen bzw. einen kunsthistorischen Inhalt haben, findet man oft mehrere aufeinanderfolgende Adjektive, die sich auf ein einziges Substantiv beziehen: die Endung all dieser Adjektive richtet sich nach der des Substantivs.

⟨7⟩ *Adjektive. Vervollständigen Sie die Bezeichnungen paarweise mit den gegebenen Adjektiven: Ändern Sie die Endung, wo es nötig ist.*

S. 13

HILFREICHE EMPFEHLUNGEN

Möchten Sie etwas mehr über den italienischen Realismus, über Silvestro Lega und seine Freunde, die «Macchiaioli», erfahren?

Suchen Sie nach Informationen im Internet! Geben Sie Schlüsselwörter wie «Macchiaioli», «mostra Macchiaioli» und «pittura italiana dell'800» ein oder die Namen der Macchiaioli-Maler, wie z. B.: Giovanni Fattori, Silvestro Lega, Vincenzo Cabianca, Telemaco Signorini, Adriano Cecioni, Odoardo Borrani, Nino Costa. Online finden Sie auch einige interessante Videos über die »Macchiaioli».

S. 14 **Farbadjektive**

Betrachten wir das Bild von van Gogh:
Wir sehen die **gelben** Sterne, den **blauen** Himmel und **blaue** Berge, die **grüne** Zypresse.

Einige Adjektive haben vier Formen, andere zwei, andere sind unveränderlich. Lesen Sie sich die Tabelle durch: ...

Die Betonung

Lesen Sie das Beispiel vor und beachten Sie die Betonung: ...

- Im Italienischen kann die Betonung auf unterschiedlichen Silben liegen:
- Wir kennzeichnen die Betonung, wenn sie auf den letzten Vokal eines Wortes fällt (a.) oder, um Wörter zu unterscheiden, die gleich geschrieben werden, aber unterschiedliche Bedeutungen haben (b.):
  a. classicità, età, università, città ecc.
  b. è ≠ e

Im Italienischen haben wir einen Akut (´) und einen Gravis (`):

- geschlossenes «e» bzw. «o»: ...
- offenes «e» bzw. «o»: ...
- die Vokale «a», «i», «u» haben in der Regel einen Gravis: ...
- Substantive griechischer Etymologie haben manchmal zwei Aussprachen (d. h. zwei unterschiedliche Betonungen), z. B.: ...

⟨8⟩ a. *Hören Sie sich den Hörtext an, lesen Sie dann die Adjektive laut:*
b. *Hören Sie sich den Hörtext an, lesen Sie dann die Verben laut:*

S. 15 Noch etwas Grammatik

Die Verben der II. und der III. Konjugation

Die markierten Verben gehören zur II. und III. Konjugation. Die Endungen sind zum Teil andere als in der I. Konjugation. Lesen Sie sich die Tabelle durch und vervollständigen Sie diese: ...

⟨9⟩ *Setzen Sie die konjugierten Verben in den Text ein.*

UNITÀ 3

S. 16 DIE SÄULENORDNUNGEN DES GRIECHISCHEN TEMPELS

Hören wir uns den Text an, dann lesen wir!

S. 17 Grammatik zum Text

Die Pluralform der Substantive und der Adjektive

In diesem Text finden Sie einige Substantive im Plural: ...
Lesen Sie den Text zu zweit noch einmal, suchen Sie die Substantive im Plural, dann tragen Sie sie hier unten ein.

Versuchen Sie jetzt, zusammen eine Regel zu finden:

Maskulina auf **-o** bilden die Pluralform auf ...
Feminina auf **-a** bilden die Pluralform auf ...
Substantive auf **-e** (Maskulina und Feminina) bilden die Pluralform auf ...

Schreiben Sie hier unten die Singular- und Pluralform aller Substantive, die Sie im Text finden. Beispiel: ...

Suchen Sie nach den Adjektiven im Lesetext und tragen Sie sie hier unten ein:

Schreiben wir die Regel zusammen:

Die Endungen der Adjektive
Adjektive, die im Maskulinum Singular auf **-o** enden, bilden die Pluralform auf ...
Adjektive, die im Femininum Singular auf **-a** enden, bilden die Pluralform auf ...
Adjektive, die im Maskulinum und Femininum Singular auf **-e** enden, bilden die Pluralform auf ...

Eine besondere Gruppe
Adjektive, die im Singular auf **-ista** enden, bilden die Pluralform auf ...
-isti, wenn sie ... sind;
-iste, wenn sie ... sind.

S. 18 ◇1 *Verbinden Sie die Substantive mit den Adjektiven.*

◇2 *Bilden Sie kurze Sätze mit Substantiven und Adjektiven über den griechischen Tempel und die Säulenordnung. Arbeiten Sie in kleinen Gruppen.*

Noch etwas Grammatik ...

Die bestimmten Artikel

Schreiben Sie hier unten die bestimmten Artikel auf, die sie im Text finden: ...
Vervollständigen Sie jetzt die Tabelle:

	SINGULAR	PLURAL
Maskulin vor einem Vokal		
Maskulin vor einem einfachen Konsonanten		
Maskulin vor mehreren Konsonanten		
s+Konsonant, z, x, y, gn, ps		
Feminin vor einem Konsonanten		
Feminin vor einem Vokal		

S. 19 WORTSCHATZ

Die Teile des griechischen Tempels

Suchen Sie sich 10 Substantive aus, die Teilen des griechischen Tempels entsprechen und die Ihrer Meinung nach wichtig zu lernen sind. Schreiben Sie sie mit dem bestimmten Artikel hier unten:

S. 20 **Adjektive auf *-o/-a/-i/-e* und auf *-e/-i*.**

Adjektive bestimmen den Stil und die Epoche des Kunstwerkes.

③ *Tragen Sie die Endung des Adjektivs ein und bilden Sie anschließend die Plural- bzw. Singularform, wo es möglich ist.*

S. 21 **Der bestimmte Artikel**

1. Setzen Sie den bestimmten Artikel vor die Substantive, dann verbinden Sie mit einem Pfeil die jeweiligen Substantive mit den entsprechenden Teilen des Flügelaltars. Achten Sie auf die Endung der Substantive!
2. Lesen Sie den Text und setzen Sie sich zu zweit darüber auseinander. Wann benutzt man den bestimmten Artikel? Wann nicht?

Wortschatz

Auf dieser Seite finden Sie neue Vokabeln über die Tafelmalerei. Schreiben Sie sie hier unten auf.

S. 22 KURZE GESPRÄCHE

Über die Technik bzw. das Material oder über ein Kunstwerk als Originalwerk bzw. Kopie sprechen

Hören Sie die Dialoge, dann versuchen Sie, kurze Gespräche zu führen.

1. Über die künstlerische Technik.

- Das Polyptychon der Bermherzigkeit von Piero della Francesca ist ein Öl- und Temperagemälde auf Tafel. Die Präposition «su» entspricht in diesem Fall der deutschen Präposition «auf».
- Welche ist, deiner Meinung nach, die Technik des Kruzifixes von Giotto?
- Welche ist, Ihrer Meinung nach, die Technik des Kruzifixes von Giotto?
- Meiner Meinung nach ist das Kruzifix von Giotto ein Temperagemälde auf Tafel.
- Ist es deiner Meinung nach ein Ölgemälde auf Tafel?
- Nein, meiner Meinung nach ist es kein Ölgemälde auf Tafel, es ist ...

2. Über das Material, die Kopie oder das Originalwerk.

- Eine Statue kann aus Marmor, Bronze, Stein, Gips usw. sein.

Die Präposition «di» steht hier für «aus».

Beachten Sie: Neben «di» bezeichnet auch die Präposition «in» das Material! Beispiel:

- Aus welchem Material sind diese Statuen?
- Diese Statue ist aus Kalkstein, diese ist eine Kopie aus Marmor und diese ist das Originalwerk.
- Und diese Statue hier ...?
- Diese hier ist ein Gipsabguss.

④ *Betrachten Sie die Bilder und führen Sie ein Gespräch über die Technik und das Material der Kunstwerke. Arbeiten Sie in kleinen Gruppen.*

S. 23 **Die Verneinung**

- Deiner Meinung nach, ist diese Statue aus Gips?
- Nein, meiner Meinung nach, ist sie nicht aus Gips, sie ist aus Marmor.

Auf Italienisch bildet man die Verneinung mit *no* (nein) und *non* (nicht). In der Satzstellung steht *non* vor dem konjugierten Verb.

Beispiele: *Diese Statue ist nicht ein Originalwerk (= ist kein Originalwerk). / Ich verstehe dieses Thema nicht.*

⑤ *Wandeln Sie das Verb in die Verneinungsform um.*

Einige Verben

Lesen Sie die Beipiele:

- In dem Kruzifix von Santa Maria Novella stellt Giotto die Ikonografie des Christus patiens dar.
- Auf den Armen des Kruzifixes sehen wir die Madonna und Johannes den Evangelisten.
- Auf dem Fuß des Kruzifixes fließt das Blut Christi: Giotto malt den Golgotha-Hügel und einen Schädel.

Drei wichtige Verben für ein Gespräch über ein Kunstwerk sind die Verben *rappresentare, vedere, dipingere.*

Hier ist die Konjugation: ...

⑥ *Bilden Sie Sätze mit den Verben «rappresentare», «vedere», «dipingere».*

S. 24 ZUSAMMENFASSENDE ÜBUNGEN ZU DEN LEKTIONEN 2 UND 3 – WORTSCHATZ

1. Setzen Sie die Namen für die Teile des dorischen Tempels ein: ...
2. Schreiben Sie die Namen für die Teile des dorischen Tempels mit dem bestimmten Artikel erneut: ...
3. Setzen Sie die Namen für die Teile der griechischen Vase ein: ...
4. Schreiben Sie die Namen für die Teile der griechischen Vase mit dem bestimmten Artikel erneut: ...

S. 25
5. Betrachten Sie die Teile des korinthischen Kapitells ...
   ... und schreiben Sie deren Namen mit dem bestimmten Artikel erneut: ...
6. Schreiben Sie die Namen für die Teile des ionischen Kapitells, die Sie kennen, und verbinden Sie sie mit einem Pfeil zum jeweils zutreffenden Element im Bild: ...
7. Formulieren Sie schriftlich Sätze, die Substantive und Adjektive enthalten, die Sie in dieser Einheit gelernt haben:

UNITÀ 4

S. 26 DIE MALTECHNIKEN

Es gibt viele verschiedene Maltechniken. Kennen Sie alle? Lösen Sie die Übungen und schreiben Sie die neuen Vokabeln, die sie lernen!

① *Setzen Sie den bestimmten Artikel ein, dann verbinden Sie die jeweilige Bezeichnung für eine Technik mit dem dazu passenden Bild. Vergleichen Sie anschließend mit dem Hörtext.*

Kennen Sie weitere Techniken? Schreiben Sie sie auf einen Zettel, und setzen Sie sich darüber mit einem anderen Kursteilnehmer auseinander.

② *Tragen Sie die bestimmten Artikel im Singular und Plural in die Tabelle ein. Achten Sie dabei auf die Pluralformen!*

Beachten Sie: Substantive fremder Herkunft sind auf Italienisch unveränderlich!

S. 27 **Wortfamilien**

Um die Vokabeln besser zu lernen, ist es möglich, sie nach semantischen Gruppen und «Familien», d. h. nach Bedeutungsgruppen, zu ordnen. Die folgenden Übungen bieten Ihnen eine Lernmethode an.

③ *Vervollständigen Sie mit den fehlenden Wörtern.*
NOMEN / TÄTIGKEIT / VERB

④ *Kennen Sie andere Wortfamilien? Setzen Sie sich in kleinen Gruppen darüber auseinander, dann tragen Sie hier unten die Wörtergruppen ein, die Sie gefunden haben.*

Denken wir über die Grammatik nach

Maskulina auf **-ore** bilden das Femininum auf ...

Einige Maskulina, die Berufe bezeichnen, ändern ihre Form nicht, wenn Sie sich auf einen Mann bzw. auf eine Frau beziehen.

Beispiel: *Der Architekt Renzo Piano und die Architektin Gae Aulenti sind wegen des Entwurfs zweier Museen in Paris berühmt:* ***er*** *wegen des Centre George Pompidou,* ***sie*** *wegen des neuen Musée d'Orsay.*

Henry Matisse ist als Maler bekannt, auf diesem Foto modelliert er aber eine weibliche Figur aus Ton.
Kennen Sie den Unterschied zwischen **behauen** und **modellieren**?

S. 28 **Was machst du gerade?**

Hören Sie den Dialog.

Finden Sie die jeweils passenden Ausdrücke im Dialog: ...

In dem Dialog sind einige Formen des unregelmäßigen Verbs *fare* zu finden. Vervollständigen Sie die Tabelle und lesen Sie die Beispiele vor. Das Verb *fare* hat mehrere Bedeutungen auf Italienisch!

Vervollständigen Sie die Tabelle des Verbs *stare*.

Beispiele:

- Wie geht es Anna?
~ Anna geht es heute nicht besonders gut, sie ist krank.

- Was machst du gerade?
~ Ich lese gerade ein Buch über Henry Matisse.

S. 29 **Stare + Gerundium**

Das Verb *stare* wird oft zusammen mit dem Gerundium benutzt, und es drückt in dieser Verbindung eine Handlung aus, die gerade passiert. Siehe die Endungen: ...

Beachten Sie: *fare* → ***fac****endo*

Versuchen Sie jetzt abwechselnd, wie in dem Beispiel, die Frage zu formulieren und die Antwort zu geben:

- Was machst du gerade? / ~ Ich ... gerade ...

⑤ *Verbinden Sie mit einem Pfeil die zusammengehörenden Ausdrücke.*

⑥ *Führen Sie jetzt einen kurzen Dialog nach dem Muster des Gesprächs zwischen Paola und Luca. Beachten Sie die ähnlichen Ausdrücke!*
Formen: ...

Der Teilungsartikel

Lesen wir das Beispiel aus dem Dialog vor: - *Es sind Fotos von Matisse bei der Arbeit.*

Um eine unbestimmte Menge im Plural anzugeben, benutzen wir **di + bestimmter Artikel**.

Beispiele:
- Ich bereite ein Referat vor → Ich bereite Referate vor
- Ich mache (führe) eine Forschung (durch) → Ich mache (führe) Forschungen (durch)
- Matisse modelliert ein Bozzetto aus Ton → Matisse modelliert Bozzetti aus Ton

Mit dem Teilungsartikel bilden wir die Pluralform des ...
Formen: ...

S. 30 Versuchen Sie jetzt, die Form mit Teilungsartikel zu bilden. Setzen Sie, wo es notwendig ist, den ganzen Satz in die Pluralform, in dem Sie die Endungen und die Person des Verbs anpassen.

Brainstorming über Archäologie

Versuchen wir zusammen, «Familien» von Wörtern durch ein Brainstorming über Archäologie zu bilden: ...

Versuchen Sie jetzt, die gesammelten Wörter wie im Beispiel zusammenzusetzen! Welche Funktion hat die Präposition «di»?

S. 31 LESEVERSTÄNDNIS

Lesen Sie den Text und beantworten Sie die Fragen.

Neue Forschungstechnologien in der Archäologie

Fragen:
- Welche sind die neuen technologischen Forschungsinstrumente?
- Wozu dient der Laser-Scanner?
- Womit macht man die Verwaltung der Daten bzw. der Informationen?

GEBRAUCH DER PRÄPOSITONEN «A» UND «PER»
Die Präpositionen «a» und «per» + Infinitiv: ...
Die Präposition «per» + Substantiv: ...

⑦ *Schauen Sie sich zwei Videos über Erhebungs- (a.) und Ausgrabungsmethoden (b.) im Internet an. Schreiben Sie die technischen Begriffe auf und vergleichen Sie die Ergebnisse anschließend im Kurs.*

Um die Videos im Internet zu finden, benutzten Sie Suchbegriffe wie: ...

⑧ *Bilden Sie nun Sätze mit den vorgegebenen Wörtern.*

(Überschrift im Kasten:) Die Werkzeuge für die Ausgrabung

S. 33

Grammatik

Fragepronomen

Lesen wir die Beispiele:
- Welche sind die neuen technologischen Forschungsinstrumente?
- Wozu dient der Laser-Scanner?
- Womit verwaltet man die Daten bzw. die Informationen?

Quale und *che cosa* so wie *chi* und *quanto* sind Fragepronomen.
Um andere Fragen zu formulieren, benutzen wir die Fragepronomen mit den Präpositionen:

Lesen wir die Tabelle und vervollständigen wir sie: ...

Gebrauch / Formen / Übersetzung
mit Personen unveränderlich
mit Sachen bzw. Gegenständen

Frageadjektive und Frageadverbien

So wie die Fragepronomen sind auch Frageadjektive und Frageadverbien wichtig, um z. B. Informationen über ein Kunstwerk zu sammeln bzw. sich über einen Ort zu informieren oder Daten zusammenzutragen.

Wenn *che*, *quale* und *quanto* ein Substantiv begleiten, sind sie Frageadjektive:
- Welche Fächer studierst du?
- Zu welchem Moment der Forschung gehören diese Bilder?
- Seit wie vielen Jahren recherchierst du in diesem Bereich?

Frageadverbien sind: ...

Übersetzen Sie die Frageadverbien, nachdem Sie deren Formen gelesen haben.

S. 34 ⑨ *Arbeiten Sie in kleinen Gruppen, lesen Sie die Fragen und versuchen Sie, deren Übersetzung zu schreiben.*

Mit diesen Fragen können Sie Informationen über ein Kunstwerk sammeln bzw. die Karteikarte (d. h. die Inventarkarte) des Kunstwerks ausfüllen.

⑩ *Stellen Sie abwechselnd zu zweit Fragen und geben Sie Antworten über den Trasporto di Cristo morto von Raffaello, schreiben Sie anschließend einen kurzen Text über das Gemälde.*

S. 35 Noch etwas Grammatik

Verben auf «-isc»

Bei einigen Verben der III. Konjugation wird das Suffix *-isc* im Singular und in der III. Person Plural vor der Endung eingefügt.

Wie die entsprechenden lateinischen Verben, werden diese auch *inchoative* Verben genannt. Mehrere Verben der III. Konjugation gehören zu dieser Gruppe: ...

⑪ *Konjugieren Sie hier unten die Verben aus dem Lesetext: ...*

S. 36 **Einige Ortspräpositionen und Ortsangaben**

Lesen Sie nochmals den Text über den *San Sebastiano* von Antonello da Messina, unterstreichen Sie alle Ortsangaben, vervollständigen Sie die Tabelle und schreiben Sie anschließend die Übersetzung auf. Arbeiten Sie in kleinen Gruppen.

Probieren Sie jetzt, die Ausdrücke Gruppen zuzuordnen und die gegenteilige Bezeichnung einzusetzen: ...

Die wichtigsten Präpositionen sind: ...

⑫ *Betrachten Sie das Bild und vervollständigen Sie den Text mit den hier unten gegebenen Ortsangaben.*

S. 37 **Einige Substantive und Adjektive mit Sonderformen**

Heilige und Götter, schöne Gemälde und schöne Figuren

Einige Substantive und Adjektive haben im Italienischen Sonderformen. Lesen Sie den Text und vervollständigen Sie die Tabelle.

Die Kirchen von Florenz

1. Das Adjektiv «santo»: ...
Das Substantiv «santo» bildet keinen Sonderfall: ...

2. Sonderfälle gibt es auch beim Substantiv «dio».

Arbeiten Sie jetzt in kleinen Gruppen und beantworten Sie die Fragen:

Wann wird das Substantiv «dio» klein und mit dem Artikel geschrieben?
Welche Formen hat das Substantiv «dio»?

S. 38 3. Auch das Adjektiv «bello» hat Sonderformen: es wird vor einem Substantiv wie der bestimmte Artikel gebeugt. Arbeiten Sie in kleinen Gruppen, verbinden Sie das Adjektiv mit dem dazu passenden Substantiv, dann füllen Sie die Tabelle aus.

⑬ *Die Heiligen und ihre Attribute. Vervollständigen Sie den Text mit den Formen des Adjektivs «santo».*

S. 39 GRIECHISCHE UND RÖMISCHE GOTTHEITEN AUF ITALIENISCH

Den Wortschatz über die Mythologie erweitern, um die Ikonografie zu verstehen

Finden Sie auf der folgenden Internetseite die Namen der Gottheiten des Olymps: ...
Tragen Sie die Namen der griechischen und römischen Gottheiten auf Italienisch ein.

UNITÀ 5

S. 40 **Die Zahlen**

Hören Sie sich die Nummern an und schreiben Sie die Ziffern auf: ...

Zehner: ...

Zahlen mit Zehner: es wird zuerst der Zehner genannt, z. B.: ...

Ausnahmen: ...

Hunderter:

Tausender:

Übungen:
1. Bearbeiten Sie den Dialog zu zweit: ...
   Wiederholen Sie ihn mit beliebigen Zahlen.
2. Bearbeiten Sie den Dialog zu zweit: ...
3. Nach dem Alter fragen: ...

S. 41 **Zahlen in Wörtern**

Oft finden wir in der Sprache der Kunst Zahlen, die in den Wörtern sozusagen «versteckt» sind. Manchmal haben diese Zahlen eine griechische Etymologie.

Lesen wir die folgenden Sätze und finden wir die in den Wörtern enthaltenen Zahlen.

S. 42 DIE ZEIT

Die Uhrzeit: Wie spät ist es?

Mehrere Möglichkeiten, die Uhrzeit offiziell und umgangssprachlich auszudrücken.

① *Schreiben Sie fünf unterschiedliche Uhrzeiten auf einen Zettel, dann fragen und sagen Sie abwechselnd, wie spät es ist. Arbeiten Sie zu zweit.*

② *Lesen Sie den folgenden Text und schreiben Sie die Übersetzung der hier unten angegebenen Wörter.*

S. 43 ③ *Arbeiten Sie in kleinen Gruppen: Finden Sie die Bedeutung folgender Wörter heraus, schreiben Sie dann die Übersetzung auf.*

④ *Helfen Sie dabei, die Bildunterschriften zu vervollständigen! Wählen Sie unter den angebotenen Ausdrücken aus.*

S. 44 **Öffnungszeiten**

Lesen wir die Öffnungszeiten einer Ausstellung: ...

Schreiben Sie jetzt die Öffnungszeiten einiger Museen auf: ...

⑤ a. Finden Sie zu jeder Frage die passende Antwort.
b. Sammeln Sie Informationen über die Öffnungszeiten eines Museums bzw. einer Ausstellung, das/die Ihnen bekannt ist. Tauschen Sie sich über die Informationen in kleinen Dialogen aus, wie in Teil a. der Übung. Arbeiten Sie zu zweit.
c. Wie sagen Sie auf Italienisch ...?

S. 45 **Ordnungszahlen**

Hören Sie sich den Hörtext an, dann lesen Sie die Zahlen laut und vervollständigen Sie anschließend:

Im Kasten: DER ZEITSTRAHL – das Jahr null – vor Christus – nach Christus

Die Abkürzungen: ...

Ausdrücke: Versuchen Sie, die Bedeutung folgender Ausdrücke zu verstehen. Arbeiten Sie zu zweit.

Wie liest man Brüche auf Italienisch? Betrachten Sie das Beispiel, dann schreiben Sie den Wert der Brüche in Wörtern auf: ...

S. 46 ⑥ *Arbeiten Sie in kleinen Gruppen und schreiben Sie das Jahrhundert auf, aus dem die verschiedenen Werke stammen.*

S. 47 ⑦ *Zahlen vorlesen und deutlich aussprechen.*
Hören Sie sich den Hörtext an, lesen Sie dann den folgenden Text und achten Sie insbesondere auf die Zahlen.

Die Tempel von Paestum

Vergessen Sie nicht: Im Wortschatz der 3. Lektion sind alle Vokabeln über den griechischen Tempel zu finden!

Möchten Sie mehr darüber erfahren? Besuchen Sie folgende Internetseiten: ...

Zur Vertiefung: Die Magna Graecia

Seit dem VIII. Jahrhundert gründen die Griechen Kolonien am Mittelmeer, zuerst an den Küsten Kleinasiens (heute Türkei), dann in Süditalien, auf Sizilien, in Südfrankreich (Marseille) und an der iberischen Küste (heute Spanien). Die Griechen bilden kein Reich: jede Stadt ist gleichzeitig ein Staat, d. h., sie ist frei. Die Kolonien handeln mit dem Vaterland. Die griechische Kultur verbreitet sich im Mittelmeerraum.

S. 48 **Zahlen über tausend – Wie man sie liest**

Hören wir uns den Hörtext an und lesen wir den Text zusammen.

Claude Monet: ein Leben der Kunst gewidmet

Lesen Sie in kleinen Gruppen den Text noch einmal und unterstreichen Sie alle Ausdrücke in denen ein Datum oder ein Jahr vorkommt.

Schreiben Sie die gefundenen Ausdrücke hier unten auf:

Finden Sie die Regel: Wie sagt man auf Italienisch ...?

S. 49 ⑧ *Schreiben Sie über das Leben des Pablo Picasso mithilfe der unten gegebenen Informationen und Formulierungen, die Sie in der Biografie von Claude Monet finden.*

Das Leben von Pablo Picasso

Wichtige Daten: ...

S. 50 THEMATISCHE VERTIEFUNG – LESEVERSTÄNDNIS

Lesen Sie den angebotenen Text und bearbeiten Sie die Übungen zum Leseverständnis.

Die Ikonografie der Geburt Christi

S. 51 **Leseverständnis**

1. Lesen Sie den Text noch einmal und bringen Sie die folgenden zusammenfassenden Sätze in die Reihenfolge des Textes.

S. 52 2. Verbinden Sie mit einem Pfeil die zueinanderpassenden italienischen und deutschen Ausdrücke.

3. Suchen Sie die Synonyme für «Natività», «Gesù», «rappresentare» im Text und schreiben Sie sie hier unten auf.

Grammatik

Die Preposizioni articolate

In der Kunst des Abendlandes entwickelt sich die Ikonografie der Geburt Christi bereits in den ersten Jahrhunderten der christlichen Tradition. In den kanonischen Evangelien gibt es allerdings nicht viele Informationen über die Geburt Christi.

Die Präpositionen **di**, **a**, **da**, **in** und **su** (seltener **con**) schmelzen mit dem Artikel zusammen und bilden ein einziges Wort. Vervollständigen wir die Tabelle zusammen: ...

S. 53 ⑨ *Vervollständigen Sie die Sätze mit den preposizioni articolate.*

Zwei unregelmäßige Verben: *sedere* und *risalire* (Kompositum mit *salire*)

Betrachten Sie die folgenden Sätze:

- *Sankt Joseph sitzt nachdenklich.*
- *Die Geburt des Heiligen Kindes in Armut und die Anbetung vor dem kleinen Jesus in der Krippe gehen auf Sankt Franziskus zurück.*

Worin unterscheidet sich die konjugierte Form von der Infinitivform? ...

Sedere und *salire* sind zwei unregelmäßige Verben. Siehe ihre Konjugation im Indikativ Präsens:

Die Unregelmäßigkeit befindet sich ... ❑ im Verbstamm ❑ in der Endung

In welchen Personen (d. h. mit welchen Personalpronomen) hat *sedere* unregelmäßige Formen?
In welchen Personen (d. h. mit welchen Personalpronomen) hat *salire* unregelmäßige Formen?

S. 54 ⑩ *Vervollständigen Sie die Sätze mit den konjugierten Formen von «sedere» und «risalire».*

Um mehr darüber zu erfahren:
Sie können das Thema der Ikonografie der Geburt Christi vertiefen, indem Sie im Internet nach den Schlüsselwörtern ... suchen.

UNITÀ 6

S. 55 DAS MUSEUM

Lesen wir den Text und schreiben wir die Übersetzung der Wörter auf:

Der Wortschatz zum Thema Museum:

a. Im Museum arbeiten: ...

b. Zugeordnet nach den Sammlungen kann das Museum ... sein

Ein Museum, das vor allem ... enthält, heißt ...

c. Die Räume des Museums: ...

S. 56 **Das Ägyptische Museum in Turin**

Nach dem Museum in Kairo ist das *Museo delle Antichità Egizie di Torino* das reichste an Funden über die ägyptische Kunst und Archäologie. Schauen wir uns das Video zusammen an, und beantworten wir die Fragen.

Die Geschichte des Museums

Die Mastaba

Vervollständigen Sie den Text mit den fehlenden Wörtern: ...

Die Figuren- bzw. die Statuensammlung

Der Tempel von Ellesija

S. 57 Grammatik

Unregelmäßige Verben

Lesen wir den Text:
Der Museumsführer erzählt: «Im Jahr 1824 kommt (= **viene**) Jean-François Champollion nach Turin, er untersucht (= **fa** un'analisi) Statuen, Mumien und Papyrusrollen und schreibt den ersten erläuterten Katalog der Sammlungen. Champollion gelingt es (= Champollion **riesce**) auch, den «Papyrus der Könige» zu übersetzen, der eine Auflistung der Dynastien der Pharaonen enthält. Anschließend fährt er (= **va**) nach Ägypten und führt (= **conduce**) zwischen 1828 und 1829 eine archäologische Expedition durch: er gräbt die Felsentempel aus und erforscht sie».

Die hervorgehobenen Verben sind *unregelmäßig*. Lesen wir die Konjugation: ...

Denken wir darüber nach: Die Unregelmäßigkeit ist zu finden

- ❑ in der Endung
- ❑ im Verbstamm
- ❑ im Unterschied zwischen dem Verbstamm im Infinitiv und im Indikativ Präsens

Für diejenigen, die Latein können: Gibt es Ähnlichkeiten zwischen dem lateinischen und dem italienischen Verb? Wo? Nennen Sie einige Beispiele: ...

Beachten Sie: *riuscire* ist ein Kompositum mit *uscire*. Auch andere Verben bilden Komposita oder zeigen Formen, die dieselbe aus dem Lateinischen stammende Konjugation haben! Zum Beispiel: ...

Wenn wir das Verb erkennen, mit dem diese Komposita gebildet werden, kennen wir ihre Konjugation!

Satzbildung mit den Präpositionen:
venire a (*nach / zu / in ... kommen*) / andare a (*nach / zu / in ... gehen*) → hängt vom Standpunkt ab!
venire a (*nach / zu / in ... kommen*) / venire da (*aus / von ... kommen*) → die zwei Formen haben zwei unterschiedliche Bedeutungen

◇1 *Champollion erzählt persönlich über sich. Ändern Sie die Endungen der Verben.*

S. 58 ◇2 *Konjugieren Sie die in Klammern gegebenen Verben.*

Besuchen wir die Internetseite des Museo delle Antichità Egizie di Torino

Adresse der Internetseite des Museums: ...

1. Besuchen wir die Internetseite des Ägyptischen Museums in Turin und sammeln wir Informationen über die Öffnungszeiten und Führungen.
2. Suchen wir Informationen über die Geschichte des Museums.

Grammatik

Dieses und jenes

Wie übersetzen Sie *questa* und *quella*? Diskutieren Sie in kleinen Gruppen darüber, dann schlagen Sie Ihre Lösung der Klasse bzw. der Kursgruppe vor:

Questo und *quello* sind Demonstrativadjektive. Wenn sie kein Substantiv begleiten, werden sie zu Demonstrativpronomen.
Mit *questo* beziehen wir uns auf etwas, das uns nah ist, mit *quello* auf etwas, das von uns weit entfernt ist.

Beachten Sie die Formen der Demonstrativadjektive!

- *Questo* bildet die üblichen Formen eines Adjektivs und wird vor einem Vokal apostrophiert: ...
- *Quello* gleicht dem Adjektiv «bello» (Unità 4): ...

S. 59 - Als Pronomen haben *questo* und *quello* folgende Formen: ...

③ *Vergleichen Sie die Bilder paarweise und bilden Sie einen Satz mit questo und quello als Demonstrativadjektive bzw. als Demonstrativpronomen. Arbeiten Sie zu zweit!*

Beispiel mit den Bildern 1 und 2: ... / Beispiel mit den Bildern 5 und 4: ...

④ *Ersetzen Sie «questo» durch «quello».*

S. 60

Noch etwas Grammatik

Possessivadjektive

Lesen wir die Beispiele:

- Die Mastaba ist das neue Haus des Verstorbenen: Seine Seele kann durch die falschen Türen gehen.
- In dem Grab Inis befinden sich die kleinen Holzfiguren seiner Diener und seine Statue.

Die hervorgehobenen Wörter sind Possessivadjektive: ...

Betrachten Sie: ...

Das Possessivadjektiv ist maskulin → wenn das nachfolgende Substantiv maskulin ist;
ist feminin → wenn das nachfolgende Substantiv feminin ist.

Das Possessivadjektiv richtet sich also im Italienischen immer nach dem Bezugswort, das es begleitet.

Das Possessivadjektiv wird zu einem Possessivpronomen, wenn es kein Substantiv begleitet: ...

Betrachten Sie jetzt das vollständige Schema: ...

⑤ *Vervollständigen Sie wie im Beispiel mit dem Possessivadjektiv.*

S. 61 ⑥ *Bilden Sie zu zweit die möglichen Verbindungen. Kontrollieren Sie das Ergebnis zusammen.*

Personalpronomen als Subjekt (d. h. in der Form, die dem Nominativ entspricht) – Formen und Gebrauch

Die hervorgehobenen Formen sind Personalpronomen, die im Satz die Funktion des Subjektes haben, und beziehen sich auf Personen bzw. Tiere, Gegenstände oder Sachen.

Welche Substantive werden durch die Pronomina in den Beispielen ersetzt? Vervollständigen Sie das Schema in kleinen Gruppen.

Hier eine vollständige Tabelle der Personalpronomen als Subjekt (des Satzes): ...

In der Tabelle: in der gesprochenen Sprache meistbenutzten Formen / fast nur in der Schriftsprache benutzten Formen.

S. 62 Betrachtungen:

- In der gesprochenen Sprache wird das Personalpronomen als Subjekt selten ausgesprochen.
- Für die 3. Person kommen häufig *lui, lei, loro* vor, obwohl ursprünglich *egli, ella, Ella, esso, essa, essi, esse* die richtigen Formen waren. Diese Formen werden noch in schriftlichen Texten benutzt und kommen in Texten kunstgeschichtlichen bzw. archäologischen Inhalts oft vor.

Beachten Sie:

egli, ella, Ella (Höflichkeitsform) → bezieht sich auf Personen

esso, essa → bezieht sich auf Tiere und Gegenstände bzw. Sachen

essi, esse → bezieht sich auf Personen, Tiere und Gegenstände bzw. Sachen

⟨7⟩ *Setzen Sie das richtige Personalpronomen ein.*

Die Ägyptische Kunst – Vertiefung

Zeitliche Einteilung der Geschichte (und der Urgeschichte) des antiken Ägyptens.

S. 63 Grammatische Vertiefung

Betrachtungen über die Verben

Lesen Sie die Sätze und schauen Sie sich die Verben an: ...

Schreiben Sie zu jedem Verb die Form des Infinitivs und die Übersetzung: ...

In der Tabelle: konjugiertes Verb / Verb im Infinitiv / Übersetzung

Diskutieren Sie in kleinen Gruppen:

a. Welche Verben haben im Infinitiv und in der konjugierten Form den gleichen Verbstamm?
b. Wie nennen wir Verben, die in der konjugierten Form den Verbstamm ändern?
c. Welche Form entspricht «*sono state costruite*»?

Das Partizip Perfekt der Verben auf -are, -ere, -ire

Das **Partizip Perfekt** der regelmäßigen Verben hat folgende Endungen:

-ato (I. Konjugation)

-uto (II. Konjugation)

-ito (III. Konjugation)

Das Partizip Perfekt hat hier die Funktion eines Adjektivs, wenn es mit einem Substantiv verbunden ist: ...

S. 64 ⟨8⟩ *Ordnen Sie zu Sätzen.*

⟨9⟩ *Etwas Wortschatz zur ägyptischen Kunst: Schreiben Sie die Pluralform der Substantive und der Adjektive auf.*

⟨10⟩ *Lesen Sie den Text, unterstreichen Sie die Verben und schreiben Sie sie erneut in der Infinitivform.*

S. 65 LESEVERSTÄNDNIS

Lesen Sie den Text und bereiten Sie einen Besichtigungsrundgang durch das Museum vor: Geben Sie dabei jedem Absatz jeweils eine Nummer. Achten Sie darauf: Sie können die untere Etage am Anfang oder am Ende besichtigen.

Das Museo Nazionale Romano von Palazzo Massimo

S. 66 **Eine italienische Stiftung**

IL FAI – Fondo Ambiente Italiano

Adresse der Internetseite: ...

Wer sind wir? Was machen wir? Was kannst du machen?

Schauen wir uns die Internetseite des FAI an und suchen wir nach Informationen (Link: «chi siamo» oder «cerca nel sito»):

FAI ist ...

FAI wurde im Jahr .... gegründet.

Viele Denkmäler kommen in den Besitz des FAI durch ...

Was ist die Giornata FAI di Primavera?

Einige Güter des FAI sind z. B. ...

Schauen wir uns einige Seiten des FAI unter dem Link «I Beni FAI per te» an, dann vervollständigen wir die Tabelle: Schlösser bzw. Burgen / Klosteranlagen / Gärten, Parks / Villen und Häuser mit künstlerischen Wert / kleine Schätze ...

S. 67 Suchen wir jetzt auf der Internetseite die angegebenen Güter des FAI und verbinden wir sie mit einem Pfeil wie im Beispiel: Güter künstlerischen / historischen / landschaftlichen Interesses bzw. Wertes ...

Ein Praktikum bei einer Stiftung absolvieren

Ist es möglich ein Praktikum oder ein Volontariat beim FAI als Student/in zu absolvieren?
Suchen wir unter «Cosa puoi fare tu?» (Werde Freiwillige/r bzw. arbeite ehrenamtlich / Arbeite mit uns):

Sie möchten dem FAI Ihre Bewerbung zusenden, um dort ein Praktikum zu absolvieren:
An welche E-Mail-Adresse schicken Sie Ihren Lebenslauf und Ihre Bewerbung? ...

Schreiben Sie eine kurze E-Mail, in der Sie sich dem FAI vorstellen, um dort ein Sommerpraktikum als Student/in zu absolvieren. Benutzen Sie Ausdrücke wie: ...

S. 68 *(E-Mail:)*
Sehr geehrte Damen und Herren,
...
Mit freundlichen Grüßen,

Ein Name, eine Einladung, ein Slogan – der Imperativ

Auf der Internetseite des FAI lesen wir: *FAI, nicht nur eine Abkürzung, sondern auch eine Form des Verbs FARE.*
FAI (mach) mit für Italien. FAI (mach) auch du was!

Welche Bedeutung hat das Verb «fai»? Reden Sie darüber in Gruppen, dann schreiben Sie die Übersetzung.

Der Slogan benutzt den Imperativ des Verbs «fare», um jede/n von uns einzuladen, der kulturellen Stiftung zu helfen.

Betrachten Sie die Tabelle mit den Formen des Imperativs, hören Sie den Hörtext, dann bilden auch Sie Slogans für Stiftungen wie im Beispiel. Arbeiten Sie zu zweit: ...

Beispiel: *Die Stätten des FAI besichtigen → Besichtige / Besichtigt / Besichtigen Sie die Stätten des FAI*

(Grau unterlegt:) die Güter des FAI erkunden; den FAI bekannt machen; an den Initiativen des FAI teilnehmen; Freunde an FAI beteiligen; die Jungen für das kulturelle Erbe sensibilisieren; an FAI-Wettbewerben teilnehmen; den Respekt für die Natur lehren; Kulturgüter verteidigen bzw. schützen; die Umwelt respektieren bzw. Respekt für die Umwelt haben.

UNITÀ 7

S. 69 DIE FARBEN

Betrachten Sie die Bilder des Claude Monet und nennen Sie die Namen der Farben, die Sie kennen, dann bilden Sie kurze Sätze mit den gegebenen Vokabeln wie im Beispiel gezeigt: ...

Farben können **Substantive** oder **Adjektive** sein:

Der Himmel ist *blau* – es handelt sich um ein ...
Das *Blau* des Himmels – es handelt sich um ein ...

Ein Farbadjektiv kann unterschiedliche Formen haben. Erinnern Sie sich an Unità 2? Vervollständigen Sie die Tabelle.

S. 70 DEN WORTSCHATZ ERWEITERN

Lesen Sie den Text und unterstreichen Sie jede neue Vokabel zum Thema «Farbe».

Verbinden Sie mit einem Pfeil den Namen des Pigments mit der auf dem Bild des Freskos gegebenen Zahl: ...

Neue Vokabeln zum Thema «Farbe» im Text «Varietà di colori»: ...

S. 71 DIE RESTAURIERUNG

Die Restaurierung der *Madonna dei Pellegrini* von Caravaggio

Hören Sie sich den Text an, dann lesen Sie ihn:

Fachtermini – Suchen Sie sie im Text, dann tragen Sie sie hier unten ein.
In der Tabelle: Untersuchung des Werkes und Restaurierung / Farbe / Maltechnik

Um mehr darüber zu erfahren
Suchen Sie im Internet nach Videos über wichtige Restaurierungen der Werke Caravaggios. Geben Sie «restauro opere Caravaggio» in die Suchmaschine ein. Wählen Sie ein Video aus und schauen Sie es sich an, dann schreiben Sie die Fachtermini über die Restaurierung auf, die Sie hören.

S. 72 **Übung zum Leseverstehen.** Suchen Sie im Text über die Madonna dei Pellegrini die passenden Ausdrücke und vervollständigen Sie.

Grammatik

Der Negativsatz und die Konjunktion «ma»

Die Konjunktion «ma» hat hier die Bedeutung ...

Welche anderen adversativen Konjunktionen kennen Sie auf Italienisch? Reden Sie darüber in kleinen Gruppen, danach vervollständigen Sie.

Erinnern Sie sich an die preposizioni semplici und articolate?

Lesen Sie den Text noch einmal, unterstreichen Sie die einfachen und die mit dem Artikel zusammengeschmolzenen Präpositionen und tragen Sie sie anschließend in die Tabelle ein.

Welche sind die einfachen Präpositionen? ...
Die *preposizioni articolate* bilden sich durch die Zusammensetzungen der Präpositionen mit ...
Kann man *preposizioni articolate* mit allen Präpositionen bilden? ...
Wenn Sie es vergessen haben, wiederholen Sie die entsprechenden grammatischen Erklärungen der Unità 5!

S. 73 FARBEN DER KLASSISCHEN PLASTIK

S. 74 **Leseverständnis**

Beantworten Sie die Fragen.

Die Idee, dass Statuen weiß sein sollten, kommt aus ...

Wann beginnen die Forscher zu ahnen, dass die antiken Statuen bemalt sind?

Trotzdem denken einige Forscher Ende des 19. Jahrhunderts, dass ...

Die modernen Untersuchungstechnologien, die erlauben, für unsere Augen unsichtbare Farbspuren zu finden, sind:

Einige Entdeckungen: ...

Nach neueren Forschungen sind Statuen und Porträts bemalt ...

S. 75 Es ist nicht einfach, die Bemalung der Bronzestatuen zu untersuchen, weil ...

Die griechischen Bronzen des 5. Jahrhunderts sind allerdings bunt, weil der Künstler Metalle und Materialien unterschiedlicher Farben für einige Körperteile benutzt, wie z. B. ...

Hinweise zur Arbeitsmethode

Das Verstehen schriftlicher Texte
- Es ist nicht notwendig, alle Vokabeln zu kennen, um die Bedeutung eines Textes zu erschließen.
- Lesen Sie den Text einmal, um das Thema zu erfassen.
- Lesen Sie den Text ein zweites Mal und unterstreichen Sie die Wörter, die Ihnen inhaltlich wichtig scheinen (Schlüsselwörter).
- Lesen Sie den Text ein drittes Mal und versuchen Sie, die Übungen zum Leseverständnis zu machen.

Grammatik

Die direkten unbetonten Objektpronomen

Lesen wir die Beispiele:

- Die Statuen der Antike sind farbig bemalt, Winkelmann und die Künstler des Klassizismus halten sie allerdings für weiß.
- Die UV-Fotografie zeigt das Vorhandensein von Farbenspuren auf den damals bemalten Teilen (der Figuren), weil sie diese fluoreszierend werden lässt.

Im ersten und zweiten Beispiel ist «le» ein direktes unbetontes Objektpronomen, erfüllt also die Funktion eines Akkusativobjekts und ersetzt ein Substantiv.

Die direkten unbetonten Objektpronomen sind:

im Maskulinum Singular	*lo*
im Femininum Singular	*la*
im Maskulinum Plural	*li*
im Femininum Plural	*le*

Satzstellung und Satz- bzw. Wortbildung:

- Im Satz steht das direkte unbetonte Objektpronomen vor dem konjugierten Verb.
- Das direkte unbetonte Objektpronomen wird zusammen mit dem Verb geschrieben, wenn es ein Infinitiv, Gerundium, Partizip Perfekt ist. Dasselbe gilt für einige Formen des Imperativs.

Besonderheiten:

- Im Italienischen wird das Substantiv durch das direkte unbetonte Objektpronomen wiederholt.

S. 76 ① *Vervollständigen Sie die Sätze mit den direkten unbetonten Objektpronomen lo, la, li, le.*

② *Setzen Sie die direkten unbetonten Objektpronomen in die folgenden Texte ein.*

a. **Die Madonna dei Pellegrini und die Entscheidungen des Caravaggio**

...

b. **Der Bacco aus den Uffizien**

...

Ein Urteil ausdrücken

ti = a te = dir / *mi* = a me = mir – sind in diesem Fall indirekte unbetonte Objektpronomen und ersetzen die mit der Präposition «a» betonten Formen.
Andere Formen sind *gli* = a lui = ihm / *le* = a lei = ihr / *Le* = a Lei = Ihnen / *ci* = a noi = uns / *vi* = a voi = euch / *gli* = a loro = ihnen

Probieren Sie jetzt ...

Arbeiten Sie zu zweit: wählen Sie Abbildungen von Kunstwerken aus dem Lehrbuch, stellen Sie dazu Fragen und beantworten Sie sie abwechselnd!

S. 77 **Eine Postkarte über ein Kunstwerk schreiben**

Machen wir die folgenden Übungen und schauen wir uns an, wie eine Postkarte über ein Kunstwerk aussieht.

a. Setzen Sie die «preposizioni semplici» und «articolate» in diesen kurzen beschreibenden Text ein.

b. Setzen Sie die Verben in den folgenden Text ein.

S. 78 ③ *Betrachten Sie das Bild und lesen Sie die Informationen über das Kunstwerk, dann schreiben Sie einen kurzen Text über das Gemälde. Helfen Sie sich mit dem Lesetext auf Seite 71.*

④ *Schreiben Sie jetzt eine Postkarte über ein Kunstwerk von Caravaggio an eine/n Freund/in! Beschreiben Sie unter anderem die Farben und das Licht in dem Gemälde.*

S. 79 **In einem komplexen Text nach Informationen suchen und ein Schema bilden**

⑤ *Arbeiten Sie in kleinen Gruppen, lesen Sie den Text und vervollständigen Sie das Schema.*

Beachten Sie! Ein Teil des Schemas, nämlich die kursiv geschriebenen Beispiele, ist im Text nicht zu finden.

UNITÀ 8

S. 80 DIE BESCHREIBUNG EINER STATUE

Lesen wir zwei Beispiele von Beschreibungen griechischer archaischer Statuen:

1. Kleobis und Biton

Arbeiten Sie in kleinen Gruppen, unterstreichen Sie die Namen der Körperteile und schreiben Sie sie hier unten auf.

Vervollständigen Sie die Tabelle mit den Adjektiven, die sich auf die unten vorgegebenen Substantive beziehen.

2. Die Hera von Samos

S. 81 **Der Aufbau der Beschreibung**

Bringen Sie die Textabschnitte mit Nummern in die richtige Reihenfolge:
Die Deutung / der Kopf und die fehlenden Teile / die Modellierung der Figur / das Kleid

Lesen wir jetzt den ganzen Text.

S. 83 **Leseverständnis**

Lesen Sie nochmals den ganzen Text und unterstreichen Sie die Ausdrücke, die sich auf die griechische archaische Plastik beziehen.
Tragen Sie in die Tabelle Substantive und Adjektive ein, die behilflich sind, den Unterschied zwischen den drei Stilen zu verstehen.

Grammatik

Aufwärts- und Abwärtssteigerung

Betrachten wir die folgenden Sätze: ...

Welche Funktion haben *più* und *meno*, wenn sie mit Adjektiven zusammengesetzt werden? ...

Suchen Sie nach ähnlichen Ausdrücken im Text und tragen Sie sie hier unten ein: ...

Zusammengesetzt mit Adjektiven und der Präposition *di* (*als*) bilden *più* (*mehr*) und *meno* (*weniger*) die Aufwärts- bzw. Abwärtssteigerung.
Die Präposition *di* bildet mit dem bestimmten Artikel die entsprechenden *preposizioni articolate*: ...

Das Tempus der Verben: Präsens oder Vergangenheit?

Betrachten wir den folgenden Satz: ...

Welches Tempus drücken die zwei hervorgehobenen Verben aus? Handelt es sich um das Präsens oder um eine Vergangenheitsform? ...

Haben Sie den Eindruck, dieses Tempus ähnelt einem deutschen Tempus? Und wenn ja, welchem? ...

Sie werden diese Form der Vergangenheit, das *Passato prossimo*, erst in Unità 11 finden, trotzdem ist es nützlich, wenn Sie es schon jetzt erkennen können, um schriftliche Texte zu verstehen.

S. 84 **Die Präfixe**

Mehrere Adjektive, so wie Substantive und Verben auch, bekommen in Verbindung mit einem Präfix eine neue Bedeutung. Lesen wir die Beispiele: ...

Die Präfixe *in-* (*il-/im-/ir-*), *s-*, *a-* (*alfa privativum*) bilden die gegensätzliche Bedeutung eines Adjektivs, Substantivs oder Verbs. «In-» wird zu «ir-» vor einem Wort, das mit «r» anfängt, zu «il-» vor einem Wort, das mit «l» anfängt, zu «im-« vor «b» oder «p»: ...

In anderen Fällen verstärken die Präfixe eine objektive Eigenschaft: ...

◇1 *Welcher Unterschied besteht zwischen dem David von Donatello und dem von Michelangelo? Bilden Sie Vergleiche mit den Formen der Steigerung.*

◇2 *Vervollständigen Sie die Tabellen mit den fehlenden Adjektiven, Substantiven und Verben gegensätzlicher Bedeutung.*

S. 85 DIE NAMEN DER KÖRPERTEILE

Die Namen der Körperteile wechseln oft das Genus im Plural: während der Singular maskulin ist, ist der Plural feminin. Vervollständigen Sie die Tabelle, indem Sie die Namen der Körperteile eintragen, die Sie im Text finden.

Das Gesicht und seine Teile

Lesen Sie die Namen der Gesichtsteile vor: ...

Tragen Sie in die Tabelle die Singularform jedes Substantivs ein, dann unterstreichen Sie die Substantive, die das Genus in der Pluralform wechseln.

S. 86 ③ *Die Namen der Körperteile. Betrachten Sie das Kunstwerk, dann schreiben Sie die Namen der Körperteile, an die Sie sich erinnern. Sie können die Übung auch zu zweit oder in Gruppen machen, indem Sie abwechselnd den Namen eines Körperteils des Apollon bzw. der Daphne nennen. Wer sich an mehr erinnert, gewinnt das Spiel.*

④ *Beschreiben Sie den San Sebastiano von Andrea Mantegna. Die neben dem Bild stehenden Substantive und Adjektive können Ihnen behilflich sein. Schreiben Sie einen 50–70 Wörter langen Text.*

S. 87 DIE BESCHREIBUNG EINES ARCHITEKTONISCHEN WERKES

Erinnern Sie sich an die Vokabeln über Architektur in der Unità 3? Machen Sie ein schnelles Brainstorming!

Teilen Sie sich in zwei Gruppen auf. Jede Gruppe liest und analysiert einen der beiden nachfolgenden Texte. Suchen Sie neue Vokabeln der Architektur, vergleichen Sie die Ergebnisse und erweitern Sie das Schema des Brainstormings.

Text a. **Die Rotonda von Andrea Palladio**

Substantive: a. Das Gebäude:
b. Gebäudeteile:

Adjektive: a. Über den Stil:
b. Andere Adjektive:

Verben: a. Über die Tätigkeit des Architekten:

S. 88 Text b. **Der kleine Tempel San Pietro in Montorio von Donato Bramante**

S. 89 Tragen Sie hier unten Ihr traubenförmiges Schema mit den neuen Vokabeln der Architektur ein, die Sie gerade gelernt haben!

⑤ *Das Bild gibt ein Detail der Kirche San Giorgio Maggiore in Venedig wieder. Es handelt sich um ein Werk Andrea Palladios, das in der Zeit von 1556–1610 erbaut wurde. Betrachten Sie das Bild und versuchen Sie eine kleine Beschreibung zu verfassen.*

⑥ *Online-Recherche.*

Suchen Sie im Internet nach der Bedeutung folgender Ausdrücke: ...
Suchen Sie nach der Bedeutung der Adjektive, die geometrische Formen ausdrücken: ...
Aus welchen Substantiven sind diese Adjektive hervorgegangen?
Fertigen Sie eine Tabelle an und stellen Sie die Ergebnisse im Unterricht vor.

S. 90 **Ein Bild bzw. ein Gemälde vorstellen: die Inventarkarte eines Kunstwerks**

Teilen Sie sich in kleine Gruppen auf, dann lesen Sie den Text, suchen die Informationen heraus und vervollständigen Sie anschließend die Inventarkarte.

Die Beweinung Christi von Giotto

...

S. 91 ⑦ *Erinnern Sie sich an die Lektion über die Farben? Verfassen Sie einen Text über Die Schenkung des Mantels an den armen Ritter von Giotto mithilfe der hier unten gegebenen Informationen und des Textes über die Beweinung Christi. Schreiben Sie einen 70–100 Wörter langen Text.*

UNITÀ 9

S. 92 DIE VIER STILE DER RÖMISCHEN UND POMPEJISCHEN MALEREI

Hören Sie den Text und lesen Sie ihn dann vor:

S. 94 LESEVERSTÄNDNIS

1. Unterstreichen Sie alle Ausdrücke zur Chronologie.
2. Lesen Sie den Text erneut und fertigen Sie eine Tabelle über die römische und pompejische Malerei an.
   STIL / ZEIT / DEFINITION / BEISPIELE
3. Lesen Sie folgende Sätze aus dem Lesetext noch einmal und setzen Sie sich darüber auseinander: Wie übersetzen Sie die adversativen Konjunktionen?

Kennen Sie andere adversative Konjunktionen? Welche?

Grammatik

Das unbestimmte «si»

Lesen wir das Beispiel:

Die Malerei des dritten Stils ist naturalistisch geprägt, wie **man** in der (malerischen) Darstellung des Gartens der Villa von Livia **sieht**. **Es werden** nämlich verschiedenen Sorten von Bäumen, Früchten und Pflanzen und unterschiedliche Arten von Vögeln **betrachtet**. Durch diese Darstellung **wird** der Effekt der Raumillusion **erzeugt**. Der dritte Stil **heißt** auch «Stil der echten Wand».

S. 95 Wie bildet man und wie konjugiert man das Verb mit dem unbestimmten *si* (*si indefinito*)?

Steht das Objekt im Singular, dann wird das Verb in der 3. Person ... konjugiert; steht das Objekt im Plural, dann wird das Verb in der 3. Person ... konjugiert; fehlt das Objekt, dann wird das Verb in der 3. Person ... konjugiert.

Beachten Sie! Das unbestimmte «si» ist ohne Objekt eine unpersönliche Form (*si impersonale*), während es mit Objekt einer Passivform (*si passivante*) entspricht. Darüber hinaus gibt es das «si» der Reflexivform, das aber keiner unpersönlichen Form entspricht!

si impersonale = *unpersönliches «si»*
si passivante = *Passivform mit «si»*
«si» pronome riflessivo = *«si» als Reflexivpronomen*

① *Versuchen Sie jetzt zu sagen, was Sie auf dem Bild auf Seite 94 sehen. Arbeiten Sie zu zweit!*

② *In dem Text über die 4 Stile der römischen und pompejischen Malerei stehen einige Formen mit dem unbestimmten «si»; suchen Sie nach diesen Formen und schreiben Sie sie auf.*

Vertiefung: Beispiel einer Beschreibung

Die Fresken der Villa von Livia

...

S. 96 **Übungen zum Leseverständnis und zur schriftlichen Produktion:**

a. Unterstreichen Sie im Text die Vokabeln, die die Fresken beschreiben, fragen Sie den/die Dozenten/-in oder schlagen Sie im Vokabelverzeichnis nach, wenn Sie etwas nicht verstehen. Suchen Sie nach der deutschen Übersetzung und fertigen Sie eine Vokabelliste über die Naturelemente an.

b. Besuchen Sie die Internetseite eines italienischen archäologischen Museums, suchen Sie sich ein antikes Fresko aus und schreiben Sie eine kurze Beschreibung (70–100 Wörter).

Vertiefungen Online

Die pompejische Wandmalerei

Pompei und Umgebung ... Möchten Sie mehr darüber wissen?

Besuchen Sie die Internetseite des Amtes für die archäologische Denkmalpflege von Pompei www.pompeiisites.org, wählen Sie die italienische Seite und machen Sie die virtuelle Besichtigung der Wandmalerei aus Pompei und Umgebung («*Mediateca*»). Auf der Internetseite können Sie außerdem interaktive und unterhaltsame Übungen finden, beispielsweise das Spiel «Il mondo di Caius».

Grammatik

Das «che» und seine Funktionen

Lesen wir das Beispiel: ...

Welche unterschiedlichen Funktionen hat das «che»? Reden Sie darüber in kleinen Gruppen, dann vervollständigen Sie die Tabelle mit der Übersetzung:

Das «che» ist im ersten Fall eine Konjunktion, während es im zweiten Fall ein Relativpronomen ist.
Als Relativpronomen ist «che» unveränderlich.

Das Relativpronomen «che» bezieht sich auf ...

S. 97 ③ *Lesen Sie den Text und unterstreichen Sie das «che» einmal, wenn es eine Konjunktion ist, zweimal, wenn es ein Relativpronomen ist. Vervollständigen Sie anschließend die Tabelle.*

Zeile 1 / che = das Relativpronomen bezieht sich auf ...

Die Italienreise: Pompei und Umgebung

Hören Sie sich mehrmals den Dialog an, dann beantworten Sie die Fragen.

Richtig oder falsch?

1. Die zwei Studentinnen unterhalten sich über eine Reise, die Lisa organisieren möchte.
2. Mareike plant eine Reise nach Neapel und zu den archäologischen Stätten von Pompei und Umgebung mit Fabian zusammen.
3. Lisa schlägt Mareike vor, zuerst nach Neapel, dann nach Pompei und Caserta zu fahren.
4. Man schafft es nicht, Pompei und die nahe liegenden Stätten in drei Tagen zu besichtigen.
5. Für Studierende gibt es eine Eintrittskarte für 5 Stätten, die drei Tage Gültigkeit hat.
6. Auf der Internetseite des Amtes für die archäologische Denkmalpflege von Pompei sind praktische Informationen (Öffnungszeiten, Preise, Adressen usw.) über die Stätten zu finden, die Mareike besichtigen möchte.

S. 98 Hören Sie sich den Dialog erneut an und vervollständigen Sie den Text mit den fehlenden Verbformen.

Zwei Studentinnen einer deutschen Hochschule unterhalten sich über eine Reise nach Italien.

...

S. 99 ## Grammatik

Die Modalverben: potere, volere, dovere

Lesen wir eine Stelle des Dialogs noch einmal: ...

Die hervorgehobenen Verbformen sind Modalverben.

Einige Formen der Modalverben sind auch in den ersten Texten der Unità 9 zu finden. Schauen wir uns die Beispiele an: ...

Die Modalverben haben unregelmäßige Formen.

Wie im Deutschen werden sie auch im Italienischen oft von einem Verb im Infinitiv begleitet. In der Konjugation verhalten sie sich nach dem folgenden Verb im Infinitiv, das sie begleiten (in den zusammengesetzten Tempora – «tempi composti» – z. B. werden die Modalverben mit demselben Hilfsverb gebildet wie das im Infinitiv folgende Verb). Aus diesem Grund werden sie auf Italienisch auch «verbi servili» (*Dienstverben*) genannt.

Außer *dovere* (*müssen, sollen*), *potere* (*können, dürfen*), *volere* (*wollen, mögen*), kann auch *sapere* (*wissen, können*) als Modalverb gebraucht werden.

Achten Sie besonders auf die Bedeutung: ...

Suchen Sie jetzt im Dialog und in den Beispielen die Formen der Verben *dovere, potere, volere* und *sapere* heraus, dann vervollständigen Sie die Tabelle. Vergleichen Sie anschließend mit dem Hörtext:

S. 100 ④ *Konjugieren Sie die in Klammern gegebenen Modalverben in den folgenden Sätzen.*

⑤ *Organisieren Sie eine Italienreise mit einem/r Freund/in, um eine Kunstmetropole, wichtige Monumente, Museen oder archäologischen Stätten zu besuchen. Fertigen Sie in kleinen Gruppen eine Liste mit den Unternehmungen an, die man machen muss bzw. könnte oder möchte.*

Beispiel: Reise nach Florenz:

- Wir müssen Informationen über Adressen, Öffnungszeiten und Eintrittspreise der Museen sammeln;
- wir können die Internetseiten der Museen besichtigen;
- ...

⑥ *Ein Freund von Ihnen möchte eine Studienreise nach Italien organisieren. Schreiben Sie ihm eine E-Mail, in der Sie ihm erklären, was er über die römische Malerei wissen muss, was er in Rom oder in Pompei besichtigen kann, was er zum Organisatorischen beachten muss. Verfassen Sie einen ca. 100 Wörter langen Text, in dem Sie die Modalverben benutzen.*

S. 101 **Zusammenfassende Übungen zum Leseverständnis**

a. Lesen Sie den Text, suchen Sie die Informationen heraus und beantworten Sie die Fragen.
Ein berühmtes Mosaik aus der Villa Adriana in Tivoli

1. Aus welchem Ort stammt das Mosaik mit dem Kampf zwischen den Raubtieren und den Zentauren?
2. Aus welcher Epoche stammt das Mosaik?
3. Welche Tiere sieht man in der dargestellten Szene?
4. Welche sind die Besonderheiten der Mosaiktechnik dieses Werkes?

S. 102 **b.** Lesen Sie den Text, suchen Sie die Informationen heraus und beantworten Sie die Fragen.
Terenzio Neo und seine Ehefrau

1. Warum ist dieses Fresko wichtig?
2. Wo ist dieses Bild heute zu sehen?
3. Über welche Körperteile wird in der Beschreibung berichtet?
4. Mit welchen für literarisch gebildete Menschen typischen Gegenständen (Attributen) werden Terenzio Neo und seine Ehefrau dargestellt?

UNITÀ 10

S. 103 DIE VENETISCHE MALEREI UND DIE GEBURT DER «MANIERA MODERNA»

Hören Sie sich den Text an und lesen Sie ihn danach:

Textverständnis

1. Verbinden Sie mit einem Pfeil die stilistischen Eigenschaften und das dazugehörende geografische Gebiet.
2. Beantworten Sie die Fragen.
   a. Welcher Maler wird als erster auf die Bedeutung von Licht und Farbe aufmerksam?
   b. Wie wird von Giorgio Vasari der Stil der Maler bestimmt, die in Venedig arbeiten?
   c. Welche anderen beiden Maler übernehmen neben Giovanni Bellini den neuen Stil?

S. 104

Grammatik

Die Reflexivform

Betrachten Sie die Sätze:

- In der venetischen Region entwickelt sich ein anderer Stil als der florentinische und der toskanische; dies erklärt sich auch durch den Charakter der Gesellschaft Venedigs;
- Giovanni Bellini setzt sich mit der Malerei von Antonello da Messina auseinander.

Dieses sind drei Beispiele für die Reflexivform.

Die Reflexivform wird im Italienischen mit den Reflexivpronomen und dem nach dem Subjekt konjugierten Verb gebildet. Beispiel: ...
In der italienischen Sprache kommt die Reflexivform sehr oft vor.

Beachten Sie! Dasselbe Verb hat oft abhängig von der Aktiv- bzw. Reflexivform unterschiedliche Bedeutungen.

- Wir vergleichen ein Gemälde von Giovanni Bellini mit einem von Tizian.
- Giovanni Bellini setzt sich mit der Malerei von Antonello da Messina auseinander.

① *Lesen Sie die folgenden Beispiele und schreiben Sie die Übersetzung des Verbs.*

S. 105 ② *Konjugieren Sie die in Klammern gegebenen Verben in der Reflexivform.*

Der San-Giobbe-Altar von Giovanni Bellini

③ *Konjugieren Sie die in Klammern gegebenen Verben in der Reflexivform.*

Interview mit Marta, Studentin der Kunstgeschichte.

④ *Und wie organisieren Sie sich? Interviewen Sie einen/eine anderen/andere Kursteilnehmer/in nach dem Muster der Übung 3, danach wechseln Sie die Rollen.*

S. 106

Noch etwas Grammatik

Die Adverbien

Betrachten Sie die Beispiele, dann vervollständigen Sie:

- Adverbien helfen dabei, eine Handlung, d. h. ein Verb, oder ein Adjektiv näher zu bestimmen. Sie können auch ein anderes Adverb oder einen ganzen Satz begleiten (*Adverbien der Art und Weise*).

a. *Die venetischen Maler* ***berücksichtigen → insbesondere*** *die Wiedergabe des Lichts und der Farbe.*

b. *Bellini ist ein Maler, der* ***besonders → aufmerksam*** *auf Licht und Farbe achtet.*

c. *Tizian erlangt* ***sehr → früh*** *den Ruhm, ein guter Portraitmaler zu sein.*

d. ***Sicherlich → ist Giovanni Bellini der Begründer des neuen Stils.***

- Mehrere Adverbien werden aus Adjektiven mit der Ableitungsendung *-mente* gebildet bzw. abgeleitet. Beispiele: ...

  * In mehreren Fällen wird den Adjektiven auf *-r* und *-l* die Ableitungsendung ohne Vokal angefügt.

- Andere Adverbien, wie *molto* oder *poco*, haben dieselbe Form wie das Adjektiv, sind aber unveränderlich. Beispiel: ...

- Adverbien, die mit den Adjektiven nicht zu verwechseln sind, sind *bene* und *male*. Beispiele: ...

- Andere oft vorkommende Adverbien sind die Lokal- und Temporaladverbien sowie die Adverbien der Menge und der Wertung. Zum Beispiel: ...

Beachten Sie: Einige Adverbien werden mit der doppelten Verneinung gebildet!

Ich besuche nie Ausstellungen, die mit Besuchern überfüllt sind!
Über deinen Vortrag habe ich nichts zu sagen.

S. 107 ⑤ *Lesen Sie den Text, finden Sie die Adjektive und die Adverbien heraus und tragen Sie sie in die Tabelle ein.*

Die weiblichen Gesichter in der Malerei von Giovanni Bellini

⑥ *Leiten Sie Adverbien von den hervorgehobenen Wörtern in den folgenden Sätzen ab.*

S. 108 THEMATISCHE VERTIEFUNG – LESEVERSTÄNDNIS

Hören Sie, dann lesen Sie den Text und machen Sie die Übungen zum Textverständnis.

Die Venetische Malerei und die Geburt der «maniera moderna»

S. 110 **Übungen zum Textverständnis**

1. Lesen Sie den Text mehrmals und beantworten Sie die Fragen.

a. Der Text ...

❑ beschäftigt sich mit der venetischen Malerei der Renaissance

❑ beschäftigt sich mit der Entstehung der «Tonmalerei»

❑ bestimmt den Begriff «pittura tonale», zeigt in welchem Kontext diese entstanden ist und die Protagonisten des neuen Stils

b. Anfang des 16. Jahrhunderts befinden sich in Venedig Künstler, die nicht aus dieser Stadt stammen. Welche?

c. Die Definition der «maniera moderna» wird formuliert von ...

2. *Richtig oder falsch?*

a. Die Technik der Ölmalerei wird von Giorgione anders als von den flämischen Malern angewandt.

b. Am Anfang seiner Karriere arbeitet Tizian mit Giorgione zusammen in Venedig.

c. Die Porträts von Giorgione sind realistisch und zeigen Aufmerksamkeit für die Psychologie des Subjekts.

d. Tizian hat neben anderen auch Kaiser Karl V. porträtiert.

e. Durch die Wertekrise der Renaissance und durch die schwierige historische Lage entwickelt Tizian seinen Stil in eine neue Richtung weiter.

S. 111 3. Vervollständigen Sie die Tabelle:

Künstler, mit denen sich der Text beschäftigt

Im Text genannte Künstler

Geografisches Gebiet der künstlerischen Produktion

Im Text analysierter Stil

Name, den der Verfasser des Lesetextes diesem Stil gibt.

Name, den ein Kunstforscher der Vergangenheit diesem Stil gegeben hat.

Historische Zeitspanne, die im Text betrachtet wird

Technik, über die man im Text berichtet

Gattungen, von denen man im Text berichtet

4. Beachten Sie die unregelmäßigen Verben!

Im Text sind einige unregelmäßige Verben enthalten. Betrachten wir die Beispiele: ...

Betrachten Sie die Infinitivform und beantworten Sie die Frage.

Worin besteht die Unregelmäßigkeit?

- ❑ Unregelmäßigkeit in der Endung.
- ❑ Unregelmäßigkeit im Verbstamm.
- ❑ Einfügung eines Suffixes.

Das Verb *avvenire* ist ein Kompositum von *venire* (siehe Unità 6). Auch *trarre* und *apparire* können unterschiedliche Komposita bilden: *apparire / scomparire / riapparire / comparire*; *trarre / ritrarre / contrarre*; *venire / avvenire / prevenire / convenire.*

Hier die Konjugation von *apparire* und *trarre.*

...

S. 112 ⟨7⟩ *Verwenden wir den Text über die venetische Malerei erneut. Konjugieren Sie die unregelmäßigen Verben.*

Grammatik

Bindewörter

Betrachten Sie die Sätze:

- **Demnach** erkennt Vasari in dem Werk von Giorgione das «sfumato».
- Die große Begabung Tizians, Portraits zu malen, hat ihren Ursprung **außerdem** vor allem in den Portraits von Giorgione, in seinem Realismus und in seiner psychologischen Betrachtung.

Welche Funktion haben, Ihrer Meinung nach, die hervorgehobenen Wörter?

a. Sie verbinden das Subjekt mit dem Prädikat.

b. Sie setzen eine Rede fort, führen ein neues Element ein oder ein Argument zu Ende.

c. Sie dienen dazu, eine Rede zu beginnen.

«Quindi» und «inoltre» sind Konjunktionen. Kennen Sie andere Konjunktionen? Schreiben Sie sie hier unten auf.

Es gibt auch andere Ausdrücke, die uns helfen, Teile einer Rede zu verbinden bzw. zu gliedern, allerdings handelt es sich hierbei nicht um Konjunktionen: Wir nennen sie deshalb «connettivi» (Bindewörter). Beispiel:

- Die zwei Maler arbeiten unter anderem zusammen an der malerischen Dekoration des Fondaco dei tedeschi (Lager der Deutschen) in Venedig.

⑧ *Lesen Sie den Text über die venetische Malerei noch einmal und unterstreichen Sie alle Bindewörter. Arbeiten Sie in Gruppen und fragen Sie die anderen Kursteilnehmer/innen nach der Bedeutung der Bindewörter, die Sie nicht kennen. Schreiben Sie die neuen Wörter und deren Übersetzung anschließend auf.*

S. 113 DIE BESCHREIBUNG EINES GEMÄLDES AUS DER RENAISSANCE

a. Leseverständnis

1. Lesen Sie mehrmals den Text über den San Giobbe Altar von Giovanni Bellini. Unterstreichen Sie die beschreibenden Abschnitte.

Der San Giobbe Altar und seine Ikonografie

2. Unterstreichen Sie im Text die Verben und schreiben Sie sie heraus. Vergleichen Sie die Ergebnisse, wenn Sie neue oder unbekannte Verbformen finden.

3. *angeli musicanti* = Engel, die Musik machen, die ein Instrument spielen. «Musicanti» fügt sozusagen eine Eigenschaft hinzu! Es wird ins Deutsche mit ... übersetzt.

4. Betrachten Sie das Heilige Gespräch von Piero della Francesca (hier rechts). Suchen Sie im Text über den San Giobbe Altar nach Adjektiven und Ausdrücken, mit denen Sie die Darstellung beschreiben können und vervollständigen Sie die Übersicht.

S. 114 **b. Schriftliche Produktion**

1. Helfen Sie sich mit dem Text über den San Giobbe Altar und mit den gegebenen Informationen und verfassen Sie eine kurze Beschreibung der Pala von San Zaccaria von Giovanni Bellini.

Um mehr darüber zu erfahren

Der Altar von San Zaccaria des Giovanni Bellini beeinflusst die venetische Malerei des XVI. Jahrhunderts, weil er zu einem Vorbild für Maler wie Lorenzo Lotto, Tizian und Sebastiano del Piombo wird.

Das heilige Gespräch findet nicht in einer Kirche, sondern unter einer Loggia statt. Zum ersten Mal erscheinen hier die Bäume, die Natur und das natürliche Licht.

2. Beschreiben Sie alleine oder in kleinen Gruppen die «Pala di Castelfranco» von Giorgione. Benutzen Sie Ausdrücke wie *in primo piano, sullo sfondo, a destra, a sinistra, davanti, dietro* usw.

S. 116

Noch etwas Grammatik

Das Partizip im Präsens als Adjektiv bzw. Substantiv

«musicanti» ist das Partizip Präsens des selten gebrauchten Verbs *musicare*.

Das Partizip Präsens wird im Italienischen als Adjektiv oder Substantiv gebraucht. Beispiel:
cantare (*singen*)
→ cantante (*singend*) → l'angelo cantante (= *l'angelo che canta* = der Engel, der singt) – Adjektiv
→ il cantante (*der Singende*) → chi canta (*derjenige, der singt*) – Substantiv

In der gesprochenen Sprache kommt vor allem das Partizip Präsens als Adjektiv oft vor, während in der technischen bzw. wissenschaftlichen Sprache das Partizip Präsens oft auch als Substantiv benutzt wird.

Vergessen Sie nicht, dass auch das Partizip Perfekt als Adjektiv benutzt werden kann (Unità 6)! Beispiele: ...

⑨ *Arbeiten Sie mit dem/der Dozenten/-in und finden Sie das Partizip als Adjektiv.*

Um mehr darüber zu erfahren: der Fachausdruck «maniera»

Der Fachausdruck «maniera» erscheint in der italienischen Sprache im XIV. Jahrhundert, bedeutet zuerst Stil (eines Künstlers, einer Epoche, eines geografischen Gebiets) und hat eine positive Konnotation. In Giorgio Vasari (»Le vite de' più eccellenti pittori, scultori e archi tettori») steht die «maniera moderna» grundsätzlich für den Stil des Cinquecento. Ludovico Dolce (*Dialogo della pittura*, 1557) aber meint mit «maniera» eine schlechte Tradition («cattiva pratica»), eine Art zu malen, die ohne Originalität auf der stilistischen Imitation der größten Meister basiert. Aus dem Wort «maniera» ist «manierismo» und aus diesem der «Manierismus» (il «Manierismo») entstanden als Stil einiger Maler der Spätrenaissance wie Pontormo, Rosso Fiorentino, Parmigianino u.a.

UNITÀ 11

S. 117 ARCHÄOLOGIE ALS GESCHICHTSWISSENSCHAFT

Hören wir den Text und lesen ihn anschließend.

S. 118 **Textverständnis**

Beantworten Sie die Fragen:

1. Welche Forschungsmethoden haben die Erforscher der Ur- und Frühgeschichte entwickelt?
2. Von welchen Untersuchungstechniken berichtet der Text?
3. Welche Artefakte sind in Çatal-Höyük gefunden worden?
4. Wo hat die neolithische Revolution stattgefunden?

Verbinden Sie mit einem Pfeil die italienischen Ausdrücke mit den deutschen Entsprechungen: ...

Geografische Namen: Schreiben Sie die deutsche Übersetzung der im Text vorkommenden geografischen Namen.

S. 119 Grammatik

Das Passato prossimo

In dem gerade gelesenen Text erscheinen Verbformen wie «ha rinnovato e approfondito», «hanno sviluppato», «si sono sviluppate» usw.
Alle sind Formen der Vergangenheit bzw. des Passato prossimo.
Das Passato prossimo bildet man auf Italienisch, wie das Perfekt im Deutschen, unter Verwendung von «essere» oder «avere» und dem Verb im Partizip Perfekt.

Lesen Sie jetzt den Text erneut und unterstreichen Sie alle Verbformen des Passato prossimo. Tragen Sie sie anschließend in die Tabelle neben den Infinitivformen ein.

Die Bildung des Partizips Perfekt und des Passato prossimo

Regelmäßige Verben bilden das Partizip Perfekt mit einer Endung, die an den Verbstamm des Infinitivs angefügt wird:

Wir haben die Bildung des Partizips Perfekt in der Unità 6 betrachtet, als wir das Partizip Perfekt als Adjektiv kennengelernt haben. Bis jetzt haben wir uns aber nur mit den Verben beschäftigt, die das Partizip regelmäßig bilden.

Mehrere Verben allerdings, vor allem Verben der II. Konjugation, bilden das Passato prossimo mit unregelmäßigen Formen des Partizips Perfekt. Im Text sind z. B. folgende unregelmäßige Formen des Partizips zu finden: ...

Betrachten Sie jetzt das Partizip Perfekt der Verben, die Sie in die Tabelle eingetragen haben. In Verbindung mit welchem Hilfsverb endet das Partizip Perfekt auf -o?

Von welchem Satzteil wird dann die Endung des Partizips Perfekt in diesem Fall bestimmt?

S. 120 Lesen Sie jetzt die Tabelle und vergleichen Sie: ...

Versuchen Sie jetzt, die Tabellen des Passato prossimo für die II. und die III. Konjugation und für «essere» und «avere» zu vervollständigen:

S. 121 Wann benutzt man das Hilfsverb «essere», wann das Hilfsverb «avere» zur Bildung des Passato prossimo?

- In der Aktivform wird «avere» gebraucht, wenn das Verb transitiv ist, «essere» wird dagegen gebraucht, wenn das Verb intransitiv ist (z. B. mit Bewegungs- und Zustandsverben) *
- In der unpersönlichen Form sowie der Reflexiv- und Passivform und mit dem «si passivante» (Unità 9) benutzt man immer das Hilfsverb «essere».

Beispiele:

- *Die Archäologie hat ihre eigene Forschungsmethode und ihre eigenen Ziele erneuert.*
- *Diese Revolution hat zuerst in Anatolien und im Kaukasus stattgefunden.*
- *Archäologen von englischen und amerikanischen Universitäten sind für Ausgrabungen nach Çatal-Hüyük gegangen.*
- *Im Nahen Osten hat die so genannte «Neolithische Revolution» stattgefunden.*
- *In Çatal-Hüyük ließ sich die Geschichte einer Stadt über einen Zeitraum von 3000 Jahren verfolgen.*
- *In der Ausgrabungsstätte sind Utensilien, Wandmalereien und kleine Götterfiguren gefunden worden.*

* Beachten Sie! Bewegungs- und Zustandsverben sind in der Regel intransitiv (allerdings nicht alle!); die Verben *essere, stare* und *rimanere* sind intransitiv; mehrere Verben können sowohl transitiv (Hilfsverb *avere*) als auch intransitiv (Hilfsverb *essere*) sein. Die Bedeutung des Verbs ändert sich je nachdem, ob es zusammen mit dem Hilfsverb *essere* oder *avere* gebraucht wird.

Beispiele:

- *Die Unterwasserarchäologen sind mit dem Boot in tiefe Gewässer gefahren und sind bis zum Schiffswrack geschwommen.*
- *Die Studenten sind den ganzen Sommer in Sizilien geblieben, um an den archäologischen Ausgrabungen von Piazza Armerina teilzunehmen.*
- *Der Kurs hat seit einer Woche begonnen / hat seit einer Woche angefangen, aber ich habe erst vor vier Tagen begonnen / habe erst vor vier Tagen angefangen, ihn zu besuchen.*
- *Der Professor ist mit seiner Erklärung fertig / hat seine Erklärung beendet, die Stunde ist zu Ende / ist beendet.*

Alphabetische Tabelle der meistbenutzten unregelmäßigen Partizipien: ...

S. 122 ① *Lesen Sie den Text vor und setzen Sie das Verb im Passato prossimo in der richtigen Reihenfolge ein.*

Der Konstantinbogen: Ausgrabungen und Entdeckungen

② *Was macht der Archäologe? Was hat der Archäologe gemacht? – Vervollständigen Sie die Sätze mit den Verben im Passato prossimo.*

S. 123 ③ *Laura erzählt, was sie gestern gemacht hat ... – Vervollständigen Sie den Text mit den Verben im Passato prossimo.*

④ *Wiederholung des Textes. Bringen Sie die Absätze des Textes von Bianchi Bandinelli durch die Eintragung einer Nummer in die richtige Reihenfolge.*

Archäologie als Geschichtswissenschaft

S. 124 ⑤ *Vervollständigen Sie den Text über Ranuccio Bianchi Bandinelli mit den Verben im Passato prossimo. Arbeiten Sie in kleinen Gruppen oder mit dem/der Dozenten/-in.*

Der wichtigste Archäologe Italiens im 20. Jahrhundert

S. 125 ⑥ *Vokabeln der Archäologie – die archäologische Ausgrabung*

Gehen Sie auf die Internetseite des Çatal-Hüyük, http://www.catalhoyuk.com/, schauen Sie sich dort um und suchen Sie sich ein Foto aus. Nach einem Brainstorming schreiben Sie die Vokabeln, die Ihnen einfallen, auf, um das Foto zu beschreiben. Schreiben Sie dann einen Text mit ca. 70 Wörtern über das Bild.
Ausdrücke im Passato prossimo, die Ihnen hilfreich sein können: ...

⟨7⟩ *Die Biografie eines Archäologen. Wählen Sie einen/eine Archäologen/Archäologin, der/die Ihnen durch seine/ihre Tätigkeit und seine/ihre Werke bekannt ist. Sammeln Sie Informationen bzw. Stichworte über ihn/sie und schreiben Sie anschließend seine/ihre Biografie in einen 80–100 Wörter langen Text. Verwenden Sie Verben im Passato prossimo.*

S. 126 **Um mehr darüber zu erfahren**

Wenn Sie eine Übung zum Hörverständnis machen und etwas mehr über Professor Bianchi Bandinelli und seine Forschungen über die Trajansäule erfahren möchten, gehen Sie ins Internet und suchen Sie auf www.google.de unter «Videos» nach «Bianchi Bandinelli e la Colonna Traiana»: Im Netz sind alte Dokumentarfilme des RAI (Radiotelevisione italiana) und ein Film zu finden, der vom Regisseur Luciano Emmer im Jahr 1972 mit dem Titel «Bianchi Bandinelli e la Colonna Traiana» gedreht wurde.

Noch etwas Grammatik ...

Die Steigerung des Adjektivs und des Adverbs

Betrachten Sie die Sätze:

- *Ranuccio Bianchi Bandinelli ist der größte italienische Archäologe des xx. Jahrhunderts gewesen.*
- *Unter den modernen wissenschaftlichen Erforschungstechniken ist die Erkundung durch die Luftaufnahmen sehr wichtig.*

Versuchen Sie, die hervorgehobenen Ausdrücke zu übersetzen:

Das sind Formen der Adjektive im Superlativ und sie drücken die oberste Stufe der Steigerung aus (Wir haben die Aufwärts-/Abwärtssteigerung (Vergleichsformen) schon in der Unità 8 gelernt).

Betrachten Sie jetzt die Tabelle und vervollständigen Sie: ...

Regelmäßige Formen: Grundstufe / Komparativ / Relativer Superlativ / Absoluter Superlativ

Beachten Sie: Das Suffix -issimo endet auf -o, das Adjektiv nimmt also die dem Genus und dem Numerus des Substantivs entsprechende Endung an! Beispiel:

- *ein sehr wichtiger Fund*
- *eine sehr wichtige Ausstellung*
- *sehr wichtige Dokumente*
- *sehr wichtige Forschungen*

S. 127 SONDERFORMEN

Adverbien haben bei der Steigerung sowohl regelmäßige Formen als auch Sonderformen. Betrachten Sie die Tabelle:

⟨8⟩ *Lesen Sie den folgenden Text und unterstreichen Sie Adjektive und Adverbien im Komparativ und Superlativ. Vervollständigen Sie anschließend die Tabelle.*

Die Wiederentdeckung der Ara Pacis Augustae und deren Ausstellung

S. 128 ⟨9⟩ *Vervollständigen Sie den Text mit den Komparativ- bzw. Superlativformen der in Klammern gegebenen Adjektive bzw. Adverbien.*

S. 129 **Erläuterungen über die Komparativform der Adjektive ...**

Der Komparativ kann auch mit der Konjunktion «che» gebildet werden. Lesen wir die Beispiele:

- *Dieses Werk da ist mehr berühmt als wichtig.*
- *Der Vortrag hat sich mehr an der kritischen Interpretation als an der historischen Analyse des Werkes von Arturo Martini orientiert.*

Findet der Vergleich zwischen zwei Adjektiven bzw. Substantiven oder Adverbien statt, so wird die Konjunktion «che» gebraucht. In diesen Fällen kann man nicht die Präposition «di» verwenden.

... und den Superlativ der Adverbien

Bei der Bildung des Superlativs der Adverbien kann man neben der Form mit «molto» die Form mit der Endung des Superlativs der Adjektive («-issimo») verwenden. Wird diese Bildung gebraucht, so endet die Form des Adverbs auf «-a-mente».

Das lateinische Erbe

In kunsthistorischen Texten kommen oft Adjektive lateinischen Ursprungs vor, die ihre ursprüngliche Funktion als Komparative bzw. Superlative verloren haben. Hier werden einige dieser Formen aufgeführt. Arbeiten Sie in kleinen Gruppen und schreiben Sie die Bedeutung dieser Formen. Vergleichen Sie anschließend mit dem/der Dozenten/-in.

S. 130 **Zusätzliche Übung zum Komparativ und Superlativ**

Lesen Sie die Informationen über die Werke und bilden Sie Vergleiche mithilfe der Steigerung (Komparativ und Superlativ) der Adjektive und der Adverbien. Richten Sie sich nach dem Beispiel.

S. 131 **Maßeinheiten und Größen**

Vervollständigen Sie mit der Übersetzung ins Deutsche: ...

UNITÀ 12

S. 132 DIE WIEDERENTDECKUNG DER LAOKOONGRUPPE UND DEREN WIEDERHERSTELLUNG

Hören Sie sich den Text an und lesen Sie ihn danach:

S. 133 LESEVERSTÄNDNIS

a) Lesen Sie den Text erneut und tragen Sie die Informationen in die Tabelle ein: ...

b) In diesem Text sind Vokabeln enthalten, die wichtig sind für die Beschäftigung mit der Kunstgeschichte und Archäologie. Verbinden Sie mit einem Pfeil den jeweiligen Fachbegriff und seine Übersetzung ins Deutsche.

c) Suchen Sie die Informationen im Text und antworten Sie: Richtig oder Falsch?

d) Betrachten wir die Struktur des Satzes.

l'ha collocata = la ha collocata – Das direkte unbetonte Objektpronomen «la» bezieht sich auf das Substantiv ...

Steht das Verb im Passato prossimo und hat es «avere» als Hilfsverb, so wird das direkte unbetonte Objektpronomen (Unità 7) vor «avere» apostrophiert; in diesem Fall wird die Endung des Partizips Perfekt dem unbetonten Pronomen angepasst.

S. 134 ⟨1⟩ *Ändern Sie die Sätze, indem Sie das unbetonte direkte Objektpronomen und die passende Endung des Partizips Perfekt einsetzen.*

② a. Vervollständigen Sie die Tabelle. Sollten Sie noch Zweifel über die direkten unbetonten Objektpronomen haben, wiederholen Sie die Erklärung in der Unità 7.

b. Arbeiten Sie in kleinen Gruppen und schreiben Sie für jeden Fall zwei Sätze. Kontrollieren Sie das Ergebnis anschließend mit dem/r Dozenten/-in.

c. Formulieren Sie abwechselnd Fragen und geben Sie abwechselnd Antworten mit den gegebenen Elementen und dem Verb im Passato prossimo. Benutzen Sie in den Antworten das direkte Objektpronomen. Beachten Sie die unregelmäßigen Partizipien! Beispiel: ...

Elemente, um Fragen zu formulieren und Antworten zu geben: ...

S. 135 ## Grammatik

Das Imperfekt

Lesen Sie nochmals aufmerksam den Text:

Die berühmte Laokoongruppe hat einige Fragen der archäologischen Forschung offen gelassen: z. B. die Wiederherstellung des vollständigen Werkes, weil zum Zeitpunkt der Wiederauffindung der rechte Arm des Laokoon fehlte (= **mancava**); außerdem die Zuschreibung und die Herkunft, d. h., ob die Statue sich schon ursprünglich in Rom befand (= **si trovava**) und ob sie wirklich das Originalwerk war (= **era**).

Die hervorgehobenen Verben sind Verben im **Indikativ Imperfekt**.

Das Imperfekt ist eine Form der Vergangenheit, die man benutzt, ...

1. um einen Zustand in der Vergangenheit auszudrücken;
2. um etwas, das möglich ist, bzw. eine Vermutung bezüglich der Vergangenheit auszudrücken;
3. um eine Handlung auszudrücken, die sich in der Vergangenheit regelmäßig wiederholt hat;
4. um eine in der Vergangenheit nicht abgeschlossene Handlung auszudrücken bzw. um eine Handlung auszudrücken, die in der Vergangenheit gerade passiert (oft in Temporalsätzen).

Beachten Sie: Die Konjunktion «mentre» wird zusammen mit dem Imperfekt gebraucht, wenn das Verb die Vergangenheit ausdrücken soll!

Das Imperfetto ist als Tempus sehr wichtig!
Oftmals, aber nicht immer, entspricht es dem deutschen *Präteritum*.

Die Konjugation: ...

Die Bildung des Imperfetto ist einfach: Es gibt keine unregelmäßigen Formen. Beachten Sie jedoch die Verben, die im Indikativ Präsens unregelmäßig sind, weil der Verbstamm im Imperfetto in diesem Fall nicht derselbe ist: *bere, fare, dire* usw. Beispiele: ...

S. 136 ③ *Vervollständigen Sie den Text mit den Verben im Imperfekt.*

Die offenen Fragen

④ *Lesen Sie den Text über die Bildgruppe von Sperlonga auf Seite 127. Unterstreichen Sie die Verbformen im Imperfekt, tragen Sie sie in die unten gegebene Tabelle ein und bilden Sie deren Infinitivform.*

⑤ *Passato prossimo oder Imperfetto? Konjugieren Sie die Verben entweder in der Form des Passato prossimo oder des Imperfetto.*

S. 137 VERTIEFUNG UND ÜBUNG

Lese- und/oder Hörverständnis

Besuchen Sie die Internetseite des Kulturministeriums, dann die Internetseite der Stadt Sperlonga. Sie können auch die Videos ansehen, die Sie auf Youtube finden. Sammeln Sie Informationen und vervollständigen Sie den Text mit den fehlenden Wörtern.

Fußnote: Auf der Internetseite des Ministeriums finden Sie genauere Informationen, der Text ist allerdings nicht einfach. Die Internetseite der Stadt Sperlonga ist einfacher und bietet Ihnen ein Video an, um das Hörverständnis zu üben.

Die fehlenden Wörter (sie werden nicht in der richtigen Reihenfolge gegeben!):

Die Skulpturengruppe aus Sperlonga

Um mehr darüber zu erfahren

Möchten Sie im archäologischen Bereich online üben? Verbinden Sie sich mit dem Internet und geben Sie «riviste di archeologia online» (= Online Zeitschriften für Archäologie) in die Suchmaschine ein. Besuchen Sie die Internetseiten für Archäologie auf Italienisch, die Ihre Neugierde wecken und erweitern Sie dadurch Ihre Sprachkompetenzen im Italienischen!

S. 138 Noch etwas Grammatik ...

Indefinitadjektive und Indefinitpronomen

Lesen Sie die folgenden Sätze erneut: ...

Die hervorgehobenen Wörter sind Indefinitadjektive. Weitere Indefinitadjektive sind ...

Wenn diese Wörter (*Indefinita*) ein Substantiv ersetzen, statt es zu begleiten, werden sie zu Indefinitpronomen: ...

Besonderheiten:

Qualche wird nur im Singular gebraucht, im Plural wird *qualche* durch *alcuni* ersetzt.

Ogni wird nur im Singular gebraucht, im Plural wird *ogni* von *tutti* ersetzt.

Tutto als Adjektiv wird mit dem Artikel des Substantivs gebildet, der es begleitet. Der Artikel wird dem Substantiv vorangestellt.

Nessuno wird nur im Singular gebraucht.

Nessuno ist vor allem in Sätzen zu finden, die mit der doppelten Verneinung gebildet werden.

⑥ *Lesen Sie die Sätze und wählen Sie das von Fall zu Fall richtige Adjektiv bzw. Pronomen.*

S. 139 THEMATISCHE VERTIEFUNG UND ÜBUNG ZUM LESEVERSTÄNDNIS

Archäologie der Urgeschichte

Das Museo Archeologico del Finale

Besuchen Sie die Internetseite des Museums, http://www.museoarcheofinale.it/, besichtigen Sie das Museum online und sammeln Sie Informationen über die Urgeschichte und die archäologische Forschung in Ligurien und in Norditalien. Vervollständigen Sie anschließend den Text.

S. 141 **Um mehr darüber zu erfahren**

Sind Sie neugierig geworden? Möchten Sie das Museo Archeologico del Finale besichtigen?
Suchen Sie auf der Internetseite nach der Adresse und vervollständigen Sie: ...

Bemerkungen über den Text

Wortschatz

Der Text enthält mehrere Vokabeln, die denjenigen nützlich sein könnten, die sich mit der Archäologie der Urgeschichte beschäftigen. Suchen Sie die Vokabeln heraus und tragen Sie sie in eine Tabelle ein. Arbeiten Sie in kleinen Gruppen.

Vokabeln, die sich beziehen auf ... den natürlichen Lebensraum / die Rohstoffe / die Urgeschichte und deren chronologische Aufteilung / die materielle Kultur, den Glauben und die Artefakte / den Menschen und menschliche Ansiedlungen.

Grammatik

Der Text, den Sie auf der Internetseite des Museums gelesen haben, enthält mehrere Verben, die nach einer Form der Vergangenheit konjugiert sind, die Sie noch nicht kennen: das Passato remoto. Der Text, mit dem Sie die Übung gemacht haben, enthält vor allem Verben im Indikativ Präsens. Es handelt sich hier allerdings um ein historisches Präsens bzw. um ein Tempus, das in der Zeit weit zurückliegende Ereignisse erzählt und sie zeitnah erscheinen lässt.

Übung

Konnten Sie den Text des Museums mit den Verbformen des Passato Remoto verstehen, selbst wenn Sie dieses nicht können? Was war Ihnen hilfreich dabei? Ist es notwendig, jedes einzelne Wort zu verstehen, um den Text zu erschließen bzw. um dem Text die gewünschten Informationen zu entnehmen? Setzen Sie sich über dieses Thema in kleinen Gruppen auseinander und vergleichen Sie anschließend die verschiedenen Meinungen zusammen mit dem/der Dozenten/-in.

Sprachproduktion

Suchen Sie sich ein archäologisches Museum bzw. ein Museum für Urgeschichte aus, das Sie kennen und inhaltlich zu Ihrem Studium passt, besuchen Sie es, dann stellen Sie Ihren Mitschülern/-innen einen Besichtigungsrundgang vor. Am besten bereiten Sie Ihre Präsentation mit Power-Point oder mit Folien vor. Als Beispiel bzw. Muster können Sie das Museo Archeologico del Finale und die Online-Besichtigung nehmen. Sie können Ihre Präsentation auch in kleinen Gruppen vorbereiten und durchführen.

S. 142 **Überprüfung der Kompetenzen**

Übung zum Leseverständnis – Simulation eines Teiles der Klausur

Machen Sie die Übungen alleine, kontrollieren Sie, wie viel Zeit Sie dabei benötigen, und korrigieren Sie anschließend mit dem/der Dozenten/-in.

Lesen Sie den Text, vervollständigen Sie die Tabelle und beantworten Sie die Fragen.

S. 143 a) Vervollständigen Sie das Formular über die Ausgrabung der Grotte.

b) Beantworten Sie die Fragen.

1. Sind in der Höhle mehr Gräber erwachsener Männer oder Kinder gefunden worden?
2. Wer ist «das Kind der Eichhörnchen»?
3. Warum trägt das Skelett diesen Namen?
4. Ist eine Grabbeigabe im Grab des «Kindes der Eichhörnchen» gefunden worden? Wenn ja, aus welchen Gegenständen besteht sie?

c) Was bedeuten diese Ausdrücke? Schreiben Sie die deutsche Übersetzung neben das gegebene Substantiv.

UNITÀ 13

S. 144 DAS UNTERSCHIEDLICHE AUSSEHEN DER ITALIENISCHEN ROMANIK

Ein Beispiel: der Dom von Modena

Hören Sie den Text und lesen Sie ihn danach:

S. 145 **Die architektonische Struktur und Dekoration des Doms von Modena**

a. Die Struktur der Fassade und der Außenansicht
b. Die Struktur des Innenraumes
c. Der Grundriss
d. Die plastische Dekoration

S. 147 **Textverständnis**

a. *Wählen Sie die richtige Antwort aus*

1. An welchen Merkmalen erkennt man die Romanik in Italien?

a. Ähnliche Gebäude, die mit unterschiedlichen Materialien gebaut worden sind.
b. Gebäude, die von Ort zu Ort unterschiedlich sind, die aber eine ähnliche Struktur und Dekoration haben.
c. Gebäude, die sowohl in der Struktur als auch in der Dekoration unterschiedlich sind.

2. Welches ist das wichtigste Merkmal des Doms von Modena?

a. Die von der plastischen Dekoration geprägte Fassade.
b. Die weiße Marmorverkleidung des Gebäudes.
c. Die architektonische Einheit bzw. der architektonische Einklang der Außenansicht mit dem Inneren des Gebäudes.

3. Der Dom von Modena ist ...

a. im Jahr 1184 erbaut worden.
b. in 100 Jahren, und zwar zwischen Ende des 11. und Ende des 12. Jahrhunderts, erbaut worden.
c. im 11. Jahrhundert erbaut worden.

b. *Richtig oder falsch?*

Wir wissen nicht, wie der Architekt hieß, aber wir kennen den Namen des Bildhauers des Doms: Wiligelmo.

Die Rolle der Handwerksgruppen ist sehr wichtig gewesen.

Die Dekoration der Fassade (Loggien, Blendarkaden, Lisenen) ist weder auf den anderen Außenseiten noch in der Apsis zu finden.

Das Innere ist in drei Schiffe aufgeteilt.

Der Dom von Modena besitzt keine Krypta.

Die plastische Dekoration ist über und um die Portale (auf der Archivolte und auf der Bogenlaibung) und im Inneren auf dem Pontile zu finden.

c. Suchen Sie aus dem Text die Fachbegriffe heraus, dann fertigen Sie eine Tabelle nach dem gegebenen Muster an.

Vokabeln, die sich auf die architektonische Struktur / die plastische Dekoration / die Künstler und Meister / die Stile und Einflüsse / die Ikonografie und Bedeutung (der plastischen Dekoration) beziehen.

d. Die Pronominalpartikel «ne»

Im Text finden Sie ein unbetontes Pronomen, das Sie noch nicht kennen: «ne».
Lesen Sie das Beispiel: ...

Welches Substantiv wird mit der Pronominalpartikel «ne» ersetzt?
«ne» entspricht das Deutsche *von etwas* → von ihm/ihr/diesem ... bzw. drückt eine unbestimmte Menge aus.
Beachten Sie: Durch «ne» ändert sich der Vokal des vorangegangenen (unbetonten) Pronomens: ...

S. 148 ## Grammatik

Die Relativpronomen

Lesen Sie aufmerksam die Sätze und vervollständigen Sie: ...

Die hervorgehobenen Wörter sind Relativpronomen, führen einen Relativsatz ein und beziehen Sie sich auf ein im Hauptsatz stehendes Substantiv.

che ersetzt *i materiali da costruzione* ... usw.

Beachten Sie:
- Das Relativpronomen «che» kann nur ohne Präposition benutzt werden;
- «cui» kann mit oder ohne Präposition benutzt werden. Beispiel:
  ... *cui = a cui = al quale (dem)*
  ... *il cui restauro = il restauro del quale (dessen Restaurierung)*

Ein weiteres, etwas seltener gebrauchtes Relativpronomen ist *il quale / la quale / i quali / le quali (der/die/das)*. Es ermöglicht, «che» zu ersetzen und dadurch Wiederholungen zu vermeiden.

Ein besonderes Relativpronomen ist «chi»: Es wird auch «doppeltes Pronomen» genannt, weil es eine syntaktische Funktion sowohl im Haupt- als auch im Nebensatz hat. Es kann durch zwei Pronomen ersetzt werden: *colui il quale ... (= derjenige der ...)*

Beispiel: ***Wer** den Dom von Modena besucht, wird von seiner plastischen Gestaltung fasziniert (= **Derjenige, der** ... besucht, wird ... fasziniert).*

① *Lesen Sie den Text und unterstreichen Sie die Relativpronomen und die Substantive, die sie ersetzen.*

S. 149 ② *Vervollständigen Sie den Text mit den gegebenen Relativpronomen. Beachten Sie dabei, dass die Pronomen nicht in der richtigen Reihenfolge stehen!*

③ *Verbinden Sie die gegebenen Sätze mit einem Relativpronomen.*

Um mehr darüber zu erfahren
Einige romanische Gebäude, über die Sie sich informieren können: ...

S. 150 **Übungen zur Vertiefung des Wortschatzes**

a. «Lesen» wir den Grundriss des Doms von Modena.

b. «Lesen» Sie jetzt den Grundriss der Basilika von San Zeno Maggiore in Verona und schreiben Sie die Namen der verschiedenen Teile auf.

S. 151 c. Lesen Sie die Bezeichnungen und betrachten Sie die strukturellen Elemente des Innenraums des Doms von Modena.

d. Erkennen und bezeichnen Sie jetzt die Strukturelemente des Innenraumes der Basilika von San Zeno in Verona.

S. 152 e. Einige Details der plastischen Dekoration des Doms zu Modena. Lesen wir die Bildunterschriften.

f. Erkennen und bezeichnen Sie jetzt einige Details der plastischen Dekoration der Basilika von San Zeno in Verona. Schreiben Sie kurze Bildunterschriften zu den Fotos.

S. 153 THEMATISCHE VERTIEFUNG – LESEVERSTÄNDNIS

Der Künstler, die Bauhütte, die Handwerksgruppen

Verbinden Sie jede italienische Vokabel mit der deutschen Entsprechung durch einen Pfeil:

S. 154 ## Grammatik

Unbetonte indirekte Objektpronomen und andere Pronomen im Vergleich

Lesen wir die Beispiele:

- *Von vielen Künstlern und Handwerkern der romanischen Skulptur ist* ***uns*** *(=* ***ci****) nicht mal der Name überliefert worden.*
- *Im Fall von Wiligelmo ist es eine an der Fassade der Kathedrale angebrachte Gedenktafel, die* ***ihm*** *(=* ***gli****) seine künstlerische Leistung anerkennt.*
- *Es ist* ***uns*** *(=* ***ci****) nicht möglich, innerhalb dieser Gruppe einzelne, starke künstlerische Handschriften auszumachen.*

Arbeiten Sie in kleinen Gruppen, versuchen Sie, die Sätze zu übersetzen, dann vergleichen Sie die Ergebnisse zusammen.
Wie haben Sie «ci» und «gli» übersetzt?

Die hervorgehobenen Wörter sind Beispiele für *unbetonte indirekte Objektpronomen* (siehe Unità 7).
Sie tragen diesen Namen, weil sie (betonten) Pronomen entsprechen, die mit der Präposition gebildet werden.

Betrachten Sie die Tabelle:

Personalpronomen im Nominativ / unbetonte direkte Objektpronomen / unbetonte indirekte Objektpronomen / direkte und indirekte betonte Objektpronomen / Reflexivpronomen

Es gibt außerdem das unbetonte Pronomen *ne* → ...
und das betonte Reflexivpronomen *sé* → ...

Besonderheiten der direkten und indirekten Objektpronomen und der Reflexivpronomen.

- In der Satzbildung stehen sowohl die direkten und indirekten unbetonten Objektpronomen als auch die Reflexivpronomen vor dem konjugierten Verb. Beispiele:
  - *Wiligelmo ist der Bildhauermeister der Bauhütte des Doms zu Modena: eine an der Fassade angebrachte Gedenktafel erinnert an* ***ihn*** */ ruft Namen und Werk von* ***ihm*** *ins Gedächtnis.*
  - *Die Forscher schreiben* ***ihm*** *die Marmorplatten mit der Schöpfungsgeschichte und das Hauptportal zu.*
- Im Satzbau werden direkte und indirekte unbetonte Objektpronomen den Modalverben, dem Verb im Infinitiv bzw. im Gerundium oder im Partizip angehängt. Das Verb im Infinitiv verliert den letzten Vokal seiner Endung. Beispiele:
  - *Kannst du mir sagen, was du über Nicolò weißt?*
  - *Bevor wir dir von ihm erzählen, will ich dir diese Dias zeigen. Indem du sie anschaust, kannst du dir eine Vorstellung von seinem Werk machen. Möglicherweise in der Werkstatt des Wiligelmo ausgebildet, hat er am Dom von Ferrara, an der Basilika von San Zeno in Verona und an der Sacra di San Michele in Piemont gearbeitet.*

S. 155 ④ *Lesen Sie den Text über den Künstler und die Handwerksgruppen, suchen Sie die im Text enthaltenen Pronomen und tragen Sie sie in die Tabelle ein.*

Personalpronomen im Nominativ / unbetonte direkte Objektpronomen / unbetonte indirekte Objektpronomen / direkte und indirekte betonte Objektpronomen / Reflexivpronomen / unpersönliches «si» und «si» der Passivform

⑤ *Ersetzen Sie die hervorgehobenen Satzglieder mit einem direkten bzw. indirekten unbetonten Objektpronomen. Schreiben Sie den zweiten Satz erneut. Beachten Sie dabei die Stellung des Pronomens und die Endung des Partizips in den mit Hilfsverb gebildeten Tempora.*

S. 156 ⑥ *Im Unterricht. Umschreiben Sie die Sätze, indem Sie die betonten Objektpronomen mit den unbetonten Objektpronomen ersetzen.*

Schriftliche Sprachproduktion

Betrachten Sie die Bilder und schreiben Sie, mithilfe der gegebenen Informationen, einen 100 Wörter langen Text über die romanische Kirche von San Michele in Pavia.

UNITÀ 14

S. 157 BRAINSTORMING ZUM STÄDTEBAU. WAS WISSEN SIE ÜBER DAS THEMA?

Lesen Sie die Vokabeln und setzen Sie zusätzliche Termini zum Thema ein, die Sie bereits kennen, dann gruppieren Sie sie nach Bereichen: ...

Arbeiten Sie in kleinen Gruppen und bilden Sie «Familien» von Wörtern wie im Beispiel erläutert: ...

Adjektiv bzw. Substantiv	Verb	abgeleitetes Substantiv
piano urbano / regolatore	pianificare	pianificazione

S. 158 Fügen Sie den gegebenen Vokabeln andere Vokabeln über die Stadt, die Sie bereits kennen bzw. die Sie gerade gelernt haben, hinzu:

Setzen Sie sich in kleinen Gruppen darüber auseinander, dann vergleichen Sie zusammen. Welche Bedeutung haben die folgenden Adjektive? ...

Suchen Sie jetzt im folgenden Text Vokabeln zum Städtebau:

Die ideale Stadt

S. 159 **Städtebauliche Geschichte der Stadt Turin**

a. **Das Video**

Schauen Sie sich das Video über die Stadt Turin an und beantworten Sie die Fragen.

1. Die Stadt Turin ...
- ❑ ist im Mittelalter gebaut worden.
- ❑ ist eine alte Stadt, sie ist eine Stadt römischen Ursprungs.
- ❑ ist eine Stadt keltischen Ursprungs.

2. Die historischen Erweiterungen der Stadt ...
- ❑ vollziehen sich in natürlicher und spontaner Weise.
- ❑ finden in der Renaissance statt.
- ❑ geschehen auf Befehl der Herrschenden.

3. Die städtebauliche Entwicklung der Stadt ...
- ❑ beachtet das senkrecht verlaufende Straßensystem des römischen Castrum.
- ❑ ändert das senkrecht laufende Straßensystem des römischen Castrum.
- ❑ setzt ein System von radial laufenden Querstraßen ein.

4. Durch die städtebaulichen Maßnahmen ...
- ❑ verliert die Stadt ihre alten römischen und mittelalterlichen Strukturen unwiderruflich.
- ❑ gewinnt die Stadt neue Strukturen, die jeweils sehr unterschiedlich im Stil sind.
- ❑ wird die Stadt durch einheitlich klassische und barocke Merkmale geprägt.

5. Die Architekten, von denen das Video berichtet, ...
- ❑ kommen zumeist aus Piemont.
- ❑ stammen fast nie aus der Stadt.
- ❑ kommen alle aus anderen Regionen Italiens.

6. Der Bau der Residenzen der Savoyen-Familie ...
- ❑ ist von den städtebaulichen Maßnahmen unabhängig.
- ❑ ist mit den städtebaulichen Maßnahmen verbunden, wie es typisch für die Barockarchitektur ist.
- ❑ betrifft nur einen Abschnitt der städtebaulichen Geschichte der Stadt.

S. 160 b. **Der Text**

Lesen Sie jetzt den Text und machen Sie die Übungen.

Städtebauliche Geschichte der Stadt Turin

S. 164 **Übungen zum detaillierten Leseverstehen**

1. Richtig oder falsch?

a. Ascanio Vittozzi ist der einzige Architekt, der am Entwurf und Bau des Palazzo Reale in Turin beteiligt ist.

b. Carlo von Castellamonte entwirft das Valentino-Schloss.

c. Die in der zweiten Erweiterung der Stadt Turin tätigen Architekten sind Amedeo von Castellamonte und Guarino Guarini.

d. Guarino Guarini ist nicht nur Architekt, sondern auch ein Philosoph und Mathematiker.

e. Nach der Belagerung der Stadt im Jahr 1706, renoviert Filippo Juvarra die Residenzen der Savoyen-Familie.

f. Die Mole Antonelliana ist ein Bauwerk des Sohnes von Alessandro Antonelli.

2. Fragen

a. Wann geschehen die drei städtebaulichen Erweiterungen der Stadt Turin?

b. Wie heißen die zwei großen in Turin tätigen Architekten, von denen der Text berichtet?

c. Lesen Sie die Absätze über die städtebaulichen und architektonischen Maßnahmen des Juvarra und unterstreichen Sie die Adjektive. Wie wird seine Baukunst bezeichnet?

3. Synonyme oder nicht? Wie viele unterschiedliche Substantive finden Sie im Text zur Benennung der Residenzen? Suchen Sie sie heraus und schreiben Sie sie auf. Sprechen Sie miteinander über ihre Bedeutung.

S. 165 Grammatik

Das Gerundium im Präsens

Lesen wir die Beispiele:

- *Mächtige Auftraggeber bitten die Architekten, den Stadtplan neu zu organisieren, indem sie neue Paläste erbauen und die älteren renovieren.*
- *Juvarra entwirft die Basilica von Superga, indem er das Schema der Kirche Sant'Agnese von Borromini in Rom zum Teil wieder verwendet: ein kirchliches Gebäude mit zentralem Grundriss, mit Tambour und Kuppel und zwei Glockentürme an den Seiten.*

Die hervorgehobenen Verben sind im Gerundium Präsens (im einfachen Gerundium) konjugiert.
Das Gerundium drückt eine Handlung aus, die einer anderen in mehreren möglichen Sinnzusammenhängen verbunden ist: ...

Die Formen des Gerundiums im Präsens: ...

① *Ändern Sie die Sätze, indem Sie das Gerundium in den Nebensatz, wie im Beispiel gezeigt, einsetzen.*

S. 166 **Die Passivform**

Lesen wir die Beispiele:

- *In Palazzo Carignano* ***werden*** *die architektonischen Ordnungen fantasievoll* ***umgesetzt****.*
- *Im Jahre 1997* ***wurde*** *die Grabtuchkapelle durch einen Brand fast* ***zerstört****.*
- *Palazzo Reale* ***wird*** *von den Architekten Maurizio Valperga und Carlo Morello* ***erbaut****.*

Versuchen Sie jetzt, die hervorgehobenen Verbformen zu übersetzen: ...

Das sind Beispiele für die ... Form

Die Passivform wird im Italienischen wie im Deutschen mit dem konjugierten Hilfsverb und dem Verb im Partizip Perfekt gebildet. Die Endung des Partizips richtet sich nach dem Subjekt.

Betrachten Sie die Beispiele erneut: Welche Hilfsverben bilden die Passivform?

Essere ist in der Regel das Hilfsverb für die Passivform, allerdings wird auch *venire* als Hilfsverb gebraucht, will man eine Handlung in ihrer Entwicklung ausdrücken.

In der Passivform geht die Handlung nicht vom Subjekt aus: ...

Passiv: La Cappella della Sindone è stata quasi distrutta da un incendio (*Die Kapelle des heiligen Grabtuchs ist von einem Brand fast zerstört worden*).
Aktiv: Un incendio ha quasi distrutto la Cappella della Sindone. (*Ein Brand hat die Kapelle des heiligen Grabtuchs fast zerstört*).

S. 167 Die Satzstellung ändert sich wie folgt: ...

Die Präposition «da» (*da un incendio, dagli architetti*) entspricht dem deutschen ...

Beachten Sie die mit einem Hilfsverb gebildeten Tempora (z. B. das Passato prossimo):
- das Hilfverb *venire* wird nicht benutzt;
- *essere* wird also zweimal als Hilfsverb verwendet:

Die Passivform kann auch ohne Agens gebildet werden («forma passiva assoluta»):
In Palazzo Carignano gli stili architettonici sono interpretati con fantasia. → in diesem Satz fehlt das AGENS

Die Passivform kommt in kunsthistorischen Texten oft vor, weil sie erlaubt, die Aufmerksamkeit auf das Objekt bzw. auf das zentrale Thema (auf das Kunstwerk, den Künstler, die Technik, den Stil usw.) zu lenken.

In der Unità 9 haben wir gelernt, dass die Passivform auch auf eine andere Art und Weise gebildet werden kann, nämlich mit dem «si» passivante: *Palazzo Reale viene costruito a partire dal 1643 = si costruisce ...*

② *Suchen Sie in dem Text über die Storia urbanistica della città di Torino die Verben in der Passivform. Vergleichen Sie die Ergebnisse anschließend zusammen.*

③ *Setzen Sie die Sätze in die Passivform.*

S. 168 WORTSCHATZ

Die grafische Darstellung eines Bauwerkes

Auf dem Bild sehen wir den Schnitt der Kirche San Lorenzo in Turin.
Kennen Sie den Namen anderer Darstellungen?
Falls einige Vokabeln für Sie neu sind, können Sie die Bedeutung im Wörterbuch nachschlagen und sie hier unten eintragen:

Die Teile des Palastes

S. 169 **Übung zur thematischen Vertiefung**

Sie haben das Video über Turin und seine Baukunst gesehen. Um mehr darüber zu erfahren, werden hier einige Internetseiten zu Palästen und Residenzen angegeben, die Sie besuchen können!

- La Venaria Reale: www.reggiavenariareale.it
  Verpassen Sie nicht die virtuelle Besichtigung der Diana-Galerie, falls Sie diese Seite besuchen!
- Il Castello di Rivoli: www.castellodirivoli.org
  Das Schloss ist heute Sitz des wichtigsten Museums für zeitgenössische Kunst in Piemont.
- Palazzo Madama: www.palazzomadamatorino.it
  Folgen Sie dem Link: «Il Palazzo ed il Museo».
- Palazzo Carignano: www.artito.arti.beniculturali.it/
  Auf dieser Internetseite haben Sie die Gelegenheit, wichtige Museen wie die Galleria Sabauda zu besichtigen.
- Palazzo Reale: www.comune.torino.it/musei/indice.html
  Diese Internetseite empfiehlt sich ebenfalls, um verschiedene Denkmäler zu besuchen.
- Eine gute, ausführliche touristische Internetseite ist: www.visitatorino.com

Möchten Sie mehr über das Projekt «P.A.Pu.M.» («Progetto Arte Pubblica e Monumenti») erfahren? Besuchen Sie die Internetseite der Stadt Turin: www.comune.torino.it/oct/papum.html

Gute Besichtigung und viel Vergnügen!

④ *Wählen Sie eine der empfohlenen Internetseiten aus, machen Sie die virtuelle Besichtigung und schreiben Sie anschließend einen 100–120 Wörter langen Text, in dem Sie einen Aspekt bzw. ein Gebäude oder Museum der Stadt vorstellen.*

Das Adjektiv «barocco» – Die Geschichte eines Wortes

Vielleicht französischer Etymologie (mit der Bedeutung «etwas bizarres» und vom Portuguiesischen abgeleitet), vielleicht in der mittelalterlichen Philosophie entstanden, ist das Adjektiv «barocco» in einer negativen Konnotation bis Ende des 19. Jahrhunderts in den bildenden Künsten verwendet worden. J. Winckelmann (1755 und 1764) vergleicht Künstler und Dichter des 17. Jahrhunderts und bewertet sie negativ. Francesco Milizia (1797) benutzt das Wort «barocco», um den architektonischen Stil des sechzehnten Jahrhunderts zu bestimmen. Eine neue Art und Weise, die Änderung der Formen und Stile zu betrachten, erscheint zuerst mit J. Burckhardt (1855), danach mit H. Wölfflin (1888 und 1915) und den Theoretikern der «reinen Sichtbarkeit». A. von Schmarsow (1897) und A. Riegl (1908, mit dem Begriff des «Kunstwollens») leisten ihrerseits einen Beitrag zur neuen positiven Bewertung des Barocks als Stil und benutzen das Adjektiv positiv konnotiert. Diese entscheidenden Beiträge sind die Grundlage der Studien über das Barock in allen seinen Erscheinungsformen, die nach dem ersten Weltkrieg in wissenschaftlichen Kontexten mehrerer Länder blühen.

Aus: Grassi-Pepe, Dizionario della critica d'arte, vol. 1, Torino, 1995 (adaptiert)

Abgeleitete Adjektive: frühbarock / barock bzw. hochbarock / spätbarock

S. 170 ⑤ *Wiederholung des Passato prossimo und Vertiefung des Wortschatzes zum Städtebau. Die im Text enthaltenen Verben stehen im Präsens. Setzen Sie sie in das Passato prossimo.*
Vergleichen Sie anschließend mit dem Hörtext.

Städtebau einer Stadt des Mittelalters: der Fall Volterra

S. 171 **Ein Sakralgebäude vorstellen**

⑥ Wortschatz
Arbeiten Sie in kleinen Gruppen, betrachten Sie die Bilder und machen Sie ein Brainstorming über die Lexik der Sakralbaukunst, insbesondere über die Vokabeln der Barockarchitektur.

⑦ *Schriftliche Sprachproduktion. Suchen Sie sich ein Sakralgebäude aus, das Sie gut kennen, suchen Sie dann nach Bildern, die Ihnen erlauben, das Gebäude vor Augen zu haben, sammeln Sie Informationen über dessen Geschichte und dessen Architekten. Schreiben Sie anschließend einen 100–120 Wörter langen Text über die Kirche, ihre Geschichte und ihren Stil.*

Zusammenfassende Übung

Leseverständnis und schriftliche Produktion

Lesen Sie den Text und beantworten Sie die Fragen.

Filippo Juvarra

S. 172 Beantworten Sie die Fragen mit vollständigen Sätzen:

1. Wo hat die Ausbildung von Filippo Juvarra stattgefunden und was hat der berühmte Architekt studiert?
2. Welches Element hat Juvarra von den Bauwerken des Michelangelo nachgeahmt?
3. Welche Werke und Maßnahmen sind dem sizilianischen Architekt in Turin zuzuschreiben?
4. Welche Funktion haben die großen Fenster in den Gebäuden von Filippo Juvarra?
5. Welche Merkmale sind charakteristisch für die Zeichnungen von Juvarra?

TEIL 2

Lösungen zu den Übungen

UNITÀ 1

S. 1 **Come si dice in italiano?**

Alcuni esempi:

– Come si dice «Kunst» in italiano? ~ «Arte». – Come si scrive? ~ A – erre – ti – e.	– Come si dice «Bild» in italiano? ~ «Quadro». – Come si scrive? ~ Qu – a – di – erre – o.	– Come si dice «Museum» in italiano? ~ «Museo». – Come si scrive? ~ Emme – u – esse – e – o.	– Come si dice «Archäologe» in italiano? ~ «Archeologo» – Come si scrive? ~ A – erre – ci – acca – e – o – elle – o – gi – o.
– Come si dice «Ausstellung» in italiano? ~ «Mostra» – Come si scrive? ~ Emme – o esse – ti – erre – a.	– Come si dice «Tempel» in italiano? ~ «Tempio» – Come si scrive? ~ Ti – e – emme – pi – i – o.	– Come si dice «Künstler» in italiano? ~ «Artista» – Come si scrive? ~ A – erre – ti – esse – ti –a.	*Attenzione!* Bild = quadro, immagine, foto. Ausstellung = mostra, esposizione.

S. 2 **L'alfabeto**

Le lettere di origine straniera: *j (i lunga), k (cappa), w (vi / vu doppia), x (isc), y (ipsilon).*

① Ca, co, cu: *bianco, barocco, secolo, pittorico, arco* / ci, ce: crocifisso, mosaici, Cimabue, Masaccio, incisione/ chi, che: archeologo, chiostro, archeologia, antichità, chiesa, architettura, Michelangelo / sca, sco, scu: scultura, scavo / sci, sce: scenografia, scene / schi, sche: affreschi, maschera / ga, go, gu: gotico / gi, ge: giornale, Sfinge, dipingere, Giotto, genesi, Caravaggio, giallo, giardino, fregio, argento, egizio, angeli / ghi, ghe: Ghirlandaio, Ghiberti, ghirlanda / gn: disegno, Agnolo Gaddi / gli: foglio, cartiglio / qu - cqu: acquerello, quadro, quadrato, quadraturista.

S. 4 **Come ti chiami?**

Come si dice in italiano ...

ich heiße ... = mi chiamo ... *Wie heißt du?* = come ti chiami? *ich studiere ...* = (io) studio...
ich bin aus ... = (io) sono di ... *Woher bist / kommst du?* = di dove sei?

③ Ciao, *mi chiamo* Andrea, *sono di* Alessandria, ma *abito* a Genova.
Io *studio Conservazione dei Beni Culturali* all'Università di Genova.

S. 5 ④ Visitare il sito del Dipartimento delle Arti Visive dell'Università di Bologna e rispondere alle domande.

C'è un corso di *Psicologia dell'Arte?*	*sì*
C'è un corso di *Storia del disegno e degli stili?*	*no*
Nella *biblioteca* c'è anche una *fototeca?*	*sì*
Nella *fototeca* ci sono molti *video* e *film.*	*falso*
C'è un servizio online dell'università per fare un *tirocinio.*	*vero*
Come si chiama il «*tirocinio*» nella tua lingua?	*Praktikum*
All'Università di Bologna c'è una *Scuola di Specializzazione in Beni Storici Artistici.*	*vero*
La Scuola di Specializzazione è un corso di laurea triennale	*falso*

S. 6 ⑤ Completare le frasi con i verbi.

1. Io *mi chiamo* Paolo e *sono* di Roma.
2. Lei *si chiama* Luisa e *studia* Architettura a Napoli.
3. Tu *studi* Archeologia a Firenze.
4. Gianni è di Perugia, ma *abita* a Urbino.
5. Lina è di Genova e *studia* a Genova.
6. Voi *abitate* a Milano, perché *studiate* all'Università Bocconi di Milano.
7. Noi *siamo* di Parma e *studiamo* a Padova.
8. Io *studio* a Firenze, ma *abito* a Prato.
9. Marco e Federico *abitano* insieme in un appartamento a Roma e *studiano* all'Università di Roma tre.
10. Voi *siete* di Pesaro, ma *abitate* a Bologna.

S. 7 **All'università ... C'è – ci sono – esserci**

Cosa significa «c'è» nella tua lingua? *«C'è» significa «es gibt»*

Cosa significa «ci sono»? *«Ci sono» significa «es gibt»*

⑦ Completare le frasi con le forme di «esserci»: «c'è» o «ci sono»

1. Nel sito Internet dell'università *ci sono* tutte le informazioni sui corsi.
2. A Firenze *c'è* una famosa scuola di restauro.
3. All'università *c'è* una mensa grande.
4. Nella biblioteca *ci sono* una fototeca e una cineteca grandi.
5. Al Museo Archeologico di Napoli *c'è* una copia romana del Doriforo di Policleto.
6. In questo libro *ci sono* molte belle immagini.
7. Ad Agrigento *ci sono* importanti resti di templi greci.
8. A Venezia *c'è* un'importante manifestazione di arte contemporanea: la Biennale.
9. Al Museo di Antichità di Torino *c'è* un'importante collezione di vasi greci.
10. In questo esercizio *ci sono* 10 frasi.

⑧ Completare la descrizione con c'è / ci sono

Nella Trinità di Masaccio (1427), un affresco conservato nella chiesa di Santa Maria Novella a Firenze, osserviamo molti soggetti.
In basso *c'è* un sepolcro con uno scheletro. Sul primo livello, a sinistra e a destra, *ci sono* i committenti in ginocchio.
Oltre un arco, sotto una volta a botte, *ci sono* la Madonna e San Giovanni, in piedi. Sulla croce *c'è* Cristo crocifisso e dietro di lui *c'è* Dio Padre, che sostiene la croce. Tra il Padre e il Figlio *c'è* una
colomba bianca, il simbolo dello Spirito Santo. La scena è inserita in un'architettura rinascimentale, riprodotta con prospettiva centrale.

UNITÀ 2

S. 8 **Policleto e il Canone**

nomi maschili: *Policleto, scultore, schema, chiasmo, trattato, Canone, Doriforo, originale, Cristo, esempio, Museo.*

nomi femminili: *classicità, opere, proporzioni, statua, copie, età, copia*

S. 9 ① M: *museo, castello, quadro, pittore, pennello, vaso, stile, architetto, scavo, scultore, critico d'arte, collezionista, tempio, capitello, marmo, colore, affresco.*

F: *tela, scultura, arte, accademia, scuola, tomba, collezionista, colonna, tecnica, cornice.*

② *una* mostra, *una* scultura, *un* tempio, *un* colore, *un* pittore, *una* galleria, *un* quadro, *una* chiesa, *un'*archeologa, *una* statua, *uno* scavo, *uno* scultore, *un* critico d'arte, *una* collezione, *un* capitello.

③ Scrivere i nomi nella giusta colonna e aggiungete l'articolo indeterminativo.

Maschile		Femminile	
un	uno	una	un'
un istituto *un professore* *un ufficio* *un dipartimento* *un ricercatore* *un dottorando* *un tirocinio* *un semestre* *un archivio* *un problema* *un cantiere* *un computer*	*uno studente* *uno schema* *uno studio* *uno scavo* *un anno accademico*	*una città* *una studentessa* *una segreteria* *una biblioteca* *una professoressa* *una ricerca* *una tesi*	*un'università* *un'analisi*

S. 10 ④

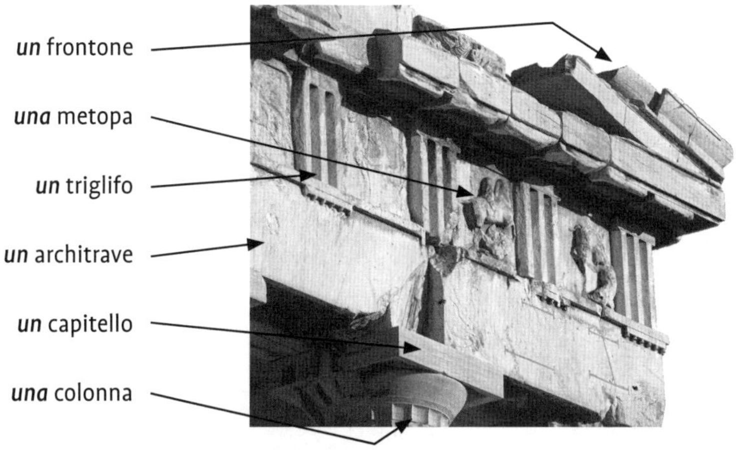

⑤ Maschili: *orlo, labbro, collo, corpo, ventre, piede*
Femminili: *bocca, ansa, spalla*

S. 11 ⑥ *Scultore greco, prima classicità, sue opere, giuste proporzioni, sua statua famosa, originale bronzeo, molte copie, età romana, Museo Archeologico Nazionale.*

Forme plurali: ***sue opere, giuste proporzioni, molte copie.***

S. 12/13 ⑦ Aggettivi:

1.	Rilievo inciso di Amenofi IV	Arte *egizia*
2.	Maschera di Agamennone	Maschera *micenea*
3.	Il Partenone di Atene	Tempio *greco*
4.	Il Pantheon	Edificio *romano*
5.	I mosaici di Santa Pudenziana a Roma	Mosaico *paleocristiano*
6.	La Cappella palatina di Aquisgrana	Architettura *carolingia*
7.	Andrea Mantegna, Camera degli sposi, affresco del soffitto	Affresco *quattrocentesco*
8.	Raffaello, Madonna del Cardellino	Pittura *rinascimentale*
9.	Gian Lorenzo Bernini, Apollo e Dafne	Scultura *barocca*
10.	Silvestro Lega, Il canto di uno stornello	Rappresentazione *realista*
11.	Claude Monet, Donna col parasole	Stile *impressionista*
12.	Vincent Van Gogh, Notte stellata	Pennellata *espressionista*

S. 15 **I verbi della II e della III Coniugazione**

	vedere	servire
io	ved-*o*	serv-*o*
tu	ved-*i*	serv-*i*
lui / lei / Lei	ved-*e*	serv-*e*
noi	ved-*iamo*	serv-*iamo*
voi	ved-*ete*	serv-*ite*
loro	ved-*ono*	serv-*ono*

9 Inserire nel testo i verbi coniugati. – Molti artisti *rappresentano* figure che *dormono*. Michelangelo, ad esempio, nella Tomba di Giuliano de Medici in San Lorenzo a Firenze, ci *mostra* la notte come una donna che *dorme*. Anche in uno schizzo di Leonardo noi *vediamo* Arianna addormentata. Caravaggio *dipinge* Cupido dormiente e Antonio Canova, il grande scultore neoclassico, *rende* nel marmo un efebo nel sonno.

UNITÀ 3

S. 17 **Il plurale dei nomi e degli aggettivi**

I nomi plurali nel testo: *ordini, differenze, parti, templi, colonne, parti, volute, ovuli, astragali, foglie, colonne, metope, triglifi.*

I nomi maschili in **-o** costruiscono il plurale in *-i*
I nomi femminili in **-a** costruiscono il plurale in *-e*
I nomi in **-e** (maschili e femminili) costruiscono il plurale in *-i*

Il singolare e il plurale dei nomi presenti nel testo:

SINGOLARE	PLURALE
ordine	*ordini*
tempio	*templi*
differenza	differenze
parte	parti
colonna	*colonne*
fregio	*fregi*
capitello	*capitelli*
stilobate	*stilobati*
basamento	*basamenti*
abaco	*abachi*

SINGOLARE	PLURALE
echino	*echini*
voluta	volute
decorazione	*decorazioni*
ovulo	ovuli
astragalo	astragali
foglia	foglie
acanto	*(acanti)*
decorazione	*decorazioni*
bassorilievo	*bassorilievi*

Aggettivi nel testo: architettonici, greco, dorico, ionico, corinzio, (ognuno), (tre), (alcune), dorico, ionici, corinzi, (loro), dorico, semplice, (due), ionico, sottile, decorato, grande, corinzio, semplice, ioniche, corinzie, slanciate, dorica, ionico, continuo, corinzio, continuo.

Le desinenze degli aggettivi

Gli aggettivi con il maschile singolare in **-o** costruiscono il plurale in **-i**
Gli aggettivi con il femminile singolare in **-a** costruiscono il plurale in **-e**
Gli aggettivi con il singolare in **-e** (maschile e femminile) costruiscono il plurale in **-i**

Un gruppo particolare

Gli aggettivi con il singolare in **-ista** costruiscono il plurale in **- isti**, se sono **maschili**
- iste, se sono **femminili**

S. 18 ① Tutti i possibili abbinamenti:

a. Capitelli corinzi / dipinti; colonne ioniche / slanciate; proporzioni ioniche / slanciate; fregio decorato / liscio / continuo; scultura dorica / sottile; pittori corinzi / contemporanei; vasi corinzi / dipinti / contemporanei; abaco decorato / liscio / sottile; echino liscio / decorato; architrave decorato / liscio / continuo / sottile.
b. Dipinti manieristi; sculture futuriste; architettura futurista / cubista; pittore futurista / cubista.

② Esempi di frasi possibili:

Nei tre ordini greci la colonna, il fregio e il capitello sono diversi. / Sul fregio dorico ci sono metope e triglifi. / La colonna ionica ha un basamento. / Il fregio ionico è continuo. / Nei templi ionici e corinzi il fregio è continuo. / L'echino corinzio è decorato con foglie d'acanto. / Il capitello dorico è semplice, il capitello ionico ha una decorazione.

Gli articoli determinativi

Nel testo: *il, gli, la, il, il, la, le, il, l', l', la, il, le, il, il.*

La tabella completata:

	SINGOLARE	PLURALE
maschile davanti a vocale	l'	gli
maschile davanti a consonante semplice	il	i
maschile davanti a s + cons., z, x, y, gn, ps	lo	gli
femminile davanti a consonante	la	le
femminile davanti a vocale	l'	le

S. 20 **Gli aggettivi in –o/-a/-i/e e in –e/-i**

③ la scultura grec*a* arcaic*a* / le stampe giappones*i* / la pittura simbolic*a* di Klimt / l'arte cines*e* / il rilievo storic*o* roman*o* / la colonna doric*a* / la cattedrale romanic*a* / il mosaico tardoantic*o* / lo stile gotic*o* / il fregio ellenistic*o* / l'architettura barocc*a*

Trasformazione delle forme al singolare o al plurale:

le sculture grec***he*** arcaic***he*** / ***la*** stamp***a*** giappones***e*** / ***i*** rilievi storic***i*** roman***i*** / ***le*** colonn***e*** doric***he*** / ***le*** cattedral***i*** romanic***he*** / ***i*** mosaic***i*** tardoantic***hi*** / ***gli*** stil***i*** gotic***i*** / ***i*** freg***i*** ellenistic***i*** / ***le*** architettur***e*** barocc***he***

S. 21 **L'articolo determinativo**

1. Aggiungere l'articolo determinativo

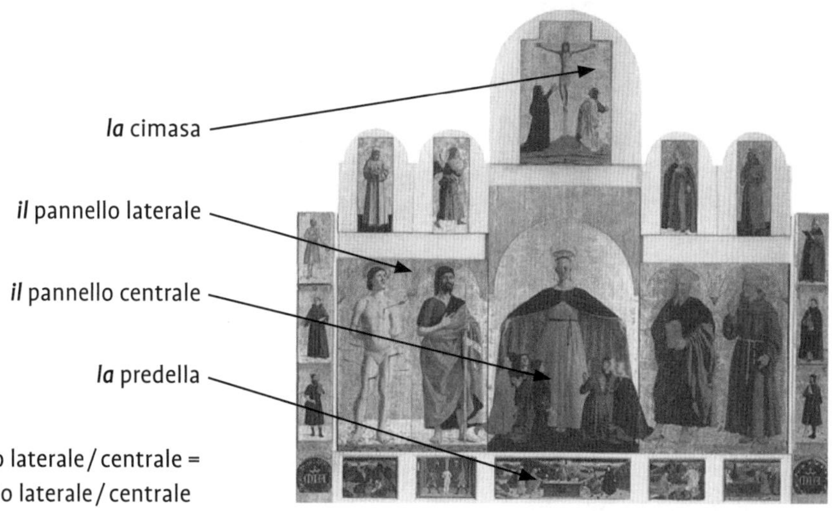

2. Quando si usa l'articolo determinativo e quando non si usa?

L'articolo determinativo si usa per indicare per esempio le parti della croce, l'iconografia e il monte Golgota (un elemento o un soggetto preciso) e davanti al nome Madonna. (= *Man benutzt den bestimmten Artikel, um ein genaues Element zu bestimmen so wie vor dem Namen «Madonna»*).

Lessico

Nuovi vocaboli sulla pittura su tavola: *il polittico, la cimasa, il pannello centrale / laterale, la predella, lo sportello centrale / laterale, il crocifisso, il braccio della croce, il piede della croce.*

S. 23 ◇5 1. Il Crocifisso di Giotto *non* si trova in Santa Maria del Fiore / 2. La tecnica dell'olio su tavola *non* è moderna / 3. Il Polittico della misericordia *non* è un'opera di Masaccio.

◇6 Esempi di frasi possibili:

Il pittore dipinge un capitello dorico. / Il pittore dipinge con la tecnica della tempera su tavola. / In questa foto noi vediamo il Crocifisso di Santa Maria Novella. / In questa foto noi vediamo un olio su tela. / Giotto dipinge l'iconografia del Christus patiens. / Nella foto io vedo un polittico di Piero della Francesca. / Gli artisti dipingono con la tecnica della tempera su tavola. / Nell'immagine voi vedete un capitello dorico. / Nell'immagine voi vedete una mostra d'arte contemporanea. / Gli studenti dipingono un olio su tela. / Gli studenti rappresentano un capitello dorico.

S. 24 **Esercizi di riepilogo sulle Unità 2 e 3 – lessico**

1. I nomi delle parti del tempio dorico:
   A. trabeazione / B. fregio / C. architrave / D. capitello: / 1. abaco / 2. echino / E. colonna
2. I nomi delle parti del tempio con l'articolo determinativo:
   la trabeazione, il fregio, l'architrave, il capitello, l'abaco, l'echino, la colonna.
3. Le parti del vaso greco:
   A. bocca / B. orlo o labbro / C. ansa / D. collo / E. spalla / F. corpo o ventre / G. piede.
4. Le parti del vaso con l'articolo determinativo:
   la bocca, l'orlo o il labbro, l'ansa, il collo, la spalla, il corpo o il ventre, il piede.

S. 25 5. Le parti del capitello corinzio con l'articolo determinativo:
   l'abaco, il fiorone, la voluta, l'elice, la seconda corona di foglie d'acanto, la prima corona di foglie d'acanto.

6. I nomi delle parti del capitello:

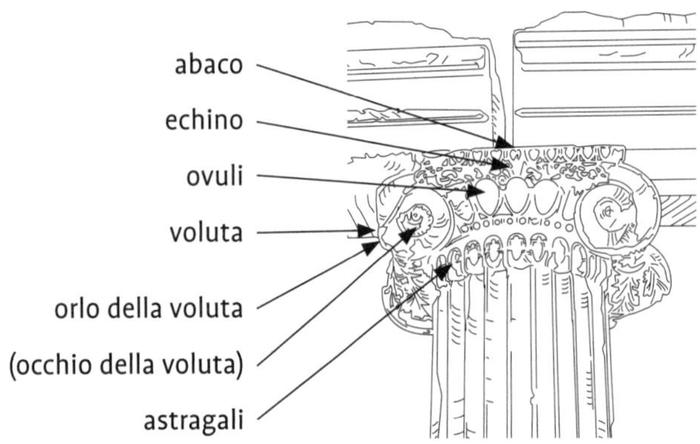

7. Frasi con i nomi e un aggettivo:

Esempi di frasi possibili: *L'ordine dorico è semplice. / Il fregio ionico è continuo. / L'architrave dorico è liscio. / Le colonne ioniche e corinzie sono scanalate. / La colonna dorica non ha un basamento.*

UNITÀ 4

S. 26 ① L'encausto, l'affresco, la tempera su tavola, l'olio su tela, il mosaico, il collage, il frottage, il dripping.
Altre tecniche: l'acquerello, l'acrilico, il guazzo, la tempera su carta / cartone / tela ecc.

③ Gli articoli determinativi al singolare ed al plurale:

L'encausto / gli encausti, l'affresco / gli affreschi, la tempera su tavola / le tempere su tavola, l'olio su tela / gli oli su tela, il mosaico / i mosaici, il collage / i collage, il frottage / i frottage, il dripping / i dripping.

S. 27 **Famiglie di parole**

③ Le parole che mancano: pittore / pittrice – *pittura* – dipingere // *scultore / scultrice* – scultura – scolpire // architetto – *architettura / (progettazione, costruzione)* – progettare, costruire // incisore – *incisione* – incidere.

④ Altre possibili famiglie di parole: disegnatore / disegnatrice – disegno, schizzo, studio - disegnare // illustratore / illustratrice – illustrazione – illustrare // miniatore – miniatura – miniare // intagliatore / intagliatrice – intaglio – intagliare // intarsiatore / intarsiatrice – intarsio – intarsiare // restauratore / restauratrice – restauro – restaurare.

Riflettiamo sulla grammatica

I nomi maschili in *-ore* formano il femminile in *-ice.*

La differenza tra scolpire e **modellare:**

Scolpire → *il marmo, il calcare, il granito, la pietra, il cemento.*

Modellare → *la creta, l'argilla, il gesso, la cera, la plastilina.*

Intagliare → *il legno, l'avorio, l'osso, il linoleum, il polistirolo.*

S. 28 **Che cosa fai?**

Le espressioni corrispondenti:

Wie geht es dir?	*Come stai?*
Und dir?	*E tu?*
Was machst du hier?	*Che cosa fai qui?*
Was macht der Künstler?	*Che cosa fa l'artista?*
Aber wo ist er? Ist er im Bett?	*Ma dov'è? È a letto?*
Ja, ... weil er krank ist.	*Sì, ... perché è malato.*

Le forme del verbi fare e stare:

	fare	stare
io	faccio	sto
tu	fai	stai
lui/lei/Lei	fa	sta
noi	facciamo	stiamo
voi	fate	state
loro	fanno	stanno

S. 29 **Stare + Gerundio**

④ Collegare le espressioni corrispondenti:

Io faccio Architettura = studio alla Facoltà di Architettura.
Marco fa un progetto = Marco prepara un progetto.
Voi fate un corso d'italiano = Voi frequentate un corso d'italiano.
Loro fanno uno schizzo a carboncino = Loro disegnano un soggetto in modo rapido a carboncino.
Noi facciamo l'analisi di un dipinto = Noi analizziamo un dipinto.
Fai un paesaggio all'acquerello? = Dipingi un paesaggio all'acquerello?
Domani Gianni fa un esame = Domani Gianni dà / sostiene un esame.

L'articolo partitivo

Con l'articolo partitivo formiamo il plurale dell'articolo *indeterminativo*

S. 30 Provate ora voi. Formare il plurale delle frasi e cambinare le desinenze e la persona del verbo dove necessario!

1. Il pittore dipinge *degli acquerelli.*
2. Leggo *dei libri* su Jackson Pollock.
3. Al museo d'Antichità *ci sono dei mosaici romani.*
4. *Questi dipinti sono delle tempere* su tavola.
5. Marco prepara *degli esami.*
6. Dopo la lezione incontro *degli amici.*
7. Nel libro *ci sono delle immagini* di Matisse.

Brainstorming sull'Archeologia

Costruire «famiglie» di parole (possibili abbinamenti):

i reperti: metodi d'indagine sui reperti – archeometria – *l'analisi / lo studio di un reperto ecc.*

lo scavo: scavare – metodi di scavo – lo scavo stratigrafico – *la stratigrafia ecc.*

verbi: scavare, cercare, rinvenire, classificare – *studiare un reperto - organizzare una campagna di scavo – partecipare ad una campagna di scavo ecc.*

i metodi d'indagine: il telerilevamento – lo scanner laser – la campionatura dell'area – la quadrettatura del terreno ecc.

il reperto – un reperto integro – un frammento – la pulitura del reperto / del frammento ecc.

tipi di reperto: un osso, un frammento, un utensile, una suppellettile ecc

le epoche – le ere – la preistoria – l'antichità classica ecc.

archeologia della preistoria, greca, romana, paleocristiana, medievale, sperimentale ecc.

siti di diverso tipo: insediamento umano, un villaggio, una tomba, un insediamento militare ecc.

La funzione della preposizione «di». Possibili abbinamenti:

il metodo	d'indagine	*l'analisi*	
	di scavo	*lo scavo*	di un reperto
	di ricerca	*la classificazione*	

lo scavo	di un area	*lo studio*	
	di un sito	*il rilevamento*	di un sito
	di una tomba	*la stratigrafia*	

S. 31 **Le nuove tecnologie dell'archeologia**

Risposte alle domande:

1. *I nuovi strumenti tecnologici d'indagine sono, ad esempio, il metal detector e lo scanner laser.*
2. *Lo scanner laser serve a/per fare rilievi e costruire modelli in 3D.*
3. *La gestione dei dati si fa con il computer e i programmi informatici.*

④ Esempi di vocaboli dal video a. (metodi di rilievo) e dal video b. (scavo archeologico):

a. *scanner laser o laser scanner, sistemi informatici per la gestione dei dati, riprese (ripresa centrale / laterale), fotografie ad alta risoluzione, ricostruzioni virtuali, modellazione in 3D, modello tridimensionale, testurizzare, rilievo, scansione laser, stazione totale, stazione di gestione dei dati ecc.*

b. *saggio di scavo, scavo, ricerche, rinvenimento, fasi di occupazione / abitato / insediamento / complesso abitativo, riportare in luce un reperto, reperti (metalli, monete, vasi), datazione, comprensione del contesto, interventi di conservazione e restauro ecc.*

S. 32 ⑧ Formare delle frasi con gli elementi dati:

1. *In questo sito archeologico medievale ci sono molti frammenti di terracotta.* **2.** *L'archeologo studia il sito archeologico e cataloga e classifica i reperti.* **3.** *Il metodo dello scavo stratigrafico consente d'indagare meglio il terreno.* **4.** *Gli studenti partecipano ad una campagna di scavo in un sito archeologico della Magna Grecia.* **5.** *Lo scavo si chiama anche «unità stratigrafica»: le unità stratigrafiche formano la sequenza stratigrafica.* **6.** *Gli studiosi documentano le fasi di scavo e il ritrovamento dei reperti con foto e disegni.* **7.** *Con la «quota zero» di riferimento misuriamo la profondità degli strati e dei reperti.* **8.** *Gli archeologi registrano sulla scheda U.S. (Scheda dell'Unità Stratigrafica) e sul «Giornale di scavo» l'attività nel sito.*

S. 33 **I pronomi interrogativi**

	Traduzione
chi	*Wer?*
che / che cosa	*Was?*
quale	*Welche (r, s)?*
quanto	*Wie viel?*

Aggettivi e avverbi interrogativi:

italiano	**tedesco**
Come?	*Wie?*
Come mai?	*Wie so?*
Dove? - Da / Di dove?	*Wo? / Wohin? – Woher?*
Perché?	*Warum?*
Quando? (Da quando? / Fino a quando?)	*Wann? (Seit wann? / Bis wann?)*
Quanto?	*Wie viel?*

S. 34 ⑨ La traduzione:

italiano	**tedesco**
Come si chiama l'opera?	*Wie heißt das Werk?*
Da dove viene?	*Wo kommt es her?*
Dove si trova? / Dov'è conservata?	*Wo ist es / befindet es sich? / Wo wird es aufbewahrt?*
Chi è l'autore?	*Wer ist der Künstler?*
Di che materiale è?	*Aus welchem Material ist es?*
Qual è la tecnica / Con quale tecnica è dipinta?	*Welche ist die Technik? / Mit welcher Technik ist das Werk bemalt worden?*
Di che anno è? / Qual è la datazione? / A quando è datata?	*Aus welchem Jahr ist es? Welche ist die Datierung? / Auf welches Jahr wird es datiert?*

⑩ Un breve testo sul dipinto (un esempio):

Il Trasporto di Cristo morto di Raffaello è un dipinto del 1507. L'opera è un olio su tavola e si trova / è conservata a Roma (Galleria Borghese), ma la collocazione originaria è la Cappella di San Francesco al Prato a Perugia / ma viene da Perugia (Cappella di San Francesco al Prato). Il Trasporto di Cristo morto di Raffaello è parte della smembrata Pala Baglioni / è il pannello centrale della smembrata Pala Baglioni.

S. 35 **I verbi in «-isc»**

⑪ Coniugare i verbi del testo:

	inserire	costruire	capire	definire	preferire
io	*inserisco*	*costruisco*	*capisco*	*definisco*	*preferisco*
tu	*inserisci*	*costruisci*	*capisci*	*definisci*	*preferisci*
Lui / lei / lei	*inserisce*	*costruisce*	*capisce*	*definisce*	*preferisce*
noi	*inseriamo*	*costruiamo*	*capiamo*	*definiamo*	*preferiamo*
voi	*inserite*	*costruite*	*capite*	*definite*	*preferite*
loro	*inseriscono*	*costruiscono*	*capiscono*	*definiscono*	*preferiscono*

S. 36 **Alcune preposizioni di luogo e forme locative**

Completare la tabella e tradurre:

Preposizione o forma locativa	Espressione completa	Traduzione
in	in una piazza	auf einem Platz
sullo sfondo	sullo sfondo vediamo ...	im Hintergrund sehen wir
su	*Su un terrazzo e ...*	auf einer Terrasse und ...
vicino a	*... vicino alle case*	neben den Häusern
In primo piano a destra	*In primo piano a destra*	im Vordergrund rechts ...
Al centro della scena	*Al centro della scena*	im Zentrum / im Mittelpunkt der Szene
verso	*verso il cielo*	zum Himmel

Ordinare le espressioni in gruppi e scrivere il contrario.

1. *in primo piano* – in secondo piano – sullo sfondo 2. *davanti a* – dietro a
3. su / sopra – *sotto* 4. *vicino a* – lontano da

⑫ Completare il testo con le forme locative:

Nell'affresco Masolino rappresenta due volte San Pietro, *a sinistra* e *a destra*, mentre compie due miracoli. *Al centro* della scena ci sono due borghesi in abiti eleganti del Quattrocento. *Sullo sfondo* vediamo alcune case contemporanee e *tra* le case una strada. *In primo piano* gli edifici sono porticati.

S. 37 **Alcuni nomi e aggettivi con forme particolari**

1. L'aggettivo «santo»:

	singolare		plurale	
	maschile	femminile	maschile	femminile
davanti a vocale	***Sant'***	***Sant'***	*Santi*	*Sante*
davanti a consonante	***San***	***Santa***	*Santi*	*Sante*
davanti a s+consonante	***Santo***	*Santa*	*Santi*	*Sante*

2. Il nome «dio»:

- *Il nome «dio» è minuscolo e ha l'articolo / si scrive minuscolo e con l'articolo quando indica una divinità antica.*
- *Il nome «dio» ha le forme Dio; il dio / gli dei; la dea / le dee.*

S. 38 3. L'aggettivo «bello»:

il bel dipinto, il bell'affresco, il bello studiolo, la bella pittura, la bell'anfora, la bella statua, i begli esempi, i bei quadri, i begli stucchi, le belle opere, le belle cornici, le belle sculture.

	singolare		plurale	
	maschile	femminile	maschile	femminile
davanti a vocale	*bell'*	*bell'*	*begli*	*belle*
davanti a consonante	*bel*	*bella*	*bei*	*belle*
davanti a s+cons., gn, pn, ps, x, z	*bello*	*bella*	*begli*	*belle*

13 Completare con l'aggettivo «santo».

Nell'iconografia sacra, ogni santo ha un suo attributo, simbolo del martirio:

i santi martiri hanno normalmente la palma del martirio e un altro attributo personale.

Santa Lucia, per esempio, ha gli occhi, *Santa* Caterina d'Alessandria ha la ruota dentata, *Santo* Stefano ha le pietre e *San* Sebastiano le frecce. Molte sante hanno come attributo il giglio, simbolo di purezza. Vediamo *San* Giorgio a cavallo, con la lancia che uccide il drago. Altri santi, in origine soldati romani, hanno gli abiti militari, come per esempio *Sant'*Ippolito.

Ci sono poi i santi vescovi, come *Sant'*Agostino e *San* Nicola, con l'abito da vescovi, la mitra e il pastorale. E ancora i santi eremiti, come *Sant'*Antonio Abate o *San* Girolamo: l'attributo di *Sant'*Antonio Abate è il deserto, di *San* Girolamo il libro e il leone.

S. 39 LE DIVINITÀ GRECHE E LE DIVINITÀ ROMANE IN ITALIANO

Ampliare il lessico della mitologia per leggere l'iconografia

Le divinità greche e le divinità romane in italiano:

ZEUS	GIOVE
ERA	GIUNONE
POSEIDONE	NETTUNO
ARES	MARTE
ERMES	MERCURIO
EFESTO	VULCANO
AFRODITE	VENERE

ATENA	MINERVA
APOLLO	APOLLO
ARTEMIDE	DIANA
DEMETRA	CERERE
ESTIA	VESTA
DIONISO	BACCO

UNITÀ 5

S.40 I NUMERI

Ascoltare i numeri e scrivere le cifre:

1 uno, 2 due, 3 tre, 4 quattro, 5 cinque, 6 sei, 7 sette, 8 otto, 9 nove, 10 dieci, 11 undici, 12 dodici, 13 tredici, 14 quattordici, 15 quindici, 16 sedici, 17 diciassette, 18 diciotto, 19 diciannove, 20 venti, 21 ventuno, 22 ventidue, 23 ventitre, 24 ventiquattro, 25 venticinque, 26 ventisei, 27 ventisette, 28 ventotto, 29 ventinove, 30 trenta.

Le decine: 10 dieci, 20 venti, 30 trenta, 40 quaranta, 50 cinquanta, 60 sessanta, 70 settanta, 80 ottanta, 90 novanta.

Le centinaia: 100 cento, 200 duecento, 300 trecento, 400 *quattrocento*, 500 *cinquecento*, 600 *seicento*, 700 *settecento*, 800 *ottocento*, 900 *novecento*.

Le migliaia: mille, duemila, tremila, *quattromila, cinquemila, seimila, settemila, ottomila, novemila.*

S.41 **I numeri nelle parole**

Trovare i numeri nelle parole:

1. Un dittico è un'opera composta da **2** tavole dipinte o scolpite.
2. Il Partenone è un tempio octastilo, perché ha **8** colonne sul fronte.
3. Il tetramorfo è il simbolo dei **4** Evangelisti.
4. Masaccio, nell'affresco della Trinità in Santa Maria Novella a Firenze, rappresenta le **3** persone divine: il Padre, il Figlio e lo Spirito Santo.
5. Il trittico della Crocifissione di Giusto di Gand presenta **3** tavole con la Crocifissione e scene della vita di Gesù; il paesaggio unisce le tre scene.
6. La bifora è una finestra a **2** arcate.
7. Sulla facciata del Duomo di Modena ci sono sei trifore, finestre a **3** arcate.
8. Il quadriportico è un cortile porticato sui **4** lati tipico delle basiliche paleocristiane.
9. La cosiddetta «Basilica» di Paestum è un tempio ennastilo, cioè ha **9** colonne sul fronte.
10. Il templi etruschi e romani hanno una cella tripartita, cioè divisa in **3** ambienti: ogni ambiente è dedicato ad una divinità della triade capitolina (Giove, Giunone, Minerva).

S.42 ② *Scrivere la traduzione delle parole indicate:*

l'orologio = *die Uhr* / la lancetta = *der Uhrzeiger* / molle = *weich* / il tempo = *die Zeit*

S.43 ③ I momenti della giornata: mattino / *Morgen*, mezzogiorno / *Mittag*, pomeriggio / *Nachmittag*, sera / *Abend*, notte / *Nacht*.

I giorni della settimana: lunedì / *Montag*, martedì / *Dienstag*, mercoledì / *Mittwoch*, giovedì / *Donnerstag*, venerdì / *Freitag*, sabato / *Samstag*, domenica /*Sonntag*.

I mesi dell'anno: gennaio / *Januar*, febbraio / *Februar*, marzo / *März*, aprile / *April*, maggio / *Mai*, giugno / *Juni*, luglio *Juli*, agosto / *August*, settembre / *September*, ottobre / *Oktober*, novembre / *November*, dicembre / *Dezember*.

Le stagioni; la primavera / *der Frühling*, l'estate / *der Sommer*, l'autunno / *der Herbst*, l'inverno / *der Winter*.

④ *Aiutate a completare la didascalia dei dipinti! Scegliere tra le espressioni proposte e completare:*

1. Paesaggio *invernale* 1565, Bruxelles, Collez. Delporte.
2. La mietitura, il mese d'*agosto* 1565, New York, Metropolitan Museum
3. Il ritorno dei cacciatori, (*il mese di gennaio*), 1565, Vienna, Kunsthistorisches Museum
4. Il ritorno delle mandrie (*ottobre o novembre*), 1565, Vienna Kunsthistorisches Museum
5. Il giorno cupo (*febbraio o marzo*), 1565, Vienna Kunsthistorisches Museum
6. La guardia di *notte* 1642, Amsterdam, Rijksmuseum
7. *La Primavera* 1482 ca., Firenze, Galleria degli Uffizi

S. 44 **Gli orari**

Scrivere gli orari di alcuni musei:

Galleria degli Uffizi – Firenze Martedì – Domenica 8.15 - 18.50	*Da martedì a domenica dalle 8.15 alle 18.50.*
Museo Archeologico Nazionale di Napoli Mercoledì – Lunedì 9.00 – 19.30	*Da mercoledì a lunedì dalle 9.00 alle 19.30.*
Lunedì 8.15 - 14.00 (ultimo ingresso: 13.15) Martedì - domenica 8.15 - 19.15 (ultimo ingresso: 18.30)	*Da martedì a domenica dalle 8.15 alle 19.15. Lunedì dalle 8.15 alle 14.00. L'ingresso è consentito fino a 45 minuti prima dell'orario di chiusura.*

⑤
a. Trovare la risposta giusta ad ogni domanda.

Quando è aperta la mostra su Giovanni Bellini? → *La Mostra su Giovanni Bellini è aperta dal martedì alla domenica.*
A che ora chiude la mostra il venerdì e il sabato? → *Il venerdì e il sabato la mostra chiude alle 22.30.*
A che ora apre la mostra? → *La mostra apre alle 10.00.*
A che ora è l'ultimo ingresso? → *L'ultimo ingresso è un'ora prima della chiusura.*
Da che ora a che ora è aperta la mostra? → *La mostra è aperta dalle 10.00 alle 20.00.*
A che ora chiude la mostra? → *La mostra chiude alle 20.00.*

c. Come dite in italiano ...?

von 11.00 bis 12.00 Uhr = *dalle undici alle dodici*
um 12.00 Uhr = *alle 12.00 / a mezzogiorno*
bis 19.30 Uhr = *fino alle diciannove e trenta / fino alle sette e mezza*

S. 45 **I numeri ordinali**

Completare:

XXIII – ventitreesimo XIV – ventiquattresimo XV – venticinquesimo XXVI – ventiseiesimo XXVII – ventisettesimo.

Capire il senso delle espressioni:

Ad inizio secolo = *zu Beginn des Jahrhunderts* / A fine secolo = *am Ende des Jahrhunderts* / Al volgere del secolo = *zur Jahrhundertwende* / A metà secolo = *zur Mitte des Jahrhunderts* / Nel primo quarto del III secolo = *im ersten Viertel des 3. Jahrhunderts* / Seconda metà del IV secolo = *Zweite Hälfte des 4. Jahrhunderts.*

Scrivere il valore delle frazioni in lettere:

¼ = *un quarto* 1/5 = *un quinto* 1/2 = *un mezzo* 1/6 = *un sesto* 1/3 = *un terzo.*

S. 46 ⑥ Scrivere a che secolo appartengono le diverse opere:

1. Skopas, *Menade danzante*, 335 – 330 a. C. = *seconda metà del IV secolo a. C.*
2. Tempio di *Athena Aphaia* a Egina, ca. 510 – 500 a. C. = *fine del VI secolo a. C.*
3. Maschera di Agamennone, ca. 1600 – 1500 a. C. = *XVII – XVI secolo a. C. ca.*
4. Anfiteatro Flavio, 70 – 85 d. C. = *seconda metà del I secolo d. C.*
5. Mausoleo di Santa Costanza, 337 – 349 = *prima metà del IV secolo*
6. Arco di Costantino, 312 – 315 = *primo quarto del IV secolo*
7. Tomba di Nebamon, 1450 ca. a. C. = *metà del XV secolo a. C.*
8. Wiligelmo, Storie della Genesi, Duomo di Modena, 1099 – 1106 = *fine XI – inizio XII secolo*
9. Crocifisso di Cimabue, 1268 – 1271 ca. = *seconda metà del XIII secolo*

S. 48 **I numeri oltre il mille – come leggerli**

Espressioni con la data o l'anno nel testo su Claude Monet:
nasce il 14 novembre 1840 / *nel 1862 / nel 1874 / fino al 1886 / dal 1892 al 1894 / dagli anni '90 fino alla morte / nel 1926.*

Come si dice in italiano ....?

C. Monet ist am 14. November 1840 geboren = *C. Monet è nato il 14 novembre 1840*
1862 lernt er Manet kennen = *nel 1862 conosce Manet*
sie stellen bis 1886 zusammen aus = *espongono insieme fino al 1886*
Von 1892 bis 1894 malt er 40 Leinwände = *dal 1892 al 1894 dipinge 40 tele*
seit den 90er Jahren = *dagli anni '90*
bis zum Tod, im Jahr 1926 = *fino alla morte, nel 1926*

S. 49 ⟨8⟩ Scrivere la vita di Pablo Picasso:

Pablo Picasso nasce a Malaga il 25 ottobre 1881. Dal 1895 frequenta l'Accademia di Belle Arti a Barcellona. Nel 1901 si trasferisce a Parigi e cambia stile: inizia il «periodo blu».

Tra il 1905 e il 1906 c'è il «periodo rosa»: in questi anni Picasso dipinge i personaggi del circo. Dal novembre 1906 studia e dipinge le maschere e la scultura africana; nello stesso periodo Picasso comincia a lavorare alle Demoiselles d'Avignon.

Nel 1907, con Les Demoiselles d'Avignon, nasce il Cubismo.

Dal 1909 al 1921 molti artisti sperimentano la pittura cubista con Picasso; nascono il «cubismo analitico», poi il «cubismo sintetico» ed infine il «cubismo orfico».

Nel 1937 Picasso espone Guernica a Parigi: con la grande tela l'artista condanna il bombardamento della città di Guernica e la violenza fascista nella guerra civile spagnola.

Negli anni '50 e '60, famoso in tutto il mondo, il pittore sperimenta tecniche e stili nuovi: ceramica, incisione ecc. Nel 1973, anno della morte, l'artista lavora fino alla fine: negli ultimi quadri ritorna al Cubismo. Picasso muore a 93 anni.

S. 50/51 APPROFONDIMENTO TEMATICO – LETTURA E COMPRENSIONE

L'iconografia della natività

Comprensione del testo

Mettere un numero d'ordine alle frasi riassuntive:

6 I pittori fiamminghi rappresentano Gesù bambino per terra.
2 L'iconografia della Natività arcaica si diffonde in area bizantina e si trova nelle icone russe.
3 Con la mistica del 1200-1300 la rappresentazione della Natività diventa più semplice.
1 L'iconografia arcaica della Natività si trova già nell'Alto Medioevo: la Madonna è distesa su un letto, le levatrici lavano il bambino, San Giuseppe siede pensieroso.
4 Nel Gotico si trovano ancora rappresentazioni della Natività arcaica.
5 San Francesco introduce la tradizione del presepe.

S. 52 2. Collegare le espressioni in italiano alle corrispondenti espressioni in tedesco:

la mangiatoia = die Krippe / il presepe = die Krippe (als Darstellung mit Figuren) / la Natività arcaica = die archaische Darstellung der Geburt Christi / i Vangeli apocrifi = die apokryphen Evangelien / i mistici medievali = die mittelalterlichen Mystiker / il bue = der Ochse / le levatrici = die Hebammen / l'angelo = der Engel / la capanna = die Hütte / l'asino = der Esel / la grotta = die Grotte / l'annuncio ai pastori = die Verkündigung an die Hirten / il parto = die Entbindung / la tettoia = das Schutzdach / i Vangeli canonici = die kanonischen Evangelien.

3. I sinonimi di«Natività», «Gesù», «rappresentare»:

Natività = *la nascita di Gesù, la Natività arcaica* // Gesù = *il Bambino* // Rappresentare = *raccontare la Natività, mostrare la Natività*

Le preposizioni articolate

	SINGOLARE				PLURALE		
	il	lo	l'	la	i	Gli	le
di	del	dello	dell'	della	dei	degli	delle
a	al	allo	***all'***	***alla***	***ai***	agli	***alle***
da	***dal***	***dallo***	dall'	***dalla***	dai	***dagli***	dalle
in	nel	nello	***nell'***	***nella***	nei	***negli***	***nelle***
su	***sul***	***sullo***	sull'	sulla	***sui***	sugli	***sulle***
con	col	***collo***	coll'	***colla***	coi	***cogli***	***colle***

S. 53 ⑨ Completare le frasi con le preposizioni articolate:

1. La tradizione *del* (*di + il*) presepe risale a San Francesco.
2. *Coi* (*con+ i*) pittori fiamminghi nasce una nuova rappresentazione del Bambino.
3. Giovanni Pisano rappresenta la Natività *nel* (*in + il*) pergamo del Duomo di Pistoia.
4. La nuova iconografia della Natività mostra Maria e Giuseppe accanto *al* (*a + il*) Bambino.
5. *Nello* (*in + lo*) stile Gotico si racconta la Natività con molti particolari.
6. L'iconografia delle icone russe si sviluppa **dalla** (*da + la*) tradizione bizantina.

Due verbi irregolari: «sedere» e «risalire» (composto di «salire»)
Possibili risposte:

- *Il verbo coniugato cambia rispetto al verbo all'Infinito perché aggiunge delle lettere che nell'infinito non ci sono: «i» in «siede», «g» in «risalgono». / Il verbo cambia forma in alcune persone.*
- *L'irregolarità si trova nella radice.*
- *In «sedere» sono irregolari io / tu / egli / essi, cioè le tre persone singolari e la terza persona plurale.*
- *In «salire» sono irregolari la prima persona singolare e la terza persona plurale.*

S. 54 ⑩ Completare le frasi:

1. Nella Natività di Giotto San Giuseppe *siede* (sedere) davanti alla mangiatoia.
2. Taddeo di Bartolo rappresenta la Madonna de San Giuseppe che *siedono* (sedere) fuori dalla grotta.
3. L'iconografia arcaica della Natività *risale* (risalire) all'Alto medioevo.
4. Le levatrici come personaggi della Natività *risalgono* (risalire) ai Vangeli apocrifi.
5. Nella Natività dell'Evangeliario di Lorsch c'è un pastore che *siede* (sedere) tra le pecore.
6. Per studiare questa iconografia noi *risaliamo* (risalire) alle fonti letterarie.

UNITÀ 6

S. 55 **Il lessico del museo**

Scrivere la traduzione dei termini:

a. Nel museo lavorano = *Im Museum arbeiten:*

la direttrice / il direttore = *die Direktorin / der Direktor* // il conservatore = *der Konservator* // i ricercatori = *die Forscher* // le guide del museo = *die Museumsführer* // i responsabili della didattica = *die Verantwortliche für das pädagogische Angebot* // i sorveglianti = *die Wärter*

b. In base al tipo di collezioni il museo può essere = *nach den Sammlungen kann das Museum wie folgt genannt werden:*

un museo archeologico / d'arte antica / d'arte moderna / d'arte contemporanea = *ein archäologisches Museum / ein Museum für antike / moderne / Gegenwarts- bzw. zeitgenössische Kunst* // pubblico o privato = *öffentlich oder privat* // proprietà di una fondazione / gestito da una fondazione = *Eigentum einer Stiftung / von einer Stiftung verwaltet bzw. geführt* // galleria / gipsoteca = *Gemäldegalerie / Gipsfigurenkabinett*

c. gli ambienti del museo = *die Räume des Museums*

la biglietteria = *die Kasse* / le sale = *die Ausstellungsräume* // il piano terra = *das Parterre* / il primo piano = *die erste Etage* // l'archivio = *das Archiv* // il deposito delle opere = *das Magazin* // la sala video = *der Videoraum* // la sala conferenze = *der Konferenzraum* // la direzione = *die Museumsleitung* // la sezione didattica = *die Abteilung für das pädagogische Angebot / die didaktische Abteilung* // il book-shop = *der Bookshop*

S. 56 **Il Museo Egizio di Torino**

La storia del Museo

1. vero 2. falso 3. falso 4. vero

La mastaba

Nella seconda sala vediamo una *mastaba*. La mastaba è la nuova casa del *defunto*. La sua anima può passare attraverso le *finte porte*. I parenti del defunto portano per lui delle offerte di *cibo*. Nella statua l'anima del morto prende corpo, con gli occhi della *statua* il defunto può vedere il mondo dei vivi.

Lo statuario

La statua di Sethi è alta più di 5 metri.
Al Louvre c'è una statua uguale di Sethi II.
Le statue egizie sono fatte per una visione frontale.
La scultura egizia influenza la scultura greca arcaica.
La statua di Ramesse II è famosa perché il suo regno è il più lungo e lui combatte nella battaglia di Qadesh.
Accanto a Ramesse II sono rappresentati ... la prima moglie, Nefertari, e il figlio.
La dea Sekmet ha la testa di leone.

Il tempio di Ellesija

A4 – B3 – C1 – D3

S. 57 **Verbi irregolari**

- *L'irregolarità è nella radice.*
- *Ci sono somiglianze con il latino in alcune forme del verbo coniugato, per esempio, la radice «ven» di venire (veniamo / venite) è uguale al latino, così anche le forme di «fare» con radice «fac-» e le forme coniugate di «condurre», «conduco – conduci - conducono».*

◇1 Cambiare le desinenze dei verbi:

«Nel 1824 *vengo* a Torino, *faccio* un'analisi delle statue, delle mummie e dei papiri e *scrivo* il primo catalogo ragionato delle collezioni. *Riesco* anche a tradurre il «Papiro dei Re» di Torino, con un elenco delle dinastie faraoniche. Poi *vado* in Egitto e tra il 1828 e il 1829 *conduco* una spedizione archeologica: *scavo* e *studio* i templi rupestri.»

S. 58 ◇2 Coniugare i verbi tra parentesi:

1. Oggi *andiamo* al Museo di antichità a vedere una mostra sugli argenti pompeiani. Voi *venite* con noi? **2.** Quando **esci** dalla biblioteca? **3.** Il professore *conduce* una ricerca nel sito di Deir-el-Medina. **4.** *Vieni* con me al seminario sulle tombe etrusche? **5.** I miei compagni di corso *fanno* un tirocinio al Museo Archeologico, io invece *faccio* un servizio di volontariato all'Archivio di stato. **6.** Professore, scusi, io non *riesco* a capire questo esercizio. Può rispiegare per favore? **7.** Gli studiosi del Cairo *vengono* da noi all'università il mese prossimo. **8.** Marco, tu *vai* a lezione domani? – No, io *vado* in biblioteca, perché venerdì ho un esame. **9.** Lo studioso *produce* i risultati dei suoi studi in un saggio.

Visitiamo il sito del Museo delle antichità egizie di Torino

1. Informazioni su orari e visite
   - **a.** Da martedì a domenica dalle 8:30 alle 19:30 (ultimo ingresso alle 18:30).
   - **b.** Il biglietto intero costa 7,50 euro.
   - **c.** I minori di 18 anni non pagano il biglietto.
   - **d.** Una visita guidata in lingua straniera costa 95 euro.
   - **e.** Il numero di telefono delle prenotazioni è 011/440 6903

2. Informazioni sulla storia del Museo Egizio di Torino:

Il Museo Egizio di Torino nasce nel *1824* con il Re Carlo Felice, che acquista la collezione di reperti egizi di Bernardino Drovetti.
La sede del Museo è nel palazzo noto come *«Collegio dei Nobili»*, edificio progettato da Guarino Guarini.
Nel 2004 il Ministero per i Beni e le Attività culturali affida la gestione del Museo Egizio alla *«Fondazione Museo delle Antichità Egizie di Torino»*.

S. 59 **Questo e quello**

◇2 Confrontare le figure a due a due e formare una frase con «questo» e «quello» come aggettivi o pronomi:

Con le figure 2 e 1: ***Questi*** *servitori portano offerte,* ***quei*** *servitori lavorano.*
Con le figure 3 e 4: ***Questa*** *pittura murale mostra musiciste, cantanti e danzatrici,* ***quella*** *le figlie del faraone Amenofi IV.*
Con le figure 3 e 2: ***Queste*** *sono danzatrici,* ***quelli*** *sono sevitori.*
Con le figure: 5 e 6: *In* ***questa*** *figura vediamo il faraone in battaglia, in* ***quella*** *il faraone con la regina.*
Con le figure: 1 e 5: ***Questa*** *è una pittura murale,* ***quello*** *un cassone dipinto.*
Con le figure 1 e 6: ***Questi*** *sono servitori,* ***quello*** *è il faraone.*

◇4 Sostituire «questo» con «quello»:

Questo cassone dipinto	***Quel*** *cassone dipinto*
Questa pittura murale	***Quella*** *pittura murale*
Questa tomba	***Quella*** *tomba*
Quest'affresco	***Quell'****affresco*
Questi servitori	***Quei*** *servitori*
Questo faraone e **questa** regina	***Quel*** *faraone e* ***quella*** *regina*
Queste danzatrici	***Quelle*** *danzatrici*

S. 60 **Gli aggettivi possessivi**

la sua statua = *la statua di Ini.*

L'aggettivo possessivo	è maschile	→ se il nome che segue è maschile;
	è femminile	→ *se il nome che segue è femminile.*

⑤ Completare con l'aggettivo possessivo:

1. *le sue mummie* 2. i suoi geroglifici 3. i suoi scavi
4. la loro visita guidata 5. la sua ricerca 6. i loro viaggi di studio

S. 61 ⑥ Alcune possibili combinazioni:

La tua relazione sull'arte egizia è approfondita. / Il mio libro di egittologia è difficile da capire. / Il suo computer è nuovo. / La sua relazione sull'arte egizia è interessante. / I vostri compagni di corso partecipano al viaggio di studio. / Le nostre visite guidate al museo sono il sabato e la domenica.

I pronomi personali soggetto – forme e uso

Esempio a. ***egli*** → lni
Esempio b. ***esse*** → le statuette in legno o terracotta
Esempio c. ***esso*** → il frammento di tessuto
Esempio d. ***essi*** → gli animali mummificati

S. 62 ⑦ Inserire il pronome personale giusto:

1. Amenofi è un faraone particolare. ***Egli*** introduce il culto del sole.
2. Possediamo mummie antiche di Epoca Predinastica: ***esse*** sono mummie naturali.
3. Nel 30. a. C. l'antico Egitto perde per sempre la sua indipendenza: ***esso*** diviene provincia romana.
4. I grandi templi non sono contemporanei delle piramidi: ***essi*** sono tipici del Regno Nuovo.
5. L'archeologo Schiaparelli trova intatta la tomba dell'architetto Kha: ***essa*** contiene un ricco corredo funebre.

S. 63 **Osservazioni sui verbi**

Scrivere per ogni verbo l'Infinito e la traduzione:

Verbo coniugato	Verbo all'Infinito	Traduzione
possediamo	possedere	*besitzen / wir besitzen*
sono state costruite	costruire	*bauen / sind gebaut worden*
appartengono	appartenere	*gehören / die großen Tempel gehören*
diviene	divenire	*werden / Ägypten wird Teil ...*
è	essere	*sein /Ägypten ist ...*
diventa	diventare	*werden /Ägypten wird eine römische Provinz*

Discutere in piccoli gruppi:

a. *«Costruire» e «diventare» hanno la radice uguale all'Infinito e nella forma coniugata.*
b. *Verbi irregolari.*
c. *Forma passiva (= sind gebaut worden).*

S. 64 ⑧ Mettere in ordine le frasi:

1. *Champollion ha decifrato i geroglifici egizi.*
2. *Il clima caldo ha creato mummie naturali.*
3. *Gli archeologi hanno trovato papiri in una tomba.*
4. *Nel Regno Medio sono state realizzate molte tombe rupestri.*
5. *I faraoni Cheope, Chefren e Micerino hanno costruito le loro piramidi vicine.*

⑨ Scrivere il plurale dei nomi e degli aggettivi:

le mummie naturali / le piramidi egizie / i sarcofagi dipinti / i geroglifici decifrati / i templi divini / le mastabe ricostruite / le tombe rupestri / le stele funerarie / i papiri arrotolati.

⑩ Riscrivere i verbi nella forma dell'Infinito:

usare / incidere / rappresentare / tentare / cambiare.

S. 65 **Il Museo Nazionale Romano di Palazzo Massimo**

Ordine delle sequenze a (visita del piano interrato all'inizio del percorso):	2	5	1	3	7	4	6
Ordine delle sequenze b (visita del piano interrato alla fine del percorso):	2	4	1	7	6	3	5

S. 66 **Una fondazione italiana**

IL FAI – Fondo Ambiente Italiano

Il FAI è *una fondazione* / Il FAI nasce *nel 1975*.
Molti monumenti arrivano al FAI attraverso *donazioni*.

La giornata FAI di Primavera è *un giorno di apertura al pubblico di tutti i siti del Fai.*
Alcuni Beni del FAI sono: Abbazia di San Fruttuoso, Castello della Manta, Baia di Levanto, Villa e collezione Panza ecc.

Visitare alcuni siti e completare la tabella:

Castelli	Complessi monasteriali	Giardini, parchi	Ville e case d'arte	Piccoli gioielli
Castel Grumello Castello di Avio Castello della Manta Castello di Masino	Abbazia di San Fruttuoso Monastero di Torba	Baia di Leranto Cala Junco, Panarea Giardino della Kolymbetra Parco Pantesco	Villa del Balbinello Villa della Porta Bozzolo Villa e collezione Panza	Batterie Talmone Mulino di Baresi Bottega storica del barbiere Teatrino di Vetriano Torre di Velate Torre di Punta Pagana

S. 67 Beni d'interesse **artistico:** *Castello della Manta, Abbazia di San Fruttuoso*
Beni d'Interesse **storico:** *Maso Fratton, Mulino di Baresi*
Beni d'interesse **paesaggistico:** *Cala Junco, Panarea.*

Fare uno stage in una fondazione

- *Sì, è possibile fare uno stage o un volontariato al Fai.*
- *L'indirizzo per mandare una candidatura per fare uno stage è: delegazioni@fondoambiente.it oppure: manifestazioni@fondoambiente.it*

S. 68 Un esempio di e-mail:

Gentili Signori,

mi chiamo Stephanie Müller, sono tedesca di Colonia e studio Storia dell'Arte all'Università di Bonn. Sono molto interessata alle attività del FAI e vorrei fare un tirocinio estivo nel 2012 presso la Vostra Fondazione, in particolare nel settore dei beni d'interesse artistico, per conoscere da vicino l'arte e la tutela del patrimonio culturale in Italia e per esercitare la lingua italiana.
Da un semestre frequento un corso d'italiano per gli studenti di Storia dell'Arte e Archeologia all'università e parlo un po' l'italiano.
In allegato invio il mio curriculum vitae e una lettera di candidatura per lo stage.

Distinti saluti,

Stephanie Schmidt

L'imperativo ...

Esortazioni e slogan con l'imperativo

Alcuni esempi di slogan possibili (con persone diverse):

studia/studiate i beni del FAI; *fai/fate* conoscere i beni del FAI; *partecipi/partecipiamo* alle iniziative del FAI; *coinvolgi/coinvolgete* gli amici; *sensibilizza/sensibilizziamo* i giovani al patrimonio culturale; *prenda/prendete* parte ai concorsi del FAI ecc.

UNITÀ 7

S. 69 I COLORI

Il cielo è *blu*	è un	*aggettivo*
Il blu del cielo	è un	*colore*

Il colore come aggettivo:

Desinenze –o, -a, -i, -e	Desinenze –e, -i	invariabile
bianco, giallo, rosso, grigio, nero, azzurro ...	verde, marrone, arancione, turchese, celeste ...	blu, rosa, viola, lilla, beige, ocra ...

S. 70 **Varietà di colori ...**

Collegare il pigmento con il numero sull'affresco:

1. azzurrite
2. giallo di piombo
3. oro a pastiglia
4. rosso cinabro
5. indaco
6. oro in foglia
7. lapislazzuli e bolo armeno (usato come legante)
8. terre
9. nerofumo o avorio

S. 71 IL RESTAURO

Termini tecnici nel testo «Il restauro della Madonna dei Pellegrini» di Caravaggio:

Studio dell'opera e restauro	Colore	Tecnica pittorica
– *il restauro;* – *le restauratrici;* – *le tecniche diagnostiche (la fluorescenza riflettografica UV, l'infrarosso riflettografico, la stratigrafia e la spettro-fotometria IR);* – *pulitura e rimozione delle ridipinture.*	– *bianco (gesso bianco);* – *fondo scuro* – *biacca, ocre, malachite, nero di carbone e argilla;* – *i bianchi più brillanti;* – *incarnato pallido e luminoso.*	– *la tecnica, la preparazione della tela, l'uso del colore;* – *non prepara la tela con il gesso bianco (solfato di calcio), fondo scuro, biacca, ocre, malachite, nero di carbone e argilla. Caravaggio non disegna sulla tela, ma incide alcune linee e tratti (uno schizzo inciso) sul fondo, poi lavora subito con i colori.* – *usa molta biacca per ottenere ...;* – *mescola l'azzurro del manto con troppo olio ... il colore nel tempo scurisce.*

S. 72 **Esercizio di lettura e comprensione**

Completare:

Prima di restaurare un dipinto si studia la tecnica pittorica con l'aiuto delle tecniche *diagnostiche*, cioè *fluorescenza riflettografica UV*, *infrarosso riflettografico*, *stratigrafia* e *Spettrofotometria IR*.

Caravaggio prepara la tela con un *fondo scuro*: usa *biacca, ocre, malachite, nero di carbone e argilla.*

Così i bianchi del dipinto sono più *brillanti.*

Caravaggio non disegna, ma *incide* una specie di schizzo prima di dipingere.

Per dare alla Madonna una pelle bianca e luminosa Caravaggio usa *molta biacca.*

La frase negativa e la congiunzione «ma»

La congiunzione «ma» ha qui il significato di *sondern*
Altre congiunzioni avversative: *però, tuttavia* ...

Preposizioni nel testo:

- semplici: *di, su, tra, a, di, con, a, di, con, da, di, con, per, per, con;*
- articolate: *dei, nella, del, delle, della, del, al, del, sulla, sul, del, nel, del, del, del, nella, nella, delle, del.*

Le preposizioni semplici sono *di, a, da, in, con, su, per, tra, fra.*
Le preposizioni articolate si formano *dall'unione di preposizioni e articoli.*
Non si possono formare preposizioni articolate con tutte le preposizioni semplici.

S. 73–75 I COLORI NELLA SCULTURA CLASSICA

Comprensione del testo

- L'idea che le statue antiche sono bianche viene *dal Neoclassicismo.*
- Gli studiosi cominciano a pensare che le statue antiche sono colorate *nel 1800.*
- Tuttavia alcuni studiosi alla fine dell '800 pensano ancora che *solo le statue arcaiche sono colorate.*
- Le tecniche diagnostiche moderne che consentono di trovare tracce di colore, anche non visibili ai nostri occhi, sono:

  1. *la fotografia a luce radente,* 2. *la fotografia a luce ultravioletta,* 3. *l'osservazione al microscopio.*
- Alcune scoperte:

  a) La Kore col peplo *è una dea;*
  b) Il fregio del Partenone è *stato colorato un tempo con un fondo blu;*
  c) Le metope sono *state colorate con un fondo rosso.*
- Secondo studi recenti anche presso i Romani le statue e i ritratti sono colorati: *vero*
- Non è facile fare degli studi sul colore sulle statue in bronzo perché *le tecniche diagnostiche moderne sono adatte per il marmo, non per il bronzo.*
- Tuttavia i bronzi greci del V secolo a.C. sono policromi, perché l'artista usa metalli e materiali di colore diverso per alcune parti del corpo, ad esempio: l'argento per *i denti; il rame per le labbra e i capezzoli; la pasta vitrea* per *gli occhi.*

S. 76 **I pronomi atoni diretti**

① Completare con i pronomi atoni:

1. Il restauratore prima analizza l'opera, poi ***la*** restaura.
2. Il pittore prepara il fondo della tela, poi ***la*** dipinge.
3. Noi leggiamo il testo e ***lo*** analizziamo.
4. Facciamo gli esercizi e ***li*** correggiamo.
5. Il professore prepara le diapositive sui marmi antichi e ***le*** mostra a lezione.
6. Nella scultura classica il colore è meno vivace che nella scultura arcaica: ***lo*** mostrano gli studi sui fregi del Partenone.

7. Nel 1816 Martin von Wagner realizza i gessi del frontone del Tempio di Athena Aphaia e *li* colora.
8. Gli studiosi ricostruiscono il ritratto degli imperatori romani e *lo* immaginano nei possibili colori originari.
9. Per dipingere un affresco, gli artisti preparano i pigmenti e *li* mescolano con acqua e calce.
10. Gli affreschi di Giotto della Cappella degli Scrovegni *li* ammiriamo di nuovo nel loro splendore dopo il restauro del 2000-2002.

② Inserire i pronomi atoni nel testo:

a. La Madonna dei Pellegrini e le scelte di Caravaggio

La Madonna dei Pellegrini è un'opera che fa scandalo ai suoi tempi.
Caravaggio sceglie come modella una famosa prostituta e *la* fa posare per la Madonna. Il bambino *lo* sceglie più grande rispetto all'iconografia tradizionale. La casa *la* dipinge povera e con i muri sbrecciati. I pellegrini *li* rappresenta scalzi e con i piedi sporchi e gli abiti sgualciti e laceri. Giovanni Baglione, uno dei rivali di Caravaggio, approfitta della situazione e *lo* critica.

b. Il Bacco degli Uffizi

Per il suo Bacco Caravaggio sceglie un giovane pingue, forse un suo garzone di bottega, e *lo* fa posare su un triclinio coperto da un lenzuolo bianco. *Lo* incorona di pampini e di grappoli d'uva. Forte è il naturalismo del dipinto: *lo* vediamo non solo nel contrasto tra la pelle bianca del corpo e la carnagione abbronzata del volto o nelle mani con le unghie sporche, ma anche nei frutti in primo piano e nel vino nella caraffa e nella coppa. I particolari naturalistici Caravaggio *li* deriva dalla tradizione leonardesca e lombarda e *li* colleghiamo ad un dipinto come «La canestra di frutta dell'Ambrosiana». Nella caraffa c'è una piccola ombra riflessa, forse quella del pittore. Forse anche Bacco Caravaggio *lo* dipinge allo specchio, come scrive il Baglione. Gli studiosi leggono nella tela diversi significati iconologici: *lo* interpretano come rappresentazione erotica, o come prefigurazione del Cristo o ancora come simbolo del dono e dell'amicizia.

S. 77 **Scrivere una cartolina su un'opera d'arte**

a. Inserire le preposizioni semplici e articolate:

Milano, 20 gennaio 2011

Cara Anna,

sono a Milano ***per*** visitare i musei. Ti mando questa cartolina ***con*** la «Canestra di frutta» ***di*** Caravaggio, che si trova ***alla*** Pinacoteca Ambrosiana. È un'opera dipinta ***nel*** 1597-1598. È un olio ***su*** tela di piccole dimensioni. Come vedi è un dipinto diverso dagli altri di Caravaggio: il pittore usa colori chiari, luminosi. Tutti i colori sono ***in*** armonia tra di loro. ***Nel*** quadro c'è una fonte luminosa che arriva da sinistra. La frutta e il cesto sono molto realistici. Ti piace? A me Caravaggio piace moltissimo!

A presto, Laura

b. Inserire i verbi:

Roma, 23 gennaio 2011

Caro Mario,

sono a Roma per *vedere* le opere di Caravaggio. Questa cartolina *mostra* un'opera molto famosa di Caravaggio, *La conversione di Paolo*, un dipinto che *si trova* nella chiesa di Santa Maria del Popolo qui a Roma.
Caravaggio *dipinge* il quadro con la tecnica dell'olio su tela, *usa* dei colori molto scuri per il fondo, il servitore e il cavallo; Paolo, invece, è un soldato e porta abiti di colore rosso. Nel dipinto *c'è* una luce che scende dall'alto su Paolo, la luce dello Spirito Santo. Paolo è in primo piano, ma il cavallo occupa il centro della scena. L'artista *costruisce* la scena con linee diagonali e rende così il movimento ed il pathos.

L'opera è semplice negli elementi della composizione, ma allo stesso tempo molto intensa, drammatica e realistica. La pittura di Caravaggio è davvero affascinante!

Tanti saluti, Giovanni

S. 78 ③ Scrivere un breve testo su La morte della Vergine di Caravaggio

Un possibile esempio:

La Morte della Vergine di Caravaggio è un olio su tela dipinto tra il 1605 e il 1606. L'opera di trova a Parigi, al Louvre. Caravaggio rappresenta la Madonna morta su un letto: il corpo è in posizione scomposta, i piedi sono scalzi. A destra, in primo piano, la Maddalena piange, seduta su una sedia. Intorno alla Madonna e sullo sfondo anche gli Apostoli mostrano, con i loro gesti, la forte drammaticità del momento. Ad aumentare il pathos contribuiscono la disposizione a croce delle figure, l'uso del chiaroscuro e del colore: un fascio di luce scende dall'alto da sinistra verso destra e illumina la Madonna e la Maddalena, mentre una parte della scena e lo sfondo rimangono in ombra. Caravaggio usa toni bruni e scuri nell'insieme, ma alcuni particolari, colpiti dalla luce, ravvivano la composizione e l'umile stanza: la tenda rossa, ad esempio, nella parte alta del dipinto, l'abito rosso della Madonna e quello arancione della Maddalena, il catino di rame ai piedi del letto. L'iconografia della morte della Vergine di Caravaggio non è quella tradizionale e l'opera, per l'ambientazione semplice e la costruzione della scena, la rappresentazione realistica e drammatica, fa scandalo ai suoi tempi.

④ Scrivere una cartolina su un'opera di Caravaggio

Un possibile esempio:

Roma, 27 aprile 2011

Caro Francesco,

sono a Roma per vedere alcuni musei e le opere di Caravaggio nelle chiese della città.

Ti mando questa cartolina de *La vocazione di Matteo* di Caravaggio, un'opera che si trova nella chiesa di San Luigi dei Francesi a Roma. Il pittore ambienta qui la sua scena in un interno, in buona parte in ombra: un fascio di luce, che proviene da destra, illumina un gruppo di uomini al centro della scena e, tra questi, Matteo. In ombra sono anche Cristo e San Pietro a destra. Il contrasto di chiaroscuro tra le parti in ombra e le parti in luce è anche contrasto di colori, tra i toni bruni e cupi della stanza e del fondo e le tinte vivaci e brillanti (il rosso, il verde e il giallo) degli abiti di Matteo e dei suoi compagni.

Le opere di Caravaggio sono davvero affascinanti!

Un caro saluto,
Antonella

S. 79 **Cercare informazioni in un testo complesso e costruire uno schema.**

⑤ Completare lo schema:

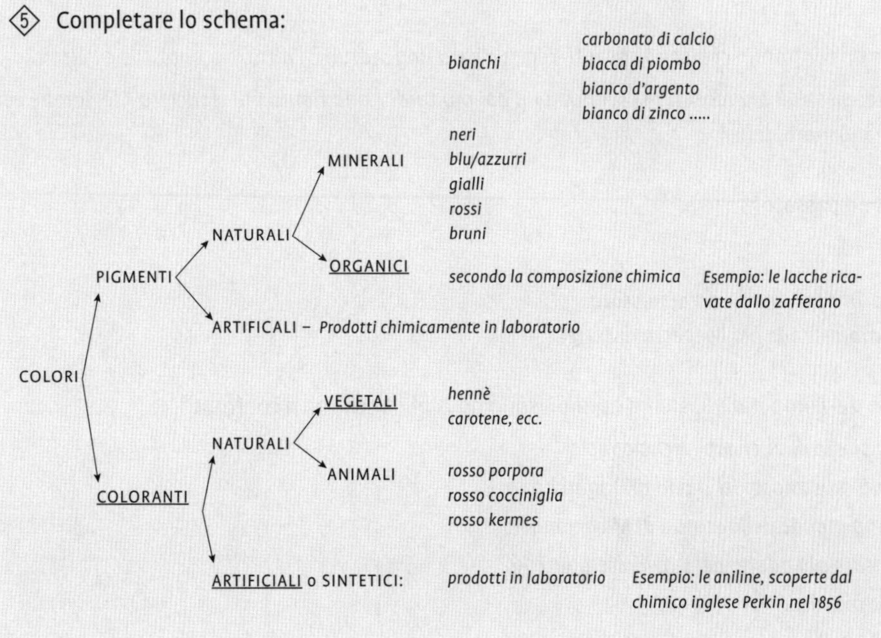

UNITÀ 8

S. 80 LA DESCRIZIONE DI UNA STATUA

Kleobis e Biton - I nomi delle parti del corpo: *corpo, braccia, spalle, inguine, torace, volto, occhi, palpebre, bocca, capelli, gamba, braccia, pugni.*

Completare la tabella:

nomi	aggettivi
corpo	*tozzo, muscoloso*
braccia	*corte*
lineamenti	*schematici*
linee	*simmetriche*
volto	*inespressivo*
occhi	*grandi*
capelli	*ricci, lunghi*
figura	*non realistica, idealizzata*
visione	*frontale*

S. 81 L'ordine della descrizione:

4 *l'interpretazione* 1 *la testa e le parti mancanti* 3 *il modellato* 2 *l'abito*

S. 81–83 Kouroi e Korai - Comprensione del testo:

SCULTURA GRECA ARCAICA DORICA	SCULTURA GRECA ARCAICA ATTICA	SCULTURA GRECA ARCAICA IONICA
figura non realistica / idealizzata *visione frontale* *posizione del kouros* *frontalità* *idealizzazione*	*kouroi meno tozzi, linee più morbide, anatomia più precisa*	*figura più slanciata, gambe e braccia più lunghe* *linee più morbide* *non ci sono linee incise* *modellato elegante*

S. 83 **Il comparativo di maggioranza e di minoranza**

Risposte alle domande:

- *Più e meno servono a fare un confronto, ci dicono che differenza c'è tra una statua e l'altra, tra uno stile e l'altro.*
- *Espressioni simili nel testo: gli studi più recenti / si sviluppa un po' più tardi / una figura più slanciata / le gambe e le braccia più lunghe / linee più morbide.*

Il tempo dei verbi: presente o passato?

Risposte alle domande:

- *I due verbi evidenziati esprimono una forma di passato.*
- *Questo tempo verbale sembra simile per l'aspetto al Perfekt.*

S. 84 ◇1 Confronti con le forme del comparativo, alcuni esempi (sono possibili anche altri confronti):

La statua di Donatello è più snella di quella di Michelangelo.
Il David di Michelangelo è più muscoloso del David di Donatello.
La statua di Donatello è meno grande della statua di Michelangelo.
Il David di Michelangelo sembra più adulto del David di Donatello.
Il David di Donatello è meno plastico.
Il David di Michelangelo è più bello.

② Completare le tabelle:

aggettivi		nomi		verbi	
rilevante	irrilevante	*espressività*	inespressività	*connettere*	sconnettere
formale	informale	*stabilità*	instabilità	*comporre*	scomporre
simmetrico	asimmetrico	*razionalità*	irrazionalità	*consigliare*	sconsigliare
reale	irreale	*simmetria*	asimmetria	*schiarire*	scurire
proporzionato	sproporzionato	*proporzione*	sproporzione	*proporzionare*	sproporzionare
chiuso	schiuso	*realtà*	irrealtà		
espressivo	inespressivo				

S. 85 I NOMI DELLE PARTI DEL CORPO

Completare la tabella:

singolare	plurale	traduzione singolare
il braccio	*le braccia*	*Arm*
la spalla	*le spalle*	*Schulter*
il fianco	*i fianchi*	*Hüfte*
la gamba	*le gambe*	*Bein*
il pugno	*i pugni*	*Faust*
il capello	*i capelli*	*Kopfhaar*

singolare	plurale (più persone o figure)	traduzione singolare
la testa	*le teste*	*Kopf*
il volto	*i volti*	*Gesicht*
la bocca	*le bocche*	*Mund*
il petto	*i petti*	*Brust*
il busto	*i busti*	*Brust*
il corpo	*i corpi*	*Körper*

Inserire il singolare e sottolineate i nomi che cambiano genere al plurale.

singolare	plurale
il capello	i capelli
la ruga	le rughe
il sopracciglio	le sopracciglia
la palpebra	le palpebre
l'occhio	gli occhi

singolare	plurale
il ciglio	le ciglia
lo zigomo	gli zigomi
la guancia	le guance
l'orecchio	le orecchie
il labbro	le labbra

S. 86 ③ I nomi delle parti del corpo (alcuni esempi):

Vocaboli per Apollo: *il braccio, la gamba, la mano (le mani), il piede, il busto / il torace, la testa, i capelli, gli occhi ecc.*

Vocaboli per Dafne: *il braccio, la gamba, il piede, la spalla, il seno, il ventre, il fianco, la testa, il volto, i capelli, la mano ecc.*

④ Descrivere il San Sebastiano di Andrea Mantegna in un testo di 50-70 parole (un possibile esempio):

Il San Sebastiano di Andrea Mantegna ha il volto sofferente e la muscolatura contratta. Il suo corpo è scultoreo e l'incarnato è bianco come il marmo, simile a una statua. Andrea Mantegna colloca il martirio di San Sebastiano vicino alle rovine di un edificio antico: vediamo una colonna con capitello istoriato, i resti di una statua e le parti di un fregio antico. Sullo sfondo, in un paesaggio roccioso, ci sono le rovine di una città antica, con un foro ed un arco di trionfo. In primo piano a destra due soldati romani con arco e frecce hanno l'espressione cattiva.

S. 87 LA DESCRIZIONE DI UN'OPERA ARCHITETTONICA

Brainstorming sull'architettura (vocaboli già noti):

Architettura / tempio / ordini architettonici / colonna, capitello, abaco / echino / fregio / cornice / frontone / timpano / architetto / disegnare / progettare / costruire / progetto / costruzione / stile ecc.

Nuovi vocaboli:

Testo a.

Nomi: a. L'edificio: *la villa, il suolo, l'edificio, l'integrazione con il paesaggio, il completamento (dell'edificio).*
b. Le sue parti: *il pronao, dentelli, le scalinate, il podio, la pianta, il salone, gli ambienti di servizio, le cucine, le stanze.*

Aggettivi: a. Sullo stile: *classici, classica, rinascimentali.*
b. *Altri: centrale, circolare, (esigenze) pratiche, (esempio) perfetto.*

Verbi: a. Sull'attività dell'architetto: *soddisfa, colloca, progetta, segue, prosegue.*

S. 88 Testo b.

Nomi: a. L'edificio: *il tempietto, l'edificio, martyrion, i rapporti, l'altezza, la larghezza.*
b. Le sue parti: *pianta (centrale), gradini, colonnato, ordine, balaustra, nicchie, finestre, cupola.*

Aggettivi: a. Sullo stile - *(linguaggio) architettonico classico, (effetto) armonico, (rapporti) proporzionali.*
b. Altri - *centrale, rotondo, rettangolari, emisferica, superiore.*

Verbi: a. Sull'attività dell'architetto: *progetta.*

S. 89 ⑤ Esempio di breve descrizione:

La chiesa di San Giorgio Maggiore a Venezia, costruita tra il 1556 e il 1610, è opera di Andrea Palladio. L'architetto usa un linguaggio classico e decora la facciata con semicolonne, capitelli, trabeazione e fregio di derivazione classica. I capitelli sono corinzi e compositi, la cornice è a dentelli. L'insieme è equilibrato e armonico. Palladio interpreta gli ordini architettonici del tempio greco e, grazie all'uso del marmo bianco, compone una facciata maestosa e luminosa.

⑥ Tabella su aggettivi e i nomi relativi alle forme geometriche:

aggettivi	nomi
quadrato	*il quadrato*
rettangolare	*il rettangolo*
triangolare	*il triangolo*
circolare	*il cerchio*
ovale	*l'ovale*
ellittico	*l'ellisse*

S. 90 **La presentazione di un'opera pittorica: la scheda di un'opera d'arte**

Completare la scheda.

Autore: *Giotto*
Soggetto rappresentato: *il compianto sul Cristo morto*

Collocazione: *Padova, Cappella degli Scrovegni*

Parte del ciclo: *Storie della vita di Cristo*

Tecnica: *affresco*

Datazione: *1303-1305*

Composizione: *le linee guida della composizione convergono sulla figura del Cristo*

Soggetti ed elementi rappresentati: *il Cristo morto, la Madonna, San Giovanni, i discepoli di Gesù e le pie donne; nel cielo gli angeli; qualche elemento di un paesaggio spoglio e desolato: un monte, un albero.*

Caratteri stilistici: *il pittore rende la drammaticità del momento attraverso tutte le figure e gli elementi della scena; usa tinte pastello e toni cangianti per gli abiti.*

S. 91 ⑦ Scrivere un testo di 70 - 100 parole sul *Dono del mantello al povero cavaliere* di Giotto.

Il *Dono del mantello al povero cavaliere* è un affresco del ciclo delle Storie di San Francesco (Assisi, Basilica Superiore). L'affresco è datato tra il 1294 ed il 1299.Giotto usa la prospettiva empirica e costruisce la scena secondo le diagonali del quadrato. San Francesco, figura principale, è al centro. Ci sono diversi piani di profondità: sul primo i personaggi, poi il paesaggio, le colline spoglie e, in alto, una rocca ed un monastero. I colori sono naturali e delicati: Giotto usa l'azzurro per il cielo, il blu per l'abito di San Francesco, il rosso per il cavaliere ed il giallo per il mantello; molto naturali sono anche i toni bruni del paesaggio. Con naturalismo, infine, Giotto dipinge il cavallo, le figure, i loro gesti e gli abiti. Diversi elementi hanno un valore simbolico.

UNITÀ 9

S. 92–94 I QUATTRO STILI DELLA PITTURA ROMANA E POMPEIANA

Lettura e comprensione

1. Espressioni relative alla cronologia.

Il primo stile (II secolo a. C. – prima metà del I secolo a. C.)
Il secondo stile (seconda metà del I sec. a. C. – I sec. d. C.)
Il terzo stile (fine I secolo a. C. – 60 d. C. ca.)
Il quarto stile (seconda metà del I sec. d. C.)

2. Rileggete il testo e preparate una tabella sulla pittura romana e pompeiana.

STILE	PERIODO	DEFINIZIONE	ESEMPI
I	II secolo a. C. – prima metà del I secolo a. C.	imita un rivestimento di lastre di marmo di colori diversi	*Casa di Sallustio, Pompei*
II	seconda metà del I sec. a. C. – I sec. d. C.)	«stile delle architetture in prospettiva» mostra strutture architettoniche in prospettiva e scene mitologiche tra queste	*Villa di Poppea a Oplontis, Villa dei misteri a Pompei,*
III	fine I secolo a. C. – 60 d. C. ca.)	– «*stile della parete reale*» rappresenta soggetti reali – pittura «*compendiaria*» con pennellate veloci, senza cura del disegno o dei particolari	*Villa di Livia (o Villa delle galline bianche), Roma* *Affresco staccato da Stabia, Napoli Museo Archeologico*
IV	seconda metà del I sec. d. C.)	stile «*fantastico*» o «*stile dell'illusionismo prospettico*»: architetture di fantasia, simili a scenografie teatrali, resa di un mondo fantastico	*Casa dei Vettii, Pompei*

3. Scrivere la traduzione delle congiunzioni avversative:

ma = *sondern* bensì = *sondern, hingegen* però = *dennoch*

Altre congiunzioni avversative: *anzi (= hingegen), tuttavia, eppure (= dennoch, trotzdem, jedoch).*

S. 94–95 Il «si» indefinito

oggetto del verbo singolare → verbo terza persona *singolare*
oggetto del verbo plurale → verbo terza persona *plurale*
verbo senza oggetto → verbo terza persona *singolare*

① Che cosa vedete nella foto:

si vede *un uccello, un giardino, il cielo blu ...*
si vedono *delle piante, degli alberi, dei fiori, delle foglie, dei frutti, degli uccelli ...*

③ Forme con il «si» indefinito nel testo:

si distinguono, si può osservare, si vedono, si vede, si osservano, si osserva, si desidera.

S. 96 **Il «che» e le sue funzioni**

Completare la tabella con la traduzione:

Nella fotografia si vede che ...	In dem Bild sieht man, *dass*
(...) fatta di un basamento rialzato e colonne che reggono ...	(...) aus einem erhöhten Sockel und aus Säulen bestehend, *die* (...)

Esempi:

Nel ninfeo della Villa di Livia l'artista dipinge un giardino, con una ricca vegetazione **che** si confonde con il cielo azzurro.	Il relativo «che» si riferisce *alla vegetazione*
Nel giardino osserviamo anche numerosi uccelli **che** volano o si posano sui rami.	Il relativo «che» si riferisce *agli uccelli*

S. 97 ③ ***che*** = congiunzione – che = relativo.

La pittura parietale romana sviluppa decorazioni architettoniche che si ispirano alla scenografia teatrale. Nelle case private, la pittura parietale serve ad abbellire le stanze, che sembrano così più grandi e luminose. Le stanze ipogee delle ville romane sono prive di finestre, così come i *cubicula*, stanze da letto, che spesso hanno come unica apertura la porta d'ingresso. Con la decorazione pittorica si abbelliscono ambienti che di per sé sono piuttosto bui.
In alcuni casi la decorazione è così raffinata, ***che*** le cornici architettoniche contengono piccoli quadri dipinti sulla parete; un motivo così curato, ***che*** il *cubiculum* sembra una piccola pinacoteca.

riga	che = pronome relativo si riferisce a ...
riga 1	«che» si riferisce a «decorazioni architettoniche»
riga 3	«che» si riferisce a «le stanze»
riga 4	«che» si riferisce a «i cubicula»
riga 6	«che» si riferisce a «ambienti»

Viaggio in Italia: Pompei e dintorni

Vero o falso?

1. falso 2. vero 3. falso 4. falso 5. vero 6. vero

S. 98 **Dialogo:**

Completare con le forme verbali:

– Lisa, tu che conosci bene l'Italia ***puoi*** darmi qualche informazione?
~ Sì, certo, se *posso* ... dimmi pure Mereike ...
– Io e Fabian *vogliamo* organizzare un viaggio a Napoli e visitare Pompei ....
~ Oh, che bello! *Sapete* già cosa *volete* vedere?
– Sicuramente *vogliamo* visitare il Museo Archeologico di Napoli e, se *possiamo*, non solo Pompei, ma anche Ercolano e Stabia. Fabian *vuole* andare alla Reggia di Caserta, ma non *sappiamo* se i giorni ci bastano.
~ Forse *potete* concentrare le visite sulla parte archeologica e andare a Caserta un'altra volta. *Dovete* andare assolutamente a Torre Annunziata a visitare i resti di Oplontis e in particolare la Villa di Poppea!
– Ma tu *sai* dirmi se in tre giorni riusciamo a vedere tutti i siti archeologici?
~ Sì, certo. Tra l'altro *so* che c'è un biglietto d'ingresso valido per tutti e cinque i siti e per tre giorni.
– Oh, bene. *Sai* anche se gli studenti *possono* avere una riduzione?
~ Sì, c'è il biglietto d'ingresso ridotto per gli studenti, ma *devi* presentare la tua tessera dell'università per avere lo sconto. Comunque, se *vuoi* saperne di più, *puoi* visitare il sito Internet della Soprintendenza di Pompei. Lì trovi tutte le informazioni pratiche sugli orari di visita, i costi, gli indirizzi e le mappe dei luoghi.

- Davvero? Qual è l'indirizzo del sito?
~ Ehm ... è www.pompeiisites.org
- Oh, grazie! *Devo* assolutamente dirlo a Fabian ....

S. 99 **I verbi modali**

Completare la tabella:

	dovere	potere	volere	sapere
io	*devo*	*posso*	voglio	*so*
tu	*devi*	*puoi*	*vuoi*	*sai*
lui, lei, Lei	deve	*può*	*vuole*	sa
noi	*dobbiamo*	*possiamo*	*vogliamo*	*sappiamo*
voi	*dovete*	*potete*	volete	*sapete*
loro	devono	*possono*	vogliono	sanno

S. 100 ④ Coniugate i verbi modali:

1. Il professore a lezione *vuole* mostrare alcune immagini del mosaico della battaglia di Alessandro, proveniente dalla Casa del Fauno a Pompei. 2. Oggi *possiamo* osservare il mosaico al Museo Archeologico Nazionale di Napoli. 3. Non tutti *sanno* che alla Casa del Fauno si trova una copia del mosaico originale. 4. *Dovete* sapere che circa un milione di tessere in *opus vermiculatum* compongono il Mosaico di Alessandro. 5. L'artista non realizza uno sfondo di paesaggio nel mosaico, ma *sa* rendere la profondità e lo spazio attraverso la posizione delle lance. 6. Al centro della scena vediamo Dario, a sinistra Alessandro Magno nella battaglia di Isso: un soldato ed un principe *vogliono* difendere il re persiano, prossimo alla sconfitta. 7. Se osservate i particolari dei volti nel mosaico, *potete* vedere che l'artista ha reso con il chiaroscuro le emozioni ed il pathos del momento.

⑤ Una lista di cose che dovete, potete, volete fare (alcune possibilità):

- *dobbiamo raccogliere informazioni sugli indirizzi, gli orari ed i costi dei musei;*
- *possiamo visitare i siti Internet dei musei;*
- *dobbiamo prenotare il museo*
- *vogliamo trovare un volo economico*
- *possiamo anche visitare ... ecc.*

⑥ Un'e-mail per dare consigli a un amico. Alcuni suggerimenti:

Caro ...., ti mando qualche informazione / qualche consiglio per il tuo viaggio in Italia. / Innanzitutto devi sapere che .... / Prima di partire devi .... / Per saperne di più puoi .... / Se vuoi, ...
Buon viaggio in Italia!   Un caro saluto,

S. 101–102 **Esercizi riassuntivi di lettura e comprensione**

a. Rispondere alle domande:

1. *Il mosaico con la scena della lotta tra belve e centauri proviene da Villa Adriana a Tivoli.*
2. *Il mosaico risale al II secolo dopo Cristo.*
3. *Nella scena si vedono un leone, una tigre ed una pantera.*
4. *La tecnica musiva è particolare per le qualità cromatiche e plastiche / per il colore e per la resa dei volumi.*

b. Rispondere alle domande:

1. *Questo affresco è importante, perché abbiamo pochi esempi di ritratti dipinti / perché molti ritratti dipinti non si sono conservati / perché ci sono rimasti pochi esempi di ritratti dipinti.*
2. *Questo dipinto si può vedere oggi al Museo Archeologico Nazionale di Napoli.*
3. *Nella descrizione si parla dei capelli, della barba, dei baffi, degli zigomi e delle labbra di Terenzio Neo, del viso e dei capelli di sua moglie.*
4. *Terenzio Neo e la moglie sono rappresentati con la toga, un rotolo di papiro, uno stilo e le tavolette cerate.*

UNITÀ 10

S.103 LA PITTURA VENETA E LA NASCITA DELLA «MANIERA MODERNA»

Comprensione del testo

1. Collegare le caratteristiche dello stile all'area geografica:

Pittori attivi nel veneto: *rappresentazione della realtà / resa della luce / resa del colore naturale*
Pittori attivi in Toscana: *composizione / disegno / prospettiva*

2. Rispondere alle domande:

a. *Il primo pittore attento alla luce e al colore è Giovanni Bellini.*
b. *Giorgio Vasari definisce «maniera moderna» lo stile dei pittori che lavorano a Venezia.*
c. *Oltre a Giovanni Bellini fanno parte del nuovo stile Giorgione e Tiziano.*

S.104 **La forma riflessiva**

① Completare la tabella:

Esempi	Verbo all'Infinito	traduzione del verbo in forma attiva	traduzione del verbo in forma riflessiva
Il gallerista *confronta* due opere di Gustav Klimt.	confrontare	*vergleichen*	
Gustav Klimt *si confronta* con l'arte tardo antica ed in particolare con il mosaico.	confrontarsi		*sich auseinandersetzen / sich messen*
La mamma *sveglia* il bambino.	*svegliare*	*wecken*	
La mamma *si sveglia.*	*svegliarsi*		*aufwachen*
La mamma *addormenta* il bambino.	*addormentare*	*zum Schlafen bringen*	
La mamma *si addormenta.*	*addormentarsi*		*einschlafen*

S.105 ② Coniugare i verbi nella forma riflessiva:

La Pala di San Giobbe, opera di Giovanni Bellini, *si trova* in origine nella chiesa veneziana di San Giobbe.
La scena dipinta, una sacra conversazione, *si svolge* all'interno di una chiesa. L'architettura *si presenta* sontuosa, con pilastri decorati, volta a botte a cassettoni e il catino absidale dorato. Una luce calda *si diffonde* nello spazio architettonico e sulle figure. I santi *si collocano* ai due lati del trono su cui siede la Madonna. Ai piedi del trono *si trovano* tre angeli musicanti.

③ Coniugare i verbi tra parentesi nella forma riflessiva:

Intervista a Marta, studentessa di Storia dell'Arte.

- Ciao Marta, come *si svolge* la tua giornata?
~ Adesso che sono all'università e abito con altri studenti qui a Padova *mi organizzo* così: durante la settimana *mi sveglio* alle 7.00, *mi alzo* subito, poi vado in bagno, *mi faccio* la doccia, *mi vesto, mi pettino* e *mi trucco.* Dopo vado in cucina, *mi faccio* il caffè e preparo la colazione.
- Allora *ti alzi* presto quasi tutti i giorni.
~ Sì, perché ho lezione alle 9.00 tutti i giorni.
- Poi *ti fermi* all'università anche al pomeriggio?
~ Be', praticamente sì, perché dopo le lezioni vado a studiare in biblioteca. Però non sono mai sola, perché all'ora di pranzo *mi incontro* con le mie amiche per andare in mensa e al pomeriggio studiamo insieme.
- E alla sera cosa fai?
~ Qualche volta *mi trovo* con degli amici e andiamo in un locale a bere qualcosa o al cinema. Spesso, però, vado a letto presto perché sono stanca e *mi addormento* subito. Nel fine settimana, invece, posso fare tardi: esco con gli amici, andiamo alle feste o in discoteca e *ci divertiamo* moltissimo.

S. 106 **Gli avverbi**

Completate la tabella:

(...) Nel Veneto i pittori curano particolarmente la rappresentazione della realtà attraverso la resa della luce e del colore.	→ particolarmente =	in modo ***particolare***
Alla base di questo nuovo stile pittorico c'è sicuramente Giovanni Bellini (...).	→ sicuramente =	*con* ***sicurezza*** *oppure* in modo ***sicuro***

S. 107 ⑤ Scrivere gli aggettivi e gli avverbi nella tabella:

aggettivi	avverbi
belle / femminile / silenziose / soavi / dolci / riservate	*estremamente / naturalmente / facilmente*

⑥ Trasformare le parole evidenziate in avverbi:

1. La Madonna guarda il Bambino <u>in modo dolce</u>. — *La Madonna guarda dolcemente il Bambino.*
2. Maria tiene <u>in modo delicato</u> Gesù Bambino sulle sue ginocchia. — *Maria tiene delicatamente Gesù Bambino sulle sue ginocchia.*
3. Il Battista prega <u>in silenzio</u>. — *Il Battista prega silenziosamente.*
4. Il paesaggio sullo sfondo è rappresentato <u>in modo dettagliato</u>. — *Il paesaggio sullo sfondo è rappresentato dettagliatamente.*
5. La luce che viene da sinistra colpisce <u>in modo particolare</u> la Madonna, il Bambino e la Santa. — *La luce che viene da sinistra colpisce particolarmente la Madonna, il Bambino e la Santa.*

S. 108 – 111 APPROFONDIMENTO TEMATICO

La pittura veneta e la nascita della «maniera moderna»

Esercizi di comprensione del testo

1. Rispondere alle domande:

a. ... si occupa della pittura veneta rinascimentale   b. Leonardo e Albrecht Dürer   c. Giorgio Vasari

2. Vero o falso?

a. vero   b. vero   c. vero   d. vero   e. vero

3. Completare la tabella:

Artisti di cui parla il testo	*Giovanni, Bellini, Giorgione, Tiziano*
Artisti citati nel testo	*Vasari, Leonardo, Albrecht Dürer*
Area geografica di produzione artistica	*Il Veneto*
Stile analizzato nel testo	*La pittura veneta rinascimentale di fine '400- inizio '500*
Nome che dà a questo stile l'autore del testo	*Pittura veneta rinascimentale / per Giorgione «pittura tonale»*
Nome che ha dato a questo stile uno studioso d'arte nei secoli passati	*Maniera moderna*
Periodo storico considerato	*Fine '400- metà '500*
Tecnica di cui si parla	*Pittura ad olio*
Generi di cui si parla nel testo	*Soggetti religiosi, ritratto*

4. Attenzione ai verbi irregolari:

L'irregolarità del verbo (apparire, trarre, avvenire): *nella radice.*

S. 112 ⑦ Coniugare i verbi irregolari:

1. Giovanni Bellini *perviene* ad un nuovo modo di dipingere anche grazie al confronto con Antonello da Messina e Andrea Mantegna.
2. Il motivo delle Madonne collocate in un paesaggio reale *compare* per la prima volta in Giovanni Bellini.
3. Nella pittura di Giovanni Bellini e di Andrea Mantegna *compaiono* talvolta soggetti simili. Il modo di trattarli, però, è diverso, perché il Mantegna *trae* spunto da motivi iconografici diversi dal Bellini, per lo più derivati dall'antico.
4. Giorgio Vasari scrive che la nascita della «maniera moderna» *avviene* tra fine Quattrocento ed inizio Cinquecento con pittori come Giorgione e Tiziano.
5. La lettura iconografica di alcuni dipinti di Giorgione *appare* ancor oggi molto difficile.
6. Molti pittori veneti del '500 *traggono* insegnamento dalla pittura di Giorgione.
7. Tiziano *ritrae* l'Imperatore Carlo V e molti potenti d'Europa.
8. A metà Cinquecento *avviene* un cambiamento nello stile di Tiziano.

I connettivi

Le parole evidenziate

b. *Proseguono il discorso, introducono un nuovo elemento o una conclusione.*

Altre congiunzioni: *e, anche, ma, però, tuttavia, infatti, cioè, oppure* ecc.

⑧ I connettivi nel testo sulla pittura veneta:

mentre = während / e = und / anche = auch / ma anche = aber auch / inoltre = außerdem / così = dann, deshalb / cioè = d. h. / sia ... che ... = sowohl ... als auch ... / invece = hingegen / che = dass / prima di ... poi di ... = zuerst von ... dann von / tra l'altro = unter anderem.

S. 113–115 LA DESCRIZIONE DI UN DIPINTO RINASCIMENTALE

a. Lettura e comprensione

1. Sottolineare le parti relative alla descrizione:

Giovanni Bellini inaugura una nuova tipologia nell'iconografia della sacra conversazione: egli costruisce la scena in verticale e la colloca all'interno di una chiesa illuminata da una luce dorata e realistica.
La Pala di San Giobbe, in origine nella chiesa veneziana di San Giobbe, risale al 1487, ma, secondo alcuni, è precedente.
La Vergine con il Bambino è al centro della composizione, alta su un trono di marmo. Sopra il trono c'è una croce d'oro, mentre ai piedi del trono siedono tre angeli musicanti.
Ai lati della Vergine ci sono sei santi, tre per lato. Da sinistra a destra possiamo osservare San Francesco, San Giovanni Battista, San Giobbe, San Domenico, San Sebastiano e San Ludovico di Tolosa.
La scena si svolge all'interno di una chiesa, in uno spazio con volta a botte, abside in marmo, decorazioni a mosaico dorato. La luce calda e dorata rende intimo l'ambiente in cui si svolge la sacra conversazione e coinvolge il fedele che osserva il dipinto. L'uso della luce dorata è un'invenzione di Giovanni Bellini, che interpreta in modo nuovo iconografia della sacra conversazione. A differenza di Piero della Francesca, infatti, che nella Pala di Brera costruisce uno spazio luminoso e razionale, il Bellini crea un luogo del sentimento.

2. I verbi nel testo:

inaugura, costruisce, colloca, risale, è, è, c'è, siedono, ci sono, possiamo osservare, si svolge, rende, si svolge, coinvolge, osserva, è, interpreta, costruisce, crea.

3. Angeli musicanti = *Musik spielende Engel*

4. aggettivi ed espressioni utili a definire la scena e completate la scheda.

luce: *fredda, razionale, che proviene da sinistra*

architettura: *interno di un edificio sacro con abside in marmi policromi e volta a botte cassettonata / spazio razionale*

posizione della Madonna: *al centro della composizione, su un trono rialzato da un basso basamento*
posizione dei santi: *ai lati / a destra e a sinistra della Madonna*
posizione del committente: *ai piedi del trono, in ginocchio*

b. Produzione scritta

1. Scrivere una breve descrizione della *Pala di San Zaccaria* di Giovanni Bellini (un esempio):

Nella Pala di San Zaccaria Giovanni Bellini colloca per la prima volta la sacra conversazione all'esterno di un luogo sacro. Egli, infatti, costruisce la scena in un ambiente porticato che si conclude in un abside semicircolare e catino absidale. Da sinistra proviene la luce naturale e, all'esterno delle arcate vediamo alcuni elementi di un paesaggio (due alberi, il prato, il cielo con le nuvole). La madonna è al centro della composizione, alta su un trono di marmo. Intorno alla Madonna ci sono quattro santi, due per lato: da sinistra a destra si possono osservare San Pietro, Santa Caterina d'Alessandria, Santa Lucia e San Gerolamo. Sopra il trono c'è la testa di re Davide, riferimento simbolico alla stirpe di Gesù. Ai piedi del trono vediamo un angelo musicante. Dalla volta pendono / In alto ci sono un uovo di struzzo ed una lampada, simboli rispettivamente della verginità e dell'Immacolata Concezione di Maria.

La Pala di San Zaccaria è un olio su tavola trasportato su tela. Datato 1505, il dipinto si trova a Venezia nella chiesa di San Zaccaria.

2. Descrivere la *Pala di Castelfranco* di Giorgione (un esempio):

La Madonna in trono con il Bambino fra i Santi Liberale e Francesco, detta anche Pala di Castelfranco, è una tempera su tavola di Giorgione. Il dipinto., datato 1504, si trova nel Duomo di Castelfranco Veneto.

La Madonna col Bambino in braccio si trova al centro della composizione, in trono, su un alto basamento. Un drappo verde scende dal trono sul basamento. In basso c'è lo stemma del committente. Davanti al trono, in primo piano, ci sono San Liberale, a sinistra con una bandiera, e San Francesco, a destra.

Il pavimento è a scacchiera. Dietro il trono c'è un muro che separa / divide la scena della sacra conversazione dal paesaggio sullo sfondo.

Nel paesaggio, sotto un cielo azzurro, vediamo degli alberi, un castello a sinistra e alcuni personaggi a destra.

Giorgione costruisce la profondità spaziale non solo con la prospettiva geometrica, ma anche con l'uso dei colori complementari, il rosso e il verde, che si ritrovano, in diverse tonalità, nell'abito della Madonna, nei drappi che rivestono il trono, il basamento ed il muro e nel paesaggio.

S. 116 **Il participio presente come aggettivo**

⑨ Trovare un participio come aggettivo:

1. La Maddalena *che piange* → *piangente*
2. Arianna *che dorme* → *dormiente*
3. Un colore *che copre* il fondo della tela → *coprente*
4. Un colore *che scurisce / schiarisce* gli altri colori → *scurente / schiarente*
5. I Re Magi *che adorano* Gesù Bambino → *adoranti*
6. Proporzioni *che crescono* → *crescenti*
7. Nel secolo *che segue* ... → *seguente*
8. Le opere *che restano* (da trattare) ... → *restanti*

UNITÀ 11

S. 117–118 L'ARCHEOLOGIA COME SCIENZA STORICA

Comprensione del testo

Rispondere alle domande:

1. Gli studiosi di preistoria e protostoria hanno sviluppato metodi di studio molto attenti, come lo scavo stratigrafico o lo studio dei reperti ceramici.
2. Il testo parla del rilevamento del radiocarbonio, dello studio dei depositi di polline, dei sondaggi elettrici, delle prospezioni magnetometriche e dell'esplorazione del suolo con la fotografia aerea.
3. A Çatal-Hüyük sono stati ritrovati utensili di selce e di ossidiana, vasi, resti di stoffe, frammenti di pitture parietali, statuette in argilla di divinità primitive.
4. La cosiddetta «rivoluzione neolitica»si è svolta nel Vicino Oriente: prima in Anatolia e nel Caucaso, poi in Mesopotamia ed Egitto.

Collegare le espressioni in italiano alle corrispondenti espressioni in tedesco:

preistoria = *Urgeschichte* / metodi di scavo = *Ausgrabungsmethoden* / manufatti = *Artefakte* / protostoria = *Frühgeschichte* / reperti ceramici = *Funde aus Keramik* / ornamenti = *Verzierungen* / radiocarbonio = *C 14-Untersuchung* / fotografia aerea = *Luftaufnahme* / strati = *Schichten* / ossidiana = *Obsidian* / selce = *Feuerstein* / statuette antropomorfe = *menschenähnliche Figuren* / dea madre = *Muttergöttin, Venus* / aspetto di animale = *Tiergestalt* / rivoluzione neolitica = *neolithische Revolution* / società primitiva = *Gesellschaft der Urgeschichte* / metodi di produzione (di alimenti) = *Herstellungsmethoden von Lebensmitteln.*

Scrivere la traduzione in tedesco dei nomi geografici:

Anatolia = *Anatolien* / Caucaso = *Kaukasus* / Vicino Oriente = *Nahost* / Mesopotamia = *Mesopotamien* / Egitto = *Ägypten*

S. 119–121 Grammatica

Il passato prossimo

Completare la tabella con i verbi al passato prossimo contenuti nel testo:

Verbi all'Infinito	Verbi al Passato prossimo	
	con ausiliare avere	*con ausiliare essere*
rinnovare	ha rinnovato	
approfondire	ha approfondito	
sviluppare	hanno sviluppato	
accumularsi		si è accumulata
perfezionarsi		si sono perfezionati
svilupparsi		si sono sviluppate
raggiungere	hanno raggiunto	
seguirsi		si è seguita
essere rinvenuto		sono stati rinvenuti
svolgersi		si è svolta
avvenire		è avvenuta

La formazione del participio passato e del passato prossimo:

- Il participio passato cambia la desinenza –o con l'ausiliare essere.
- In questo caso la desinenza del participio dipende dal soggetto.

Completare le tabelle per la seconda e la terza coniugazione e per i verbi essere e avere:

	con ausiliare avere	con ausiliare essere
	esempio: conosc**ere**	esempio: scend**ere** (irregolare!)
io	*ho conosciuto*	*sono sceso /a*
tu	*hai conosciuto*	*sei sceso / a*
lui / lei / Lei	*ha conosciuto*	*è sceso / a*
noi	*abbiamo conosciuto*	*siamo scesi / e*
voi	*avete conosciuto*	*siete scesi / e*
loro	*hanno conosciuto*	*sono scesi / e*

	con ausiliare avere	con ausiliare essere
	esempio: segu**ire**	esempio: part**ire**
io	*ho seguito*	*sono partito / a*
tu	*hai seguito*	*sei partito / a*
lui / lei / Lei	*ha seguito*	*è partito / a*
noi	*abbiamo seguito*	*siamo partiti / e*
voi	*avete seguito*	*siete partiti / e*
loro	*hanno seguito*	*sono partiti / e*

	con ausiliare avere	con ausiliare essere
	avere	*essere*
io	*ho avuto*	*sono stato / a*
tu	*hai avuto*	*sei stato / a*
lui / lei / Lei	*ha avuto*	*è stato / a*
noi	*abbiamo avuto*	*siamo stati / e*
voi	*avete avuto*	*siete stati / e*
loro	*hanno avuto*	*sono stati / e*

S. 122 ⟨1⟩ Leggere il testo e inserire i verbi al passato prossimo nell'ordine giusto:

I moderni metodi archeologici di rilevamento e di scavo si usano anche per lo studio di monumenti architettonici. Così, in occasione del restauro dell'arco di Costantino, *si è scavato* intorno al suo basamento. Lo scavo stratigrafico *ha rivelato* la presenza di tre strutture preesistenti, una di età neroniana, una del tempo di Domiziano ed una del II secolo d. C.. Anche le indagini sulla struttura architettonica *hanno dimostrato* che la costruzione dell'arco a tre fornici e dell'attico *è avvenuta* in momenti diversi. Costantino *ha fatto* modificare e adattare un precedente arco di Adriano. Gli artisti che *hanno lavorato* all'arco di Costantino *hanno utilizzato* materiale di spoglio e in parte *hanno eseguito* le sculture sul luogo, su lastre adattate alle dimensioni dell'arco.

⟨2⟩ Completare le frasi con i verbi al passato prossimo:

1. L'archeologo *ha scavato* in un sito preistorico.
2. Gli studenti *hanno partecipato* ad una campagna di scavi durante l'estate.
3. Nella tomba del guerriero tu *hai trovato* alcune armi: un pugnale, una spada e una lancia.
4. Gli studiosi *hanno fatto* un rilevamento del suolo con la fotografia aerea.
5. Elena *è andata* in Sicilia per partecipare ad un campo archeologico estivo.
6. Gli archeologi *hanno individuato* 13 strati nel sito di Catal-Hüyük.
7. Oggi noi *abbiamo visto* una presentazione sul Museo di Neanderthal.
8. Voi *avete imparato* molti nuovi vocaboli sull'archeologia.
9. L'uomo di Neandertal *ha lavorato* la pietra con una tecnica particolare: la tecnica Levallois.
10. Voi *avete scritto* i verbi al passato prossimo.

S. 123 ③ Completate il testo con i verbi al passato prossimo:

Laura ieri è *andata* all'università e *ha frequentato* il corso d'Italiano per gli studenti di Storia dell'Arte e Archeologia. Durante la lezione lei e i suoi compagni *hanno letto* un testo sui metodi d'indagine dell'archeologia, poi *hanno visto* una presentazione di Power-Point sul Museo di Neandertal. Il docente *ha spiegato* come si forma il passato prossimo, poi tutti *hanno fatto* un esercizio. Dopo la pausa gli studenti *sono andati* al laboratorio linguistico. Lì loro *hanno lavorato* con i computer sulla piattaforma di apprendimento. Laura ***ha imparato*** molte cose nuove.

④ Scrivere accanto ad ogni sequenza il numero e ricostruire il testo:

L'archeologia come scienza storica

Ordine delle sequenze: 3 6 1 5 2 4

S. 124–125 ⑤ Completare la scheda su Bianchi Bandinelli con i verbi al passato prossimo:

Il più grande archeologo italiano del XX secolo

Ranuccio Bianchi Bandinelli *è nato* a Siena nel 1900 da padre italiano e madre tedesca. *Ha studiato* Archeologia all'Università di Siena e *si è laureato* in Etruscologia nel 1918.

Dapprima *ha lavorato* al Museo Archeologico di Firenze e *si è fatto* promotore della Carta archeologica del territorio, per raccogliere i dati delle ricerche archeologiche in Italia, definire i caratteri dell'arte etrusca e distinguerla dall'arte greca e romana.

Poi, nel 1929, *ha iniziato* a insegnare Archeologia all'Università di Cagliari, quindi *è passato* all'Università di Pisa e *ha insegnato* per tre anni anche all'Università di Gröningen, in Olanda.

Si è occupato di arte romana e nel 1935 *ha fondato*, insieme a Carlo Ludovico Ragghianti, la rivista *La critica d'arte*.

Dal 1943 *è stato trasferito* all'Università di Firenze e nei suoi studi *ha sviluppato* l'idea che nell'arte romana *sono convissuti / hanno convissuto* un linguaggio stilistico colto di origine ellenistica e un linguaggio popolare e che questi due linguaggi *si sono fusi* nell'artista che *ha realizzato* i rilievi della Colonna di Traiano. Egli *ha chiamato* questo artista «Maestro delle imprese di Traiano».

Nel 1943 Bianchi Bandinelli *ha pubblicato* l'opera *Storicità dell'arte classica*, in cui *ha rivendicato* l'importanza dell'artigianato artistico per lo sviluppo e la comprensione dell'arte antica.

Dopo la guerra *è stato nominato* «Direttore generale delle antichità e belle arti» e *si è occupato* di restauro delle opere danneggiate dalla guerra. Parallelamente *ha continuato* la sua attività di docente universitario.

Anche negli anni '50 *è intervenuto* su questioni riguardanti il patrimonio storico artistico italiano, soprattutto contro la speculazione edilizia e i restauri fatti senza un'adeguata ricerca scientifica.

Nel frattempo *ha abbandonato* la filosofia idealistica di Benedetto Croce e *ha cominciato* ad interpretare l'opera d'arte in senso marxista, come prodotto della società del suo tempo.

A partire dagli anni '60, quando *ha lasciato* l'insegnamento universitario, *si è dedicato* alla definizione di un nuovo ruolo per l'archeologia e all'attività editoriale: *ha curato* la redazione dei volumi dell'*Enciclopedia dell'arte antica, classica e orientale*; *ha fondato* la rivista *Dialoghi di archeologia*; ha edito i saggi *Archeologia e cultura* (1961), *Roma. L'arte romana al centro del potere* (1969), *La fine dell'arte antica* (1970), *Etruschi e italici prima del dominio di Roma* (1973). Ranuccio Bianchi Bandinelli *è morto* a Roma nel 1975, all'età di 75 anni.

⑥ Scegliere una foto dal sito Internet di Çatal-Hüyük, fare un brainstorming e scrivere un testo di 70 parole circa (un esempio di testo):

Nella foto si vedono due archeologi che scavano. Lo scavo si svolge all'interno di una struttura quadrata: si vedono i muri perimetrali di un edificio e i muri divisori dell'interno. L'edificio si componeva evidentemente di tre ambienti, due piccoli ed uno più grande. / L'edificio, forse in origine di tre stanze, presenta due ambienti piccoli e uno grande. Alcuni elementi dell'interno dell'ambiente più grande sono stati scavati fino alla base nella loro parte esterna. Gli archeologi scavano a livello del pavimento. In corrispondenza di una parete è stata messa in luce / c'è / si vede una nicchia.

⑦ Scrivere la biografia di un archeologo (un esempio):

Humfry Gilbert Garth Payne (1902-1936) è stato un archeologo inglese, direttore della Scuola britannica di archeologia ad Atene.

Figlio dello storico Edward Payne, Humfry Paine ha compiuto gli studi classici ad Oxford, dove si è laureato nel 1922 e specializzato nel 1924.

Tra il 1926 e il 1928 ha lavorato come assistente al Dipartimento di Antichità dell'Ashmolean Museum e contemporaneamente ha compiuto delle ricerche nell'ambito dell'archeologia del Mediterraneo. Nel 1927 ha ricevuto un riconoscimento per i suoi studi sulla ceramica greca a figure nere. Ha poi approfondito le sue ricerche sui reperti ceramici di Corinto ed ha pubblicato, nel 1931, «Necrocorintia», un'opera che lo ha reso famoso a livello internazionale.

Dal 1927 al 1929 Payne ha compiuto campagne di scavo estive a Cnosso e quest'attività ha avuto come riconoscimento la sua nomina a direttore della Scuola britannica di archeologia ad Atene (1929).

Dal 1930 al 1933 ha diretto gli scavi a Perachora, che sono stati ripresi in seguito e hanno portato alla pubblicazione dell'opera «Perachora: i santuari di Hera Akraia e Limenia».

Payne si è occupato inoltre della scultura greca arcaica ritrovata sull'Acropoli nella cosiddetta «colmata persiana» a fine Ottocento. I risultati delle sue ricerche sono stati pubblicati in «Le sculture arcaiche in marmo dell'Acropoli di Atene» (1936): il suo merito in questo caso è stato nella ricostruzione di alcune statue sulla base delle somiglianze stilistiche. Un esempio è il Cavaliere Rampin.

A causa di un'infezione, Payne è morto prematuramente nel 1936. È sepolto a Micene.

S. 126

Ancora grammatica ...

I gradi dell'aggettivo e dell'avverbio

il più grande = *der größte*
importantissima = *sehr wichtig*

Completare la tabella:

FORME REGOLARI			
Grado positivo	Grado comparativo	Grado superlativo relativo	Grado superlativo assoluto
grande	più grande di meno grande di grande come	il più grande (di tutti)	*grandissimo* *(molto grande)*
importante	più importante di meno importante di importante come	*il più importante (di tutti)*	importantissimo (molto importante)
antico	*più antico di* *meno antico di* *antico come*	il più antico (di tutti)	antichissimo (molto antico)

S. 127 – 128 ⑧ Sottolineate gli aggettivi e gli avverbi in grado comparativo e superlativo e completate la tabella:

Il ritrovamento dell'Ara Pacis Augustae e la sua esposizione

Il recupero dell'Ara Pacis, iniziato nel XVI secolo, si è concluso, tra ritrovamenti fortuiti e scavi mirati, solo quattro secoli *più tardi* con la ricomposizione del monumento avvenuta nel 1938. *La più antica* notizia del riaffiorare dell'altare dalle fondamenta del palazzo di Via in Lucina ci è fornita da un'incisione di Agostino Veneziano eseguita prima del 1536. Essa raffigura un cigno ad ali spiegate con un'ampia porzione del fregio a girali. L'incisione dimostra che a quella data la corrispondente lastra dell'Ara Pacis è già nota.

Più tardi il cardinale Giovanni Ricci da Montepulciano acquista 9 grandi blocchi di marmo scolpiti, provenienti dall'Ara.

Dopo questi ritrovamenti, non si ha più notizia dell'altare fino al 1859, quando si devono fare lavori di consolidamento alle fondamenta di Palazzo Peretti. Durante i lavori si ritrovano il basamento dell'altare e numerosi altri frammenti scolpiti. Vengono così recuperati *moltissimi* frammenti del fregio.

Nel 1903, dopo che Friedrich von Duhn attribuisce i frammenti all'Ara Pacis, si fa una richiesta al Ministro della Pubblica Istruzione per la ripresa dello scavo. Il proprietario di Palazzo Peretti, Edoardo Almagià, autorizza le ricerche, dona allo stato italiano i reperti e fa una *generosissima* offerta in denaro per finanziare gli scavi.

Nel luglio 1903, iniziati i lavori, è subito chiaro che le condizioni di recupero sono *estremamente difficili*, quindi si estraggono 53 frammenti e si interrompe la ricerca.

Nel febbraio 1937, per il bimillenario della nascita di Augusto lo stato italiano riprende lo scavo, con l'impiego di tecniche *modernissime*.

Tra il giugno e il settembre 1938 si costruisce molto velocemente il padiglione che deve ospitare la ricostruzione dell'Ara Pacis sul Lungotevere. Il 23 settembre, infine, si inaugura il monumento.

AGGETTIVI			AVVERBI	
Grado comparativo	Grado superlativo relativo	Grado superlativo assoluto	Grado comparativo	Grado superlativo
--	*la più antica*	*moltissimi* *generosissima* *estremamente difficili* *modernissime*	*più tardi*	*molto velocemente*

⑨ Completare il testo con il comparativo o il superlativo dell'aggettivo o dell'avverbio tra parentesi:

Il nuovo Museo dell'Ara Pacis è *modernissimo*: l'architetto americano Richard Meier ha realizzato un edificio *luminosissimo* con 1500 mq di cristalli. Il vetro si combina *benissimo* con il travertino, il tradizionale materiale da costruzione dell'architettura romana.

Il museo di Richard Meier è la costruzione *più moderna* nel centro di Roma. L'edificio è *più lungo che* largo. Chi entra nel museo, visita prima la sezione sulla storia dell'altare d'Augusto, poi raggiunge l'Ara Pacis. Da vicino si ha un'*ottima* fruizione dei fregi e di ogni particolare decorativo dell'altare. Chi sale sulla terrazza, oltre a vedere il Mausoleo d'Augusto, gode di un panorama *bellissimo* sul Lungotevere.

Potete fare un'*interessantissima* visita virtuale nel sito Internet del museo: http://www.arapacis.it

S. 129 **L'eredità latina**

Scrivere il significato degli aggettivi:

anteriore	=	che sta davanti / che viene prima	interiore	=	*che sta all'interno di qualcosa / che sta dentro / che appartiene alla dimensione spirituale.*
posteriore	=	che sta dietro / che viene dopo	ulteriore	=	*che sta oltre, al di là (anche in senso figurato) / che è nuovo e si aggiunge a qualcosa di già fatto*
superiore	=	che sta sopra / che si trova ad un livello più alto (anche per importanza) / che è più grande	ultimo	=	*che sta all'ultimo posto in una sequenza in ordine di tempo e di luogo*
inferiore	=	che sta sotto / che si trova ad un livello più basso (anche per importanza) / che è più piccolo	prossimo	=	*che viene dopo / che deve ancora venire / che è molto vicino*

S. 130 – 131 **Ulteriore esercizio su comparativo e superlativo**

Fare dei confronti con il comparativo di maggioranza o minoranza e il superlativo relativo dell'aggettivo o dell'avverbio:

1. Fori imperiali: *Il Foro di Augusto è più lungo del Foro di Nerva o Domiziano; il Foro di Traiano è il più lungo di tutti.*
2. Archi di trionfo: *L'arco di Settimio Severo è meno alto dell'Arco di Costantino; l'Arco di Costantino è il meno alto di tutti.*
3. Anfiteatri romani costruiti nelle Gallie: *L'anfiteatro di Nimes è più grande dell'Arco di Tarragona; l'anfiteatro di Arles è il più grande di tutti.*
4. Anno di costruzione degli acquedotti della Roma antica: *L'Anio Novus è stato costruito più tardi dell'Acquedotto dell'Aqua Marcia; l'acquedotto dell'Aqua Alexandrina è stato costruito più tardi di tutti.*

Le unità di misura e le dimensioni

Completare con la traduzione in tedesco:

il centimetro (cm)	*der Zentimeter*	l'altezza	*die Höhe*
il metro (m)	*der Meter*	la larghezza	*die Breite*
il chilometro, o kilometro (km)	*der Kilometer*	la lunghezza	*die Länge*

UNITÀ 12

S. 132 – 133 IL RITROVAMENTO DEL GRUPPO DEL LAOCOONTE E LA SUA RICOSTRUZIONE

Lettura e comprensione

a) Inserire le informazioni nella tabella:

Nome dell'opera	*Laocoonte e i suoi figli / Gruppo del Laocoonte*
Attribuzione (artisti a cui è attribuita)	*Agesandro, Atenodoro e Polidoro*
Datazione dell'opera	*I secolo a. C.*
Fonte letteraria antica che descrive l'opera	*Naturalis Historia (Plinio il Vecchio)*
Data del ritrovamento	*14 gennaio 1506*
Chi ha assistito allo scavo e al ritrovamento?	*Giuliano da San Gallo e Michelangelo*
Chi ha acquistato l'opera?	*il Papa Giulio II*
Parti del corpo che mancavano alla statua al momento del ritrovamento	*il braccio destro di Laocoonte*
Attuale collocazione	*Roma (Città del Vaticano), Musei Vaticani*

b) Il termine e la sua traduzione in tedesco:

La fonte = *die Quelle*
La collocazione originaria = *der ursprüngliche Standort*
L'attibuzione = *die Zuschreibung*
La datazione = *die Datierung*
La ricostruzione = *die Rekonstruktion*
La collocazione attuale = *der jetzige Standort*

c) Vero o falso?

vero, falso, falso

d) Riflettiamo sulla struttura della frase:

l'ha collocata = la ha collocata il pronome atono diretto «la» si riferisce al nome ***statua***

S. 134 ① Trasformare le frasi con la giusta forma del pronome atono e la desinenza adatta per il participio passato:

1. Ho visto il Gruppo del Laocoonte ai Musei Vaticani → ***l'***ho vist***o*** ai Musei Vaticani.
2. Plinio il Vecchio ha attribuito l'opera agli scultori rodii. → ***l'***ha attibuit***a*** agli scultori rodii.
3. Michelangelo e Giuliano da Sangallo hanno seguito il recupero della statua. → ***l'***hanno seguit***o***
4. Giuliano da Sangallo ha fatto proseguire gli scavi. → ***li*** ha fatt***i*** proseguire.
5. I quesiti aperti sul Gruppo del Laocoonte hanno impegnato gli studiosi. → ***li*** hanno impegnat***i***
6. A Roma abbiamo visitato le mostre temporanee. → ***le*** abbiamo visitat***e***

② a. Completare la tabella:

	Pronomi atoni diretti		Pronomi atoni diretti con il Passato prossimo (verbo «ritrovare», ausiliare avere, I persona singolare)	
	singolare	plurale	Singolare	plurale
maschile	*lo*	*li*	***L'***ho ritrovat***o***	***Li*** ho ritrovat***i***
femminile	*la*	*le*	***L'***ho ritrovat***a***	***Le*** ho ritrovat***e***

b. Scrivere due frasi per ogni caso (di seguito un esempio di frasi possibili per ogni caso):

1. *Ho incontrato* il mio professore in biblioteca. → *l'ho incontrato*
2. Michelangelo e Giuliano da Sangallo *hanno visto la statua* già durante lo scavo per il recupero. → *l'hanno vista*
3. Con il professore, nel seminario, *abbiamo analizzato i reperti.* → *li abbiamo analizzati*
4. Lo studioso *ha consultato attentamente le fonti.* → *le ha consultate*

c. Formulare delle domande con gli elementi dati e il verbo al passato prossimo e rispondere con i pronomi atoni diretti:

Hai studiato i vocaboli?	- *Sì, li ho studiati.* - *No, non li ho studiati.*
Hai fatto gli esercizi?	- *Sì, li ho fatti.* - *No, non li ho fatti.*
Hai cercato informazioni in Internet?	- *Sì, le ho cercate.* - *No, non le ho cercate.*
Hai scritto la relazione?	- *Sì, l'ho scritta.* - *No, non l'ho scritta.*
Hai preparato la tesina?	- *Sì, l'ho preparata.* - *No, non l'ho preparata.*
Hai frequentato il corso?	- *Sì, l'ho frequentato.* - *No, non l'ho frequentato.*
Hai visto il video?	- *Sì, l'ho visto.* - *No, non l'ho visto.*
Hai restituito i libri in biblioteca?	- *Sì, li ho restituiti.* - *No, non li ho restituiti.*

S. 135–136 **L'imperfetto**

③ Completare con i verbi all'imperfetto:

Le questioni aperte

La statua del Laocoonte ha lasciato delle questioni aperte: se il braccio mancante *era* teso oppure piegato; se *si trovava* in origine nello stesso luogo o *se proveniva* da un altro luogo; se *si trattava* dell'opera di cui *parlava* Plinio il vecchio; se gli autori *erano* gli scultori di Rodi.

◈4 I verbi all'Imperfetto nel testo sul gruppo scultoreo di Sperlonga e la loro forma all'infinito:

VERBO ALL'INDICATIVO IMPERFETTO	VERBO ALL'INFINITO
si pensava	*pensare*
era	*essere*
si trovava	*trovarsi*
decoravano	*decorare*
erano	*essere*
c'era	*esserci*

◈5 Coniugare i verbi al passato prossimo o all'imperfetto:

1. Quando Piero *studiava* a Roma, *andava* spesso ai Musei Vaticani.
2. Gli studiosi non *sapevano* se i frammenti di marmo *appartenevano* al gruppo scultoreo del Laocoonte.
3. Mentre *scavava*, l'archeologo *ha formulato* delle ipotesi sui reperti già ritrovati con una sua collega.
4. Non *credevo* di vincere la borsa di studio per svolgere un tirocinio di sei mesi al Museo Archeologico Romano.
5. Mentre *facevamo* il nostro viaggio di studio Italia, è stato inaugurato il nuovo Museo dell'Ara Pacis, così noi lo *abbiamo visitato*.

S. 137 APPROFONDIMENTO ED ESERCITAZIONE

Lettura e comprensione – Ascolto e comprensione

Il gruppo scultoreo di Sperlonga

Completare la scheda con le parole mancanti:

I resti del gruppo scultoreo di Sperlonga sono stati ritrovati negli anni *Cinquanta* durante la costruzione di una strada costiera tra Terracina e Gaeta, nel Lazio.

All'inizio si pensava di aver ritrovato un'altra copia del Laocoonte o forse l'originale. Con la ricostruzione dei frammenti, però si è capito che il soggetto rappresentato era un altro, *l'accecamento di Polifemo.*

Il gruppo scultoreo si trovava in origine nella villa dell'imperatore *Tiberio*

Insieme alle statue di *Ulisse*, dei suoi compagni e del gigante *Polifemo*, altre sculture decoravano la villa: *Scilla che aggredisce la nave di Ulisse, Ulisse con Diomede in fuga da Troia, Aiace che porta il corpo morto di Achille*

Gli autori delle sculture sono forse addirittura gli scultori di Rodi *Agesandro, Atenodoro* e *Polidoro.*

Tutte le figure scolpite erano in origine in una grotta naturale, dove c'era anche il *triclinio* dell'imperatore.

Il gruppo scultoreo di *Sperlonga* è molto importante.

Gli studiosi hanno fatto due ipotesi sull'origine delle statue: secondo la prima, si tratta di copie realizzate da originali greci per la villa dell'imperatore romano tra la fine del I sec. a. C. e l'inizio del I sec. d. C.; un'altra teoria, invece, sostiene che le statue non sono copie bensì *originali* che l'imperatore ha comprato a Rodi e fatto trasportare a Sperlonga.

S. 138 **Aggettivi e pronomi indefiniti**

◈6 Leggere le frasi e scegliete l'aggettivo o il pronome indefinito corretto:

1. Lo scavo ha portato alla luce *alcuni* frammenti di marmo.
2. *Tutti gli* studenti hanno assistito al ciclo di conferenze sull'archeologia della preistoria.
3. *Ogni* reperto è stato catalogato.
4. Durante la visita a Sperlonga ho scattato *alcune* fotografie della grotta in cui un tempo si trovavano le statue.
5. Alla domanda del professore non ha saputo rispondere *nessuno.*
6. La statua è stata attribuita agli scultori di Rodi da *qualche* studioso.
7. Sull'opera, come appariva in antico, abbiamo *qualche* testimonianza iconografica.
8. *Tutte* le statue si trovavano nel giardino della villa.

S. 139 – 141 APPROFONDIMENTO TEMATICO ED ESERCIZIO DI LETTURA E COMPRENSIONE

Archeologia della preistoria

Il Museo archeologico del Finale

Completare il testo:

Il territorio

La prima sala del Museo è dedicata a «*La formazione del territorio e la comparsa dell'Uomo*». In particolare è illustrata la formazione della *Pietra di Finale*, una rarità geologica originatasi 15 milioni di anni fa da un fondale *marino*. Per questo il territorio è ricco di fossili.
Le caratteristiche geologiche del territorio, tra queste il carsismo, hanno favorito l'insediamento umano già *350.000* anni fa. Le più significative tracce dell'uomo preistorico sono state rinvenute nei *depositi di grotta*. Grazie alla ricchezza di grotte e di reperti questo territorio è un punto di riferimento per la ricerca archeologica sulla preistoria a livello *mondiale*.

Il Paleolitico

I materiali delle culture paleolitiche rinvenuti sul territorio e conservati nel museo coprono un arco di tempo molto ampio, da circa *400.000* a *10.000* anni fa.
Nelle vetrine è possibile seguire l'evoluzione della tecnica di *scheggiatura* della *pietra*.
Un esempio sono i *bifacciali*, eccezionali reperti dell'*homo erectus*.
Dagli stessi siti provengono anche importanti testimonianze dell'uomo di *Neandertal*, vissuto nel *Paleolitico medio*, tra 120.000 e 38.000 anni fa.
Dall'Arma delle Mánie e dalla *Caverna* delle Fate provengono i resti di almeno cinque *individui*, sia *bambini* che *adulti*.
L'uomo di Neandertal è vissuto in periodi climaticamente più *freddi*, accanto all'orso delle *caverne*.

Il Neolitico

Due sale del museo sono dedicate al Neolitico (*5.800* – *3.600* a.C.).
Il Neolitico è un periodo *fondamentale* perché in questo periodo si stabiliscono nuove relazioni tra uomo e *ambiente*.
Nel Neolitico nascono l'agricoltura e *l'allevamento*.
Il Neolitico si sviluppa in Liguria a partire dal 5.*800* a. C. Circa. La maggior parte delle testimonianze sono conservate nella Caverna delle *Arene Candide* e nella Grotta *Pollera*.
Nelle sale sono esposti esempi della produzione *ceramica*, sia della Cultura della Ceramica Impressa, sia della Cultura dei Vasi a Bocca *quadrata*, oltre a utensili in pietra scheggiata realizzati in *selce* o in *ossidiana*, asce in pietra verde *levigata*, macine per la preparazione di farine ecc.
Tra gli oggetti di maggiore interesse ci sono le statuine in terracotta (Neolitico medio, 5000-4200 a. C.), legate a *culti* e *riti* che si sono sviluppati nel Mediterraneo e all'idea della crescita e della rinascita della vita attraverso la «*terra madre*». Queste statuine servivano a propiziare la *fertilità* del terreno e la *fecondità* delle greggi.

L'Età dei metalli

La sala dedicata all'Età dei Metalli mostra che, a partire dal *IV* millennio a. C., l'uomo ha sviluppato sempre maggiori conoscenze sulla lavorazione dei *minerali metalliferi*.
Gli archeologi distinguono tre periodi: l'Età del *Rame*, che in Liguria si sviluppa tra 3600 e 2200 anni *a. C.*, l'Età del *Bronzo* (2.*200*-*900* anni a. C.) e l'Età del *Ferro* (900 – 180 *anni* a. C.). Il percorso espositivo presenta diversi reperti: ceramiche, armi in *metallo*, oggetti di uso quotidiano.
Particolarmente interessanti sono una serie di vasi in ceramica dell'*Età del Bronzo* e un elmo in *bronzo* del V secolo a. C. appartenuto a un guerriero ligure.
Altrettanto importanti sono i reperti di Sant'Antonino di Perti, documentazione delle ultime fasi dell'Età del *Bronzo*: oggetti in bronzo, *soprattutto ornamenti*, punte di **freccia**, arnesi acuminati e ricurvi per forare il *cuoio*, che mostrano una consolidata diffusione dei prodotti *metallici*.

Per saperne di più

Cercare nel sito l'indirizzo e completare la scheda:
Chiostri di *Santa Caterina* - I-17024 *FINALE LIGURE BORGO* (SV)
Telefono: *+39 019.690020* E-Mail: *info@museoarcheofinale.it*
Orario di visita estivo: *da martedì a domenica 10.00 - 12.00 e 16.00 - 19.00*
Orario di visita invernale: *da martedì a domenica 9.00 – 12.00 e 14.30 – 17.00*

Osservazioni sul testo

Lessico

Inserire nella tabella i vocaboli relativi a...

l'ambiente naturale e i luoghi	le materie prime	la preistoria e la sua suddivisione cronologica	la cultura materiale le credenze religiose e i manufatti	l'uomo e gli insediamenti umani
- territorio - rarità geologica - fondale marino - caratteristiche geologiche - carsismo - depositi di grotta - grotte - Arma delle Manie - Caverna delle fate - periodi climaticamente freddi - orso - caverne - ambiente - Liguria - Caverna delle Arene Candide - Grotta Pollera - ligure - Sant'Antonino di Perti	*- Pietra di Finale - fossili - pietra - selce - ossidiana - pietra verde - terracotta - minerali metalliferi - rame - bronzo - ferro - metallo - cuoio*	*- 15 milioni di anni fa - 350.000 anni fa - ricerca archeologica sulla preistoria - paleolitiche - arco di tempo - 400.000-10.000 anni fa - Paleolitico Medio - tra 120.000 e 38.000 anni fa - Neolitico (5.800-3.600 a. C.) - a partire dal 5.800 a. C. - Neolitico Medio, - 5.000 – 4.200 a. C. - Età dei Metalli - a partire dal IV millennio a. C. - Età del Rame - tra 3.600 e 2.200 anni a. C. - Età del Bronzo (2200-900 anni a. C.) - Età del Ferro (900-180 anni a. C.) - del V sec. a. C.*	*- materiali - culture paleolitiche - tecnica della scheggiatura della pietra - bifacciali - reperti - testimonianze - relazioni tra uomo e ambiente - agricoltura - allevamento - produzione ceramica - Cultura della Ceramica Impressa - Cultura dei Vasi a Bocca Quadrata - utensili in pietra scheggiata - asce in pietra verde levigata - macine per la preparazione delle farine - statuine in terracotta - culti - riti - idea della crescita e della rinascita della vita - «terra madre» - propiziare la fertilità del terreno - la fecondità delle greggi - lavorazione dei minerali metalliferi - ceramiche - armi in metallo - oggetti d'uso quotidiano - vasi in ceramica - elmo - documentazione - oggetti in bronzo - ornamenti - punte di freccia - arnesi acuminati e ricurvi - diffusione dei prodotti metallici*	*- insediamento umano - uomo preistorico - homo erectus - Uomo di Neandertal - resti di individui - bambini - adulti - guerriero ligure*

S. 142–143 **Verifica delle competenze**

Esercizio di lettura e comprensione – simulazione di una parte della prova d'esame

Leggere il brano, completare la tabella e rispondere alle domande

a) Completare la scheda tecnica sullo scavo della grotta:

Luogo dello scavo	*Caverna delle Arene Candide*
Periodo in cui si sono svolti gli scavi	*1941–1970*
Nome dell'archeologo	*Luigi Cardini*
Datazione dei reperti	*13mila – 10mila anni fa*
Tipo reperti	*sepolture, resti umani, corredi funebri, tracce di minerali usati probabilmente per il rito funebre*
Elementi del corredo funebre	*oggetti ornamentali: conchiglie, denti, corna, pelli di animali selvatici, piccole pietre con incisioni, forse anche piccoli giochi.*

b) Rispondere alle domande:

1. *Nella Caverna sono state trovate più sepolture di bambini che di uomini adulti.*
2. *«Il bambino degli scoiattoli» è il nome dato allo scheletro di un bambino di 6-7 anni d'età rinvenuto nella grotta.*
3. *Perché nella sua sepoltura sono state trovate molte ossa di scoiattolo; secondo un'ipotesi degli archeologi, il bambino è stato sepolto con una mantellina fatta di pelli di scoiattolo.*
4. *Sì, nella sepoltura del «bambino degli scoiattoli» è stato trovato un corredo funebre: conchiglie marine lavorate, piccole selci scheggiate, piccole pietre levigate. Il corredo si componeva forse di piccoli giochi del bambino e di decorazioni.*

c) Scrivere accanto al nome la traduzione in tedesco:

Lo scheletro	*das Skelett*	I piedi	*die Füße*
Le ossa	*die Knochen*	L'allineamento di pietre	*die Aneinanderreihung*
La calotta cranica	*die Kalotte*	Le selci	*die Feuersteine / die Flintsteine*

UNITÀ 13

S. 144–147 I DIVERSI VOLTI DEL ROMANICO IN ITALIA

Un esempio: il duomo di Modena

Comprensione del testo

a. Scegliere la risposta giusta:

1 b. Edifici diversi da luogo a luogo, ma con elementi strutturali e decorativi simili.
2 c. L'unità architettonica della struttura esterna con l'interno dell'edificio.
3 b. Nell'arco di 100 anni, tra la fine dell'XI e la fine del XII secolo

b. Vero o falso?

falso, vero, falso, vero, falso, vero

c. Cercare nel testo il lessico specifico, poi completare la tabella per ambiti:

Vocaboli relativi a ...

Struttura architettonica	Decorazione scultorea	Artisti e maestri	Stili e influenze	Iconografia e significato
- *materiali da costruzione* - *mattone* - *pietra* - *calcare* - *arenaria* - *marmo* - *struttura esterna / interna* - *esterno* - *interno* - *facciata* - *archivolto* - *portale* - *pontile* - *tetto a salienti* - *contrafforti* - *centrali* - *protiro* - *loggetta* - *rosone* - *navata centrale* - *laterali* - *simmetrici* - *portali minori* - *navate laterali* - *lesene* - *semicolonne* - *arcate cieche* - *trifore* - *loggiato a galleria* - *lati dell'edificio* - *abside* - *galleria di arcate* - *matroneo* - *campate* - *volte a crociera* - *sesto acuto* - *archi trasversali* - *altare* - *cripta* - *costoloni* - *vele della volta* - *colonna* - *pilastro a fascio* - *abside tripartita* - *ingressi* - *porta* - *arco* - *intradosso dell'arco* - *lunetta* - *architrave* - *presbiterio*	- *decorazioni* - *rilievi* - *statue* - *leoni stilofori* - *decorazione scultorea* - *rilievi di Wiligelmo* - *lastre con le scene della Genesi* - *Portale maggiore* - *rilievi sugli archivolti e sull'architrave* - *metope* - *formelle scolpite* - *decorazione del pontile*	- *architetto Lanfranco* - *artista venuto dal nord, Wiligelmo* - *cantiere* - *maestranze* - *direzione dei grandi maestri* - *bottega* - *Maestri Campionesi*	- *architettura romanica* - *caratteri diversi* - *influenze culturali* - *tradizione architettonica romana* - *influssi stranieri* - *architettura normanna, bizantina, araba* - *romanici* - *edifici molto diversi tra loro* - *unità architettonica* - *armonia dell'edificio* - *modello d'integrazione tra scultura e architettura* - *risultato artistico alto e unitario* - *linguaggio architettonico* - *la decorazione scultorea dialoga con l'architettura, - la completa, l'arricchisce, sottolinea ...*	- *leoni stilofori* - *scene della Genesi* - *i rilievi simbolicamente ricordano ...* - *l'origine dell'uomo e la sua condizione di peccatore* - *simboleggiano il bene che vince sul male e la forza del Cristo risorto* - *proteggendo l'ingresso della chiesa* - *separano il mondo sacro da quello profano* - *la lotta tra bene e male e la vittoria del primo sul secondo* - *analoga per funzione e significato*

d. La particella pronominale «ne»

Quale nome sostituisce la particella pronominale «ne»? ☒ *ingressi*
– «ne» corrisponde al tedesco *von etwas* → di lui / di lei / questo di ... o indica una quantità indeter-minata.

S. 148–149

Grammatica

I pronomi relativi

Leggere le frasi e completare:

che	sostituisce	*materiali da costruzione*
a cui	→	*influenze culturali*
che	→	*maestranze*

① Leggere il testo e sottolineare i pronomi relativi e i nomi che sostituiscono:

La basilica di San Marco a Venezia sorge, a partire dall'anno 1063, dal rinnovamento della precedente basilica carolingia. La costruzione termina nel 1094, ma nei secoli l'edificio è stato ancora modificato.
La pianta a croce greca, *che* presenta quattro cupole nei bracci della croce ed una al centro, si ispira all'architettura bizantina ed in particolare all'*Apostoleion* di Costantinopoli.
L'esterno, *che* si mostra oggi con una decorazione gotica, in origine appariva diverso. La facciata, infatti, non era arricchita di marmi e colonne.
La facciata è caratterizzata all'ordine inferiore da cinque grandi nicchioni, *che* ospitano altrettanti portali. All'ordine superiore, *che* è leggermente arretrato, ci sono una terrazza percorribile e quattro arcate cieche, due per lato; al centro si trova un'arcata maggiore delle altre, *in cui* si apre una loggia.
All'interno le pareti sono completamente rivestite da mosaici *che* riprendono modelli decorativi bizantini. Le cupole, con le finestre ad arco in tutta la circonferenza, ricordano *Santa Sofia* di Costantinopoli.

② Completare il testo con i pronomi relativi dati:

Il romanico toscano si caratterizza per il richiamo alla classicità e all'arte romana. La ripresa degli elementi antichi si nota soprattutto nella decorazione a disegni geometrici in marmi bianchi e neri o verde scuro. Si ha così un'architettura, in particolare a Firenze, *che* non si concentra sui volumi, ma sugli effetti cromatici.
Il Battistero di San Giovanni a Firenze, *la cui* pianta ottagonale richiama tra l'altro i mausolei imperiali ed i sacelli paleocristiani, presenta all'esterno tre ordini sovrapposti, ciascuno tripartito da paraste e colonne con capitelli corinzi; le finestre hanno timpani e cornici classici; un grande attico, *che* nasconde alla vista la cupola, conclude l'edificio all'ordine superiore.
Tra le chiese fiorentine, *le quali* si rifanno ai modelli antichi, la più famosa è San Miniato al Monte. La facciata a salienti presenta nell'ordine inferiore arcate cieche, *che* conferiscono all'edificio un aspetto classico. La razionalità geometrica della facciata è sottolineata dalla decorazione del rivestimento a marmi bianchi e verdi.
All'interno, San Miniato al Monte presenta una pianta a tre navate, *di cui* solo quella centrale termina con un'abside. Le colonne si alternano ai pilastri e reggono delle arcate, *sopra alle quali* corre una trabeazione classica. La copertura è a capriate.

③ Unire le frasi con un pronome relativo:

1. La pianta della Basilica di San Marco a Venezia, *che / (la quale) richiama i modelli bizantini*, è a croce greca.
2. La facciata di San Marco, *che / (la quale) non era originariamente arricchita da marmi e colonne*, presenta una decorazione gotica.
3. Sulla facciata di San Marco vediamo cinque grandi nicchioni, *all'interno dei quali / al cui interno si trovano cinque portali.*
4. Le cupole della Basilica di San Marco presentano finestre da arco su tutta la circonferenza, *il cui modello / il modello delle quali ricorda Santa Sofia a Costantinopoli.*
5. Le pareti, le cupole e gli archi sono rivestiti da mosaici dorati, *che / (i quali) conferiscono all'interno una luce particolare.*

150–152 Esercizi di approfondimento lessicale

b. Leggere la pianta della Basilica di San Zeno Maggiore a Verona e scrivere i nomi delle diverse parti.

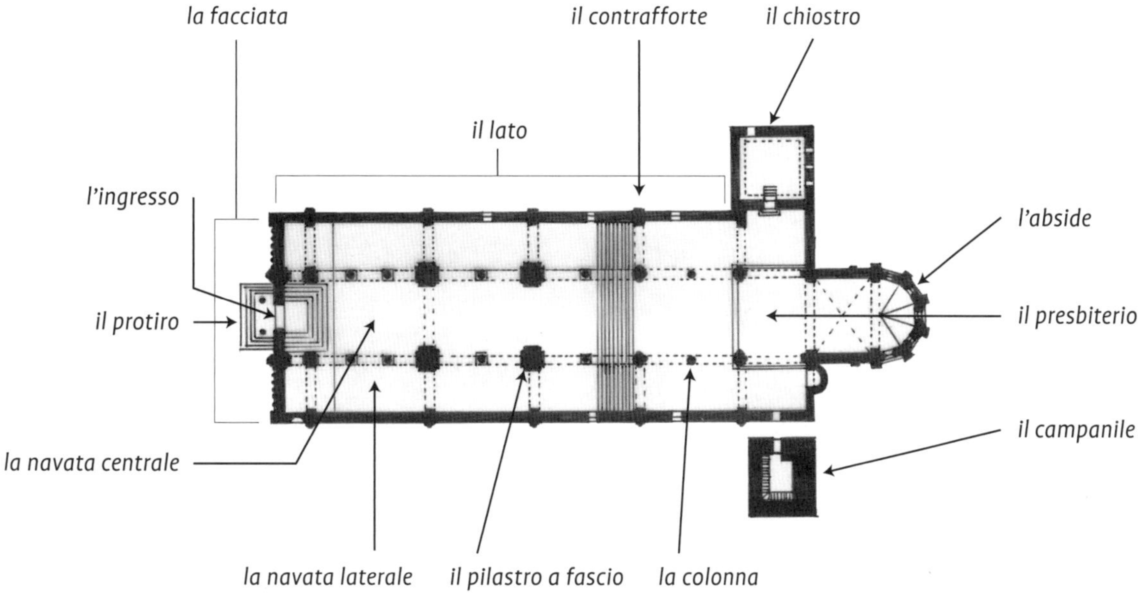

d. Individuare ora gli elementi strutturali dell'interno della Basilica di San Zeno a Verona:

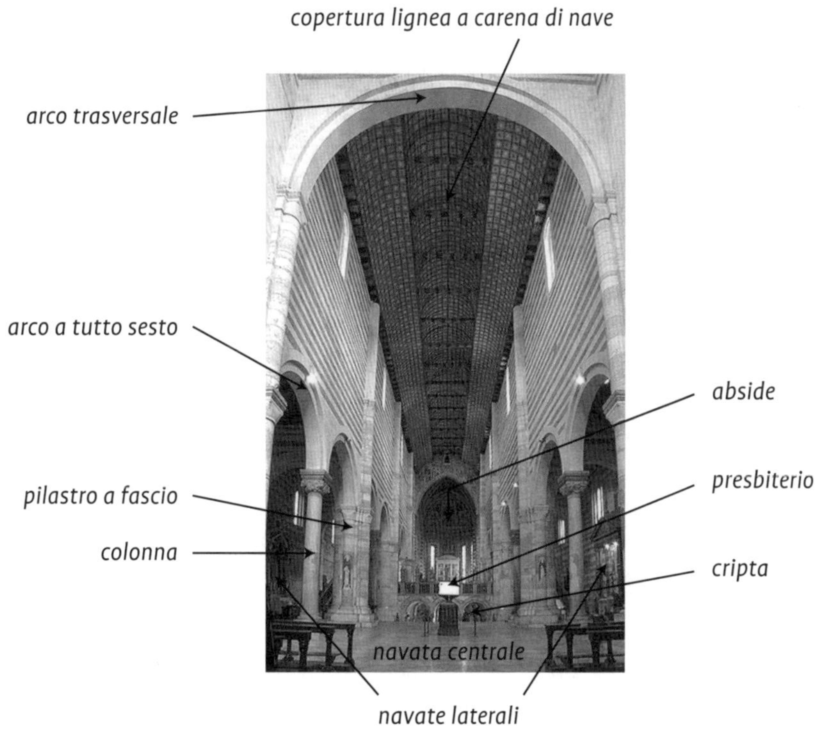

f. Scrivere brevi didascalie:

1. Il protiro / 2. Il chiostro / 3. Una metopa del protiro / 4. Un leone stiloforo / 5. Un particolare dei rilievi della facciata, opera di Maestro Niccolò / 6. Particolare della decorazione a rilievo di uno dei portali / di un portale.

S. 153 APPROFONDIMENTO TEMATICO – LETTURA E COMPRENSIONE

Collegare il vocabolo italiano al corrispondente vocabolo tedesco:

aiutante	*Gehilfe*	capobottega	*Leiter der Werkstatt*
artista	*Künstler*	artigiano	*Handwerker*
scultore	*Bildhauer*	maestro	*Meister*
allievo	*Schüler*	architetto	*Architekt*
maestranze	*Handwerksgruppen*	corporazione	*Zunft*
seguace	*Nachfolger*	cantiere	*Bauhütte*
bottega	*Werkstatt*		

S. 154–156 **I pronomi atoni indiretti**

Come avete tradotto «ci» e «gli»? ci = ***uns*** gli = ***ihm***

④ Rileggere il testo sull'artista il cantiere e le maestranze, cercare i pronomi e scriverli nella tabella:

pronomi personali soggetto	pronomi atoni diretti	pronomi atoni indiretti	pronomi in forma tonica diretti / indiretti (es. «a»...)	pronomi riflessivi (es. verbo «prepararsi»)	«si impersonale» e «si passivante»
egli	*li*	*ci*	--	*si*	*si*
	li	*ci*			*si*
		gli			*si*
		ci			
		ci			

⑤ Sostituire le parti evidenziate con un pronome diretto o indiretto in forma atona. Riscrivere la seconda frase:

1. ***Li*** troviamo soprattutto al sud e sono influssi normanni, bizantini o arabi.
2. ***Gli*** si riconosce innanzitutto l'unità architettonica dell'esterno con l'interno dell'edificio.
3. ***Le*** vediamo dialogare insieme, ad esempio, nei portali.
4. Due lapidi sull'esterno dell'edificio ***li*** ricordano, rispettivamente come architetto e scultore della cattedrale.
5. ***Gli*** si riconosce anche un valore plastico e cromatico per il gioco di chiaroscuri che producono.
6. La Porta Regia è stata costruita in un secondo momento: ***l'***hanno realizzat*a* i Maestri compionesi.
7. ***Lo*** si ritrova anche nel ciclo bretone rappresentato sul Portale della Pescheria.

⑥ Riscrivere le frasi sostituendo i pronomi indiretti atoni a quelli tonici:

1. Scusi, ***ci*** può ripetere / può ripeterci la spiegazione?
2. Sapete dir***mi*** / Mi sapete dire come si dice «Kreuzgewölbe» in italiano?
3. Voglio parlar***ne*** / ne voglio parlare nella prossima lezione.
4. Ora ***vi*** faccio una domanda.
5. ***Le*** chiedo di cominciare l'esercizio.
6. Posso far***ti*** vedere / Ti posso far vedere il mio testo sul Duomo di Ferrara?

S. 156 **Produzione scritta**

Scrivere un testo di 100 parole sulla chiesa romanica di San Michele a Pavia (un esempio di testo possibile):

La chiesa di San Michele a Pavia, ricostruzione di un'antica chiesa longobarda del VII secolo, data ai primi decenni del XII secolo. San Michele è una chiesa imperiale, perché al suo interno è stato incoronato Federico Barbarossa nel 1155.

L'edificio, in arenaria dell'Oltrepò pavese, presenta una facciata a capanna a vento. Sulla parte alta della facciata si sviluppa una galleria di arcatelle, interrotta e delimitata dai contrafforti.

Questi scandiscono il ritmo della facciata e la dividono in una parte centrale e due laterali. Ogni elemento della facciata è simmetrico. Semicolonne e lesene rinforzano l'effetto plastico dei contrafforti.

Un'originale combinazione di oculi, apertura a croce, monofore e bifore si trova sopra il portale centrale, mentre in basso ci sono tre portali strombati.

All'interno la chiesa di San Michele presenta tre navate, un alto matroneo, pilastri a fascio, un tiburio e presbiterio rialzato.

UNITÀ 14

.157–158 BRAINSTORMING SULL'URBANISTICA. CHE COSA SAPETE?

Raggruppare i vocaboli sull'urbanistica per ambiti (alcune possibilità):

- piano urbano / piano regolatore / pianificare / pianificazione /progettazione urbanistica / sistemazione urbanistica / intervento urbanistico / ampliamento;
- pianta della città / impianto urbano / schema urbano a scacchiera / radiale;
- asse viario / strada / anello urbano / piazza;
- quartiere / cinta muraria / centro storico / periferia / cittadella.

Ricostruire le famiglie di parole:

aggettivo o sostantivo	verbo	sostantivo derivato
piano urbano	*pianificare*	*pianificazione*
progetto	*progettare*	***progettazione***
struttura	*ristrutturare*	***ristrutturazione***
ampio	*ampliare*	***ampliamento***
sistema	*sistemare*	***sistemazione***
nuovo	***rinnovare***	***rinnovamento***
qualifica	***riqualificare***	***riqualificazione***

Aggiungere nomi di parti della città:

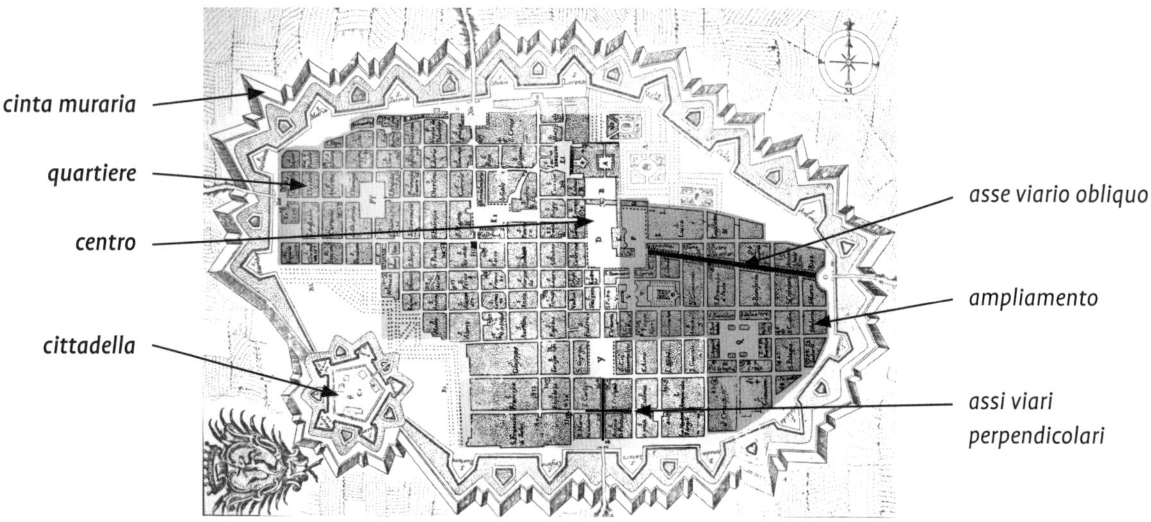

La città di Torino in un'incisione antica:
Nuova pianta della città di Torino, 1764.

Cosa significano i seguenti aggettivi?

perpendicolare = *senkrecht* / obliquo = *quer, schräg* / parallelo = *parallel* / ortogonale = *orthogonal, rechtwinklig* / rettilineo = *geradlinig* / curvilineo = *kurvenförmig, krummlinig*

Cercare nel testo che segue i vocaboli sull'urbanistica:

La città ideale

La *progettazione urbana*, già importante per i Greci ed i Romani, assume un nuovo ruolo nel Rinascimento, attraverso l'elaborazione teorica e la progettazione pratica.
Da un lato gli Umanisti sviluppano il tema della *città ideale* a misura d'uomo, in cui *edifici squadrati, di altezza regolare*, ispirati all'antico e *porticati si affacciano* su *ampie piazze* o su *vie perpendicolari*; dall'altro potenti committenti chiedono agli architetti di *riorganizzare* l'*assetto urbano costruendo* nuovi palazzi e ristrutturando quelli più antichi. Così il Papa Pio II commissiona a Bernardo Rossellino la *ristrutturazione* di Corsignano; Federico da Montefeltro, signore di Urbino, affida a Lorenzo Laurana l'*ampliamento* del suo palazzo, che si estende sulla *città* e sulle sue *piazze* (a creare «*una città in forma di palazzo*», come scrive Baldassarre Castiglione); Ercole I d'Este promuove l'*accrescimento* della città di Ferrara («addizione erculea»), *progettato* con un *sistema di vie ortogonali* dall'architetto Biagio Rossetti.

S. 159 **Storia urbanistica della città di Torino**

a. Il video

Guardare il video sulla città di Torino e rispondere alle domande:

1. La città di Torino ....
   ☒ *ha origini antiche, è una città di origine romana.*
2. Gli ampliamenti storici della città ...
   ☒ *avvengono per ordine dei sovrani.*
3. La crescita urbanistica della città ...
   ☒ *rispetta il reticolo ortogonale del castrum romano.*
4. Attraverso gli interventi urbanistici ...
   ☒ *la città assume un carattere architettonico unitario, classico e barocco.*
5. Gli architetti di cui parla il video ...
   ☒ *non sono quasi mai originari della città.*
6. La costruzione delle residenze sabaude ...
   ☒ *è collegata agli interventi urbanistici, secondo i caratteri dell'età barocca.*

S. 160–164 **b. Il testo**

Esercizi di comprensione dettagliata

a. falso b. falso c. vero d. vero e. vero f. falso

2. Domande.

a. *I tre ampliamenti urbanistici della città di Torino avvengono rispettivamente a partire dal 1620, dal 1673 e dal 1718.*
b. *I due grandi architetti del Barocco attivi a Torino di cui parla il testo sono Guarino Guarini e Filippo Juvarra.*
c. *L'architettura di Juvarra viene definita maestosa, leggera, semplice, grandiosa, gli edifici sono moderni e contengono elementi classici, ampi e luminosi, decorati con stucchi.*

3. Sinonimi e non. Scrivere i nomi con cui vengono indicate le residenze:

Castello / edificio / palazzo / residenza, palazzo come un organismo vivente e pulsante, complesso di palazzi, corona di delizie, palazzina (Palazzina di Caccia di Stupinigi).

.165–166 ## Grammatica

Il gerundio presente

① Modificare le frasi con il gerundio come nell'esempio:

1. Alla fine del '500 Torino comincia a crescere, *quando diventa la capitale del Ducato di Savoia.* → *diventando la capitale ...*
2. Il duca fa costruire la cittadella, *volendo difendere la città dagli attacchi militari.*
3. Ascanio Vittozzi realizza la sistemazione di Piazza Castello, *progettando edifici regolari, di uguale altezza e con portici.*
4. *Lavorando alla sistemazione urbanistica del centro città*, il Vittozzi progetta la chiesa di Santa Maria al Monte.
5. Il Castello del Valentino ha un aspetto tipicamente francese, *essendo la moglie del duca francese.*
6. Guarino Guarini porta a Torino uno stile nuovo, *interpretando il barocco di Borromini in modo del tutto originale.*
7. Il terzo ampliamento di Torino avviene nel 1718, *lavorando a Torino Filippo Juvarra*
8. Le residenze extraurbane dei Savoia prendono il nome di «corona di delizie», *essendo i luoghi in cui la corte si riposa e si diverte.*
9. Anche la Palazzina di Caccia di Stupinigi è molto originale, *pensando qui Juvarra l'architettura come una scenografia teatrale.*
10. Tra Otto e Novecento la città continua a crescere, *diventando così una grande città industriale.*

.166–168 ### La forma passiva

Provare a tradurre i verbi evidenziati:
sono interpretati = werden ... interpretiert *è stata distrutta = wurde ... zerstört* *viene costruito = wird ... gebaut*

Essi sono esempi di forma *passiva*
Quali ausiliari costruiscono la forma passiva? *essere* e *venire*

② Cercare nel testo sulla Storia urbanistica della città di Torino i verbi in forma passiva:

viene costruito / viene edificato / viene costruito / si costruiscono / è costruito / è lavorato / sono interpretati / è stata distrutta / viene chiamato / viene completata.

③ Trasformare le frasi dalla forma attiva alla forma passiva:

1. Carlo di Castellamonte realizza il primo ampliamento della città.
   Il *primo ampliamento della città è / viene realizzato da Carlo di Castellamonte.*
2. Gli architetti del Rinascimento trattano frequentemente il tema della città ideale.
   Il *tema della città ideale è / viene trattato frequentemente dagli architetti del Rinascimento.*
3. Ercole I d'Este affida l'ampliamento di Ferrara all'architetto Biagio Rossetti.
   L'ampliamento di Ferrara è / viene affidato da Ercole I d'Este all'architetto Biagio Rossetti.
4. Vittorio Amedeo II chiama a Torino Filippo Juvarra.
   Filippo Juvarra viene chiamato a Torino da Vittorio Amedeo II.
5. Gli ampliamenti della città rispettano il sistema ortogonale del castrum romano.
   Il sistema ortogonale del castrum romano viene rispettato dagli ampliamenti della città.
6. Juvarra immagina la Palazzina di Stupinigi come una scenografia teatrale.
   La Palazzina di Stupinigi viene immaginata da Juvarra come una scenografia teatrale.
7. Forse Leon Battista Alberti ha dipinto la *Città ideale* conservata ad Urbino.
   Forse la Città ideale conservata ad Urbino è stata dipinta da Leon Battista Alberti.
8. Baldassarre Castiglione ha definito Urbino «*una città in forma di palazzo*».
   Urbino è stata definita da Baldassarre Castiglione «una città in forma di palazzo».
9. Pio II ha commissionato la ristrutturazione di Corsignano a Bernardo Rossellino.
   La ristrutturazione di Corsignano è stata affidata da Pio II a Bernardo Rossellino.
10. Guarino Guarini ha scritto il trattato «*Architettura civile*».
    Il trattato «Architettura civile» è stato scritto da Guarino Guarini.

S. 168 **LESSICO**

La rappresentazione grafica di un'opera architettonica.

Cercare il significato dei nomi:

sezione longitudinale / trasversale = *Längsschnitt / Querschnitt*
pianta = *Grundriss*
prospetto = *Aufriss / Vorderansicht*
alzato = *Aufriss*
assonometria = *Axonometrie*
esploso = *Darstellung in zerlegter Anordnung*

S. 169 **Approfondimento tematico ed Esercizio**

④ Scegliere uno dei siti consigliati, fare una visita virtuale, poi scrivere un testo (100-120 parole) di presentazione di un aspetto della città, di un edificio o di un museo (un esempio dal sito www.castellodirivoli.org):

Il Castello di Rivoli è una delle residenze sabaude. Oggi l'edificio ospita un importante museo d'arte contemporanea, con 38 sale espositive, sale convegni, una libreria, un ristorante ed una caffetteria. Il museo d'arte contemporanea si compone di una collezione permanente e di una parte che ospita mostre temporanee. La sezione didattica offre molte attività e propone diversi itinerari di visita.

Il Castello di Rivoli è stato adibito a museo d'arte contemporanea a partire dal 1984, dopo un restauro iniziato nel 1978.

La storia dell'edificio, però, risale al Medioevo. Con il duca Carlo Emanuele I cominciano i lavori di ristrutturazione e ampliamento dell'edificio medievale: vengono impegnati nell'opera dapprima Ascanio Vitozzi, poi Carlo di Castellamonte. Si costruisce un nuovo corpo di fabbrica, chiamato «manica lunga», per ospitare la pinacoteca del duca.
Alla fine del '600 il castello viene incendiato dai francesi ed in parte distrutto. Vittorio Amedeo II affida quindi a Filippo Juvarra la ristrutturazione dell'edificio nel 1718. Il progetto di Juvarra, però, viene eseguito solo in parte e l'opera rimane incompiuta, così che ancora oggi possiamo vedere dove il cantiere è stato interrotto.

S. 170 ⑤ Trasformare i verbi del testo al passato prossimo:

L'urbanistica in una città del Medioevo: il caso di Volterra.

Il Duecento *ha segnato*, dal punto di vista urbanistico, il momento di sviluppo più intenso della città. Il consolidarsi, soprattutto nell'Italia centro-settentrionale, del potere dei comuni, li *ha resi* centri propulsori di attività economiche, politiche, religiose e culturali sempre più complesse. Ciò *ha avuto* come conseguenza un diffuso intensificarsi dell'attività edilizia, caratterizzata già in età romanica da un primo impulso. Notevole *è stata* la costruzione di palazzi pubblici e, parallelamente, l'edificazione o il rifacimento di chiese e cattedrali. La città *si è configurata* così nel rispetto di due poli principali di potere, quello civile e quello religioso.

Emblematico è il caso di Volterra, la cui struttura medievale *è stata* fortemente *caratterizzata* dal Palazzo dei Priori (1208–1254) e dalla Cattedrale di Santa Maria Assunta (rifatta nella seconda metà del XII secolo). I due edifici *sono stati addossati* posteriormente uno all'altro. Dinanzi a entrambe le costruzioni *sono state aperte* due piazze contrapposte: una di carattere civile con diversi palazzi, l'altra di carattere religioso, con il battistero. La chiesa *ha messo* in comunicazione le due piazze, divenendo simbolicamente elemento di filtro tra le diverse realtà cittadine.

S. 171–172 **Presentare un edificio religioso**

⑥ Lessico. Brainstorming sui vocaboli dell'architettura religiosa, in particolare barocca (un possibile elenco di vocaboli):

chiesa / tamburo / cupola / lanterna / finestroni / pronao / campanili / colonne / paraste / lesene / nervature / pianta centrale / pianta longitudinale / prospetto / alzato / interno – esterno dell'edificio / superfici concave e convesse / edificio come organismo vivo e pulsante / forme curve / forme ellittiche / strutture architettoniche dinamiche / interpretazione degli ordini classici / elementi simbolici / decorazione / retorica barocca / fantasia barocca / ascetismo barocco / modelli borrominiani / verbi: progettare / disegnare / costruire / simboleggiare ecc.

⑦ Con le informazioni raccolte, scrivere un testo (100–120 parole) sulla chiesa, la sua storia ed il suo stile (un esempio):

La chiesa di San Carlo alle Quattro Fontane di Francesco Borromini a Roma

La chiesa di San Carlo alle Quattro Fontane è stata costruita a partire dal 1638 su progetto di Francesco Borromini ed è parte del complesso progettato dall'architetto per i Padri Trinitari Scalzi fin dal 1634: al complesso appartengono infatti anche il refettorio, il dormitorio ed il chiostro. È la prima importante commissione affidata all'architetto. Borromini lavora in un'area cittadina piccola, che confina con l'incrocio di due strade e non lascia molto spazio alla facciata, tuttavia realizza un edificio di grande effetto. L'interno ha pianta longitudinale con muri perimetrali ad andamento curvilineo, così che le superfici sono concave e convesse. L'architrave posto sopra le semicolonne sottolinea particolarmente questo ritmo e conferisce alla struttura un effetto dinamico. La cupola cassettonata su base ellittica rinforza verso l'alto il senso di movimento. Anche la facciata riprende su due ordini il movimento dell'interno e sembra dialogare con lo spazio urbano.

Esercizio di riepilogo

Lettura e comprensione – produzione scritta – Filippo Juvarra

Rispondere alle domande con frasi complete:

1. *La formazione di Filippo Juvarra è avvenuta a Roma all'Accademia di San Luca, dove egli ha studiato architettura e scenografia.*
2. *Dalle opere romane di Michelangelo Juvarra ha ripreso l'ordine gigante.*
3. *Juvarra a Torino ha realizzato la ristrutturazione di alcuni edifici sabaudi, la costruzione di nuove residenze e chiese ed il terzo ampliamento della città. Tra le opere juvarriane a Torino il testo ricorda la Basilica di Superga, la Palazzina di Caccia di Stupinigi, la facciata di Palazzo Madama, i quartieri militari, la Galleria di Diana alla Venaria Reale, gli interventi al Castello di Rivoli e la chiesa di Santa Cristina.*
4. *Le finestre grandi negli edifici di Filippo Juvarra hanno la funzione di far entrare molta luce nell'edificio.*
5. *I disegni di Juvarra hanno il carattere di schizzi veloci fatti a mano libera e sembrano nati da ispirazioni improvvise.*

VOKABELVERZEICHNIS

Deutsch – Italienisch

A

		Unità
der **Abakus**	l'abaco	3
die **Abart**	la varietà	9
der **Abdruck** (der stilistische Abdruck eines Meisters)	l'impronta (l'impronta stilistica di un maestro)	13
der **Abend**	la sera	5
das **Abendland** (die Kunst des Abendlandes)	l'occidente (l'arte occidentale)	5
das **Abendmahl**	il Cenacolo (l'Ultima Cena)	10
aber (aber Sie können mir sagen)	ma (ma può dire a me) / però	1/4
abfallen	scendere	11
abgedruckt (die abgedruckte Keramik)	impresso (la ceramica impressa)	12
der **Abgott** (prähellenische Abgötter)	l'idolo (idoli preellenici)	8
abhängig sein	dipendere	11
die **Ablagerung** (die Pollenablagerung)	il deposito (il deposito di polline)	11
ablegen (eine Prüfung ablegen)	dare (dare un esame)	4
ableiten	trarre origine	10
Abruzzen	Abruzzo (*auch*: gli Abruzzi)	10
abruzzisch	abruzzese	10
absolut (*Adv.*)	in assoluto, assolutamente	10
(sich) **abspielen**	svolgersi	11
abschließen (das Studium abschließen)	concludere qualcosa (laurearsi)	11
der **Abschlussbericht**	la relazione finale	11
absolvieren (ein Praktikum absolvieren)	fare, svolgere (fare, svolgere un tirocinio)	6
die **Absplitterung**	la scheggiatura	11
die **Abstammung**	la provenienza	9
abstrakt (der abstrakten Kunst / die abstrakte Kunst)	astratto (dell'astrattismo / l'arte astratta)	2
die **Abteilung** (für das pädagogische Angebot)	la sezione (didattica)	6
abtragen (ein Fresko von der Wand abtragen)	staccare (staccare un affresco)	9
die **Abwärtssteigerung**	il comparativo di minoranza	8
abwickeln	svolgere	11
Achilleus	Achille	12
das **Acryl**	l'acrilico	4
die **Acrylfarben**	i colori acrilici	4
die **Acrylmalerei**	la pittura acrilica	4
die **Achsenstadt**	la città assiale	14
acht	otto	5
achte(-r, -s) (*Ordnungszahl*)	ottavo/a	5
achtundzwanzig	ventotto	5
achtzehn	diciotto	5
achtzehnte(-r, -s) (*Ordnungszahl*)	diciottesimo/a	5
achtzig	ottanta	5
die (städtische) **Addition**	l'addizione (urbana)	14
adäquat	adeguato	11
das **Adjektiv**	l'aggettivo	2
das **Adverb**	l'avverbio	10
die **Ädikula**	l'edicola	13
das **Agens**	il complemento d'agente	14
Ägypten (das alte Ägypten)	Egitto (l'antico Egitto)	6
ägyptisch	egizio	1
die **Ähnlichkeit**	la somiglianza	8
Ajax	Aiace	12
die **Akademie**	l'accademia	1
akademisch (das akademische Jahr)	accademico (l'anno accademico)	2
das **Akanthusblatt**	la foglia d'acanto	3
der **Akroter** (die Akroterie)	l'acroterio	3
die **Aktivform**	la forma attiva	11
aktuell (der aktuelle Standort)	attuale (la collocazione attuale)	4
der **Akut**	l'accento acuto	2
der **Akzent** (der Akzent liegt auf ...)	l'accento (l'accento cade su ...)	2
all	tutto, ogni/tutti	12
allegorisch (il soggetto allegorico)	allegorico (das allegorische Bildthema)	10

der **Allmächtige**	il Pantocrator, il Cristo Pantocratore	10
die **Alpenlandschaft**	l'ambiente alpino	12
das **Alpha** (privativum)	l'alfa (privativo)	8
das **Alphabet**	l'alfabeto	1
als (als ob)	di/che/come (come se)	8/10
also	così/quindi	10
alt	antico	6
die **Altstadt**	il centro storico	14
der **Altar** (neben dem Altar / der Altar des Friedens des Augustus)	l'altare (vicino all'altare), l'ara (*l'Ara Pacis Augustae*)	10/11
das **Alte Reich** (in Ägypten)	il Regno Antico (in Egitto)	6
das **Ambiente** (eine Szene in einem geschlossenen Ambiente spielen lassen)	l'ambiente (ambientare una scena in un ambiente chiuso)	10
der **Ambo**	l'ambone	13
die **Amphore**	l'anfora	2
an (an der Arbeit / an den Küsten Kleinasiens)	a/su (al lavoro / sulle coste dell'Asia Minore)	4/5
die **Analyse**	l'analisi	2
analysieren	analizzare	4
analytisch (der analytische Kubismus)	analitico (il Cubismo analitico)	5
Anatolien	Anatolia	11
die **Anatomie**	l'anatomia	8
die **Anbetung** (z. B. der Hirten) / die religiöse Anbetung	l'Adorazione (p. e. dei pastori) / il culto religioso	5/6
anbieten	offrire	11
andere(-r, -s)	altro	4
ändern	cambiare	8
anders	diverso	7
die **Aneinanderreihungen** (von Menhir bzw. Monolithen)	gli allineamenti (di menhir, monoliti)	12
der **Anfang** (zum Anfang des Jahrhunderts)	l'inizio (ad inizio secolo)	5
anfangen	cominciare, iniziare	5
die **Angabe** (die chronologische Angabe)	l'indicazione (l'indicazione cronologica)	11
das **Angebot** (das pädagogische Angebot)	l'offerta (l'offerta didattica)	6
angehen (angehend)	riguardare (riguardante)	11
angehören (einer Stilrichtung angehören)	appartenere (appartenere ad uno stile)	9
Angenehm!	Piacere!	1
angenommen (, dass ...)	ammesso (che ...)	10
angesichts der Tatsache, dass	considerato che	10
anhäufen	accumulare	11
das **Anilin**	l'anlina	7
der **Ankauf**	l'acquisto	6
anmachen	accendere	11
die **Anmut**	l'eleganza	8
annehmen	assumere	11
der **Anonymus**	l'anonimo	13
anordnen	sistemare	14
die **Anordnung** (die städtebauliche Anordnung)	la sistemazione (la sistemazione urbanistica)	14
die **Anpassung**	l'adattamento	11
der **Anphiprostilus**	il tempio anfiprostilo	3
die **Anregung**	l'ispirazione	5
die **Anschaffung**	l'acquisto	6
anschalten	accendere	11
die **Anschauung**	la visione	6
die **(Vorder-)Ansicht**	il prospetto, l'alzato	8
anstatt	invece di	10
die **Antefixe**	l'antefissa	3
der **Antentempel**	il tempio in antis	3
anthropomorph	antropomorfo	6
antik (die antike Kunst)	antico (l'arte antica)	2
antikrot	rosso antico	7
die **Antike**	l'antichità	1
die **Antiquitäten** (der Oberdirektor der Antiquitäten und der schönen Künste)	le antichità (il Direttore generale delle Antichità e Belle Arti)	11
Antonello aus Messina	Antonello da Messina	4
der **Antrag** (Antrag stellen)	la richiesta (fare richiesta)	11
antworten	rispondere	11
das (städtebauliche) **Anwachsen** / das Anwachsen (der Stadt)	l'accrescimento (urbanistico) / la crescita (della città)	14
anwachsen	crescere	14
anwenden	utilizzare	4
die **Anwendung** (die häusliche Anwendung)	l'uso (l'uso domestico), l'impiego	11
anwesend (die Anwesende / anwesend sein)	presente (i presenti / assistere a qualcosa)	8/11
die **Anwesenheit**	la presenza	4

anziehen (angezogen)	attrarre (attratto)	10
anzünden	accendere	11
Aostatal	Valle d'Aosta	10
der **Apfel**	la mela	9
der **Apfelbaum**	il melo	9
apfelgrün	verde mela	7
Aphrodite	Afrodite	4
apokryph (die apokryphen Evangelien)	apocrifo (i Vangeli apocrifi)	5
Apollon	Apollo	4
April	aprile	5
die **Apsidialkonche**	il catino absidale	10
die **Apsis**	l'abside	13
Apulien	Puglia	10
apulisch	pugliese	10
das **Aquädukt**	l'acquedotto	11
das **Aquarell**	l'acquerello	1
äquatorial (die äquatoriale Landschaft)	equatoriale (l'ambiente equatoriale)	12
die **Ära**	l'era	4
die **Arabeske**	l'arabesco	9
arabisch	arabo	2
die **Arbeit**	il lavoro	4
arbeiten	lavorare	4
die **Arbeitsausrüstung**	gli attrezzi da lavoro	6
das **Arbeitszimmer** (das kleine Arbeitszimmer)	lo studio (lo studiolo)	4
archaisch	arcaiaco	2
der **Archäologe**	l'archeologo	1
die **Archäologin**	l'archeologa	2
die **Archäologie**	l'archeologia	1
archäologisch (die archäologische Ausgrabungsstätte)	archeologico (lo scavo archeologico)	4
der **Architrav**	l'architrave	2
das **Archiv**	l'archivio	2
archivieren	archiviare	4
die **Archivierung**	l'archiviazione	4
der **Architekt** / die **Architektin**	l'architetto	2/4
architektonisch (die architektonische Ordnung / die architektonische Stilsprache)	architettonico (l'ordine architettonico / il linguaggio architettonico)	3/8
die **Architektur** (die illusionistische Architektur)	l'architettura (l'architettura illusionistica)	1/9
die **Architekturdarstellung** (der Stil der Architektur-darstellungen)	la rappresentazione di architetture (lo stile delle architetture in prospettiva)	9
die **Archivolte**	l'archivolto, la ghiera (dell'arco)	13/13
das **Areal**	l'area	4
Ares	Ares	4
das **Ärgernis** (erregt Ärgernis)	lo scandalo (fa scandalo)	7
arithmetisch	aritmetico	5
die **Arkade** (mit Arkaden)	il portico (porticato), il loggiato, il portico	4/10/13
die **kleine Arkade**	l'arcatella	13
der **Arm** (des Kreuzes / die Arme an den Körper gezogen)	il braccio (della croce / le braccia lungo il corpo)	3/8
die **Armut**	la povertà	5
die **Art**	la specie	9
die **Art und Weise**	il modo	5
das **Artefakt**	il manufatto	11
Artemis	Artemide	4
der (unbestimmte/bestimmte) **Artikel**	l'articolo (indeterminativo / determinativo)	2/3
der **Ast**	il ramo	9
das **Atelier**	lo studio, l'atelier, la bottega	13
Athene (Athena)	Atena	4
die **Atmosphäre**	l'atmosfera	10
die **Attika**	l'attico	13
attisch (die attische Skulptur)	attico (la scultura attica)	2
das **Attribut**	l'attributo	4
ätzen (= mit Säuren eine Metallplatte ätzen)	mordere (= corrodere con l'acido una lastra di metallo)	4
auch (auch wenn / auch nicht)	anche (anche se / neanche *bzw.* neppure *oder* nemmeno), pure	5/10
auf (auf einem Platz in Venedig / auf der zweiten Ebene / auf einem runden Stufensockel / auf den Wänden / auf diese Weise)	in/su (in una piazza veneziana / in secondo piano / su un basamento rotondo a gradini / sulle pareti / così)	4/8/8/10
aufbewahren	conservare	2
(übereinander) **aufgetragen** (der übereinander aufgetragene Pinselduktus)	sovrapposto (la pennellata sovrapposta)	9
die **Auferstehung**	la Risurrezione *o* Resurrezione	13

die **Auffassung**	la concezione	5
auffällig	vivace	7
die **Auffindung**	il ritrovamento	4
auffinden	rinvenire, ritrovare	11
die **Aufgabe**	il compito	7
aufgeteilt	diviso	3
aufgrund von	in base a	10
(sich) **aufhalten**	soggiornare	10
auflisten	repertoriare	4
die **Auflistung**	la repertoriazione	4
aufmerksam	attento	10
die **Aufnahme**	la fotografia	4
aufrecht	eretto	8
der **Aufriss** (eines Gebäudes)	lo spaccato, la sezione / l'alzato (di un edificio)	14
der **Aufsatz**	il saggio	6
auftragen	applicare	10
der **Auftraggeber**	il committente	1
auftreten	comparire	10
die **Aufwärtssteigerung**	il comparativo di maggioranza	8
aufweisen (jede der drei Ordnungen weist ... auf)	presentare, mostrare (ognuno dei tre ordini presenta ...)	3
aufwerten	riqualificare	14
die **Aufwertung** (eines Stadtviertels / einer Stadt)	la riqualificazione (di un quartiere / di una città)	14
das **Auge** (die Augen)	l'occhio (*pl.*: gli occhi)	4/5
die **Augenbraue**	il sopracciglio (*pl.*: le sopracciglia)	8
das **Augenlid**	la palpebra	8
der **Augpunkt** (mit niedrigem Augpunkt)	il punto di vista (con il punto di vista ribassato)	4
August	agosto	5
Augustus (Kaiser Augustus)	Augusto (l'Imperatore Augusto)	11
aus (aus Gips, aus Marmor / aus der Renaissance / Antonello aus Messina / aus ... kommen)	di / da (di gesso, di marmo / rinascimentale / Antonello da Messina / venire da ...)	3/2/4/6
ausarbeiten	svolgere	11
ausdrücken	esprimere	11
ausdruckslos	inespressivo	8
die **Ausdrucksstärke**	l'espressività	8
(sich) **auseinandersetzen**	confrontarsi	10
ausführen (ausgeführt)	eseguire (eseguito)	11
ausgehen	uscire	6
ausgerichtet	allestito	6
ausgestopft	imbalsamato	6
ausgestorben	desolato	8
ausgraben	scavare	4
die **Ausgrabung**	lo scavo	1
die **Ausgrabungskampagne**	la campagna di scavo	4
der **Ausgrabungsleiter**	il direttore degli scavi / del sito archeologico	11
die **Ausgrabungsmethode**	il metodo di scavo	4
die **Ausgrabungsstätte**	il cantiere (di scavo)	2
die **Auslassungspunkte**	i puntini di sospensione	5
ausmachen	spegnere	11
ausmalen	colorare	4
die **Ausnahme**	l'eccezione, la forma particolare	2
das **Ausrufezeichen**	il punto esclamativo	5
ausschalten	spegnere	11
die **Ausschmückung**	la decorazione	14
das **Aussehen** (einer Figur / eines Gebäudes)	l'aspetto (di una figura / di un edificio)	8/14
Außen-	esterno	8
die **Außenseite** (in der Außenseite)	l'esterno (all'esterno)	5
die **Außenmauer** (die angeschlagenen Außenmauern)	il muro esterno (i muri sbrecciati)	7
außer	eccetto / oltre a / tranne (che)	10
außerdem	inoltre	10
äußere	esteriore, esterno	11
äußern (ein Urteil äußern)	esprimere (esprimere un giudizio)	7
die **Ausstattung** des Verstorbenen / des Grabes	il corredo funerario / l'arredo funerario o funebre	6
die **Ausstattung** der **Stadt**	l'assetto urbano	14
aussteigen	scendere	11
ausstellen	esporre	5
die **Ausstellung**	la mostra, l'esposizione	1/11
der **Ausstellungsraum**	lo spazio espositivo	6
ausstopfen	imbalsamare (un animale)	6
der **Astragal**	l'astragalo	3
der **Australopithecus**	l'australopiteco	11
autonom	autonomo	5

die **Axonometrie**	l'assonometria	14
axonometrische (Zeichnung)	(disegno) assonometrico	14
die **Axt**	l'ascia	11
das **Azurit**	l'azzurrite	7

B

Bacchus	Bacco	4
das **Bachelorstudium**	la laurea triennale	1
der **Backenknochen**	lo zigomo	8
der **Backenzahn**	il molare	12
die **Balustrade**	la balaustra	8
bald (Bis bald!)	presto (A presto!)	7
das **Baldachinportal**	il protiro	12
der **Balken** (die Dachbalken)	la (*raro* «il», *solo sing.*) trave (la trave del tetto)	13
der **Bär**	l'orso	12
barbarisch	barbarico	2
die **Barmherzigkeit** (das Polyptichon der Barmherzigkeit)	la misericordia (il Polittico della Misericordia)	3
barock (*Adj.*) bzw. des Barock (die Barockarchitektur)	barocco (l'architettura barocca)	2/3
das/der **Barock**	il Barocco	2
das **Basament**	il basamento, lo stilobate (del tempio greco)	3
die **Basilika**	la basilica	1
der **Basilikalgrundriss**	la pianta basilicale	8
die **Basilicata**	la Basilicata	10
die **Basis**	il basamento, lo stilobate (del tempio greco)	3
das (See-/Fluss-)**Bassin**	il bacino lacustre, fluviale	11
das **Bau**	la costruzione	8
Bau- (*Adj.*)	edilizio (*agg.*)	14
die **Bauarbeiten**	i lavori (di costruzione)	8
die **Bauart**	il sistema costruttivo / il tipo di costruzione	14
die **Bauausnutzung**	la speculazione edilizia	11
der **Bauch** (der Vase / des Menschen)	il ventre (del vaso / dell'uomo), la pancia	2/8
das **Baudenkmal** (unter Denkmalschutz)	l'edificio sotto tutela architettonica, il monumento architettonico	14
die **Baudichte**	la concentrazione edilizia	14
bauen	costruire, edificare	4/14
der **Bauer**	l'agricoltore	11
die **Bauformen**	le forme costruttive / edilizie	14
die **Bauhütte**	il cantiere	13
die **Baukunst**	l'architettura	1
der **Bauleiter**	il direttore dei lavori	13
die **Bauleitung**	la direzione dei lavori	13
der **Baum**	l'albero	4
das **Baumaterial**	il materiale da costruzione	13
das **Baumuster** (das homogene / inhomogene Baumuster)	l'edilizia, il modello edilizio (l'edilizia omogenea, disomogenea)	14
die **Bauspekulation**	la speculazione edilizia	11
der **Baumstamm**	il tronco (d'albero)	8
die **Bauorientierung**	l'orientamento costruttivo	5
das/der **Bauteil** (in dem oberen Bauteil des Gebäudes)	la parte (nella parte superiore dell'edificio)	8
die **Bauweise**	il sistema costruttivo / il tipo di costruzione	14
das **Bauwesen**	l'edilizia	14
beanspruchen	rivendicare	11
beantworten	rispondere	11
die **Bearbeitung**	la lavorazione	12
bebauen	edificare	14
der **Bebauungsplan**	il piano regolatore	14
das **Becken** (eines Menschen / das Seebecken)	il bacino (dell'uomo, di un lago)	8/11
bedeckt (mit ... / von ...)	coperto (da ...)	7
bedeuten	significare	1
die **Bedeutung** (der Bedeutungsbereich)	il significato (l'ambito di significato)	1/4
bedeutungsvoll	significativo	5
der **Bedienstete**	il servitore	7
die **Bedingung**	la condizione	11
das **Bedürfnis** (in dem Projekt der Villa erfüllt Palladio praktische Bedürfnisse)	l'esigenza (nel progetto della villa Palladio soddisfa esigenze pratiche)	8
beenden	finire/completare	4
die **Beerdigung**	la sepoltura	12
die **Befestigung**	il consolidamento	11

die **Befestigungen**	le fortificazioni	11
die **Befestigungsarbeiten**	i lavori di consolidamento	11
sich **befinden**	stare/trovarsi	4/7
beginnen	cominciare, iniziare	4
begleiten (die Modalverben werden von einem Infinitiv begleitet)	accompagnare (i verbi modali sono accompagnati da un verbo all'infinito)	9/11
begraben (den Verstorbenen begraben)	seppellire (seppellire il defunto)	6
begraben (die begrabene Struktur)	sepolto (la struttura sepolta)	11
das **Begräbnis** (in zusammengekauerter/fötaler Haltung / in ausgestreckter Haltung / auf dem Rücken)	la sepoltura (in posizione rannicchiata / fetale / in posizione distesa / in posizione supina)	12
behauen	scolpire	4
beherbergen	ospitare	11
beige	beige	7
das **Bein**	la gamba	8
das **Beispiel**	l'esempio	1
der **Beitrag**	il contributo	7
die **Beize** (z. B. in der Radierung die Salpetersäure)	il mordente (per es. nell'acquaforte l'acido nitrico)	4
das **Beizmittel** (z. B. in der Radierung die Salpetersäure)	il mordente (per es. nell'acquaforte l'acido nitrico)	4
bekannt als	conosciuta come	8
die **Belagerung** (der Stadt)	l'assedio (della città)	14
die **Belebtheit** (einer Stadt)	la vivacità (l'animazione, il movimento) di una città	14
beleuchtet	illuminato	10
bemalen	dipingere, colorare	4
bemalt (die bemalte Keramik / die bemalten Statuen)	dipinto / colorato (la ceramica dipinta / le statue colorate)	2/7
die **Bemalung**	la decorazione pittorica	10
bemängeln	criticare	7
bemerkenswert	notevole	5
benutzen	utilizzare	4
der **Bereich** (im oberen Bereich / im Bereich von)	il campo, l'ambito (nella parte superiore / nel campo di)	8/10
bereiten	procurare	9
der **Berg**	il monte / la montagna	8/12
das **Bergblau**	l'azzurrite	7
bergen	recuperare, estrarre	11
die **Bergung**	il recupero	11
berühmt	famoso	4
besänftigen	propiziare	12
besänftigend (die besänftigenden Riten)	propiziatorio (i riti propiziatori)	12
beschädigt	danneggiato	9
(sich mit etwas) **beschäftigen**	occuparsi (di qualcosa)	11
beschreiben	definire/descrivere	4
beschreibend	descrittivo	7
die **Beschreibung**	la descrizione	7
die **Besichtigung** (eines Museums, einer Ausstellung)	la visita (di un museo, di un'esposizione)	6
besetzen	occupare	7
besitzen	possedere	2
der **Besitzer**	il proprietario	11
die **Besonderheit** (die Besonderheiten)	la particolarità (le particolarità)	4
besondere(-r, -s) (*Adj.*)	particolare (*agg.*)	10
besonders (*Adv.*) (es geht ihm nicht besonders gut)	particolarmente, molto, tanto (non sta molto / tanto bene)	4
besser (*Adv.*)	meglio (*avv.*)	5
der **Bestand**	il fondo	4
bestätigen	dimostrare, confermare	11
der **Bestattungsritus**	il rito funebre	12
bestaunen	ammirare	2
(aus etwas) **bestehen** (das Kapitell besteht aus ...) / (in etwas) bestehen (die Restaurierung besteht in der Reinigung)	comporsi di qualcosa (il capitello di compone di ...) / consistere in qualcosa (il restauro consiste nella pulitura)	3/7
bestehend aus ...	costituito da ...	7
die **Beständigkeit** (Die Beständigkeit der Erinnerung – Dalì)	la persistenza (La persistenza della memoria – Dalì)	4
bestimmen	individuare, definire / rappresentare in dettaglio	4
bestimmt (der bestimmte Artikel)	determinato (l'articolo determinativo)	3
(für etwas) bestimmt (sein)	(essere) fatto (per qualcosa)	8
besuchen (Claude Monet besucht die Künstler des Café Guerbois / ein Museum besuchen)	frequentare (Claude Monet frequenta gli artisti del Caffè Guerbois) / visitare (un museo)	5/6
(sich an etwas) **beteiligen**	intervenire (su qualcosa)	11
beten	pregare	10
der **Beton**	il cemento	13
betont (die betonten Pronomen)	accentato, tonico (i pronomi in forma tonica)	7/13
die **Betonung** (die Betonung liegt auf ...)	l'accento (l'accento cade sulla ...)	2
das **Betonungszeichen**	l'accento / il segno dell'accento	2
betrachten	osservare	9

der **Betrachterstandpunkt**	il punto di vista (dell'osservatore)	9
betreffen	riguardare	11
betreffend	riguardante	11
das **Bett**	il letto	4
das **Betttuch**	il lenzuolo	7
beurteilen (positiv/negativ)	giudicare (positivamente / negativamente)	5
bevor	prima che	11
die **Bewegung**	il movimento (Vasari: «la movenza»)	10
die **Bewegungsverben**	i verbi di movimento	11
die **Bewerbung**	la candidatura	6
die **Bewertung** (Adverbien der Menge und der Wertung)	la valutazione (avverbi di quantità e di valutazione)	10
bevorzugen	preferire	4
die **Beweinung Christi**	il Compianto sul Cristo morto	8
sich (auf etwas) **beziehen**	riferirsi (a qualcosa)	8
der **Bezugspunkt**	il punto di riferimento	12
die **Bibliothek**	la biblioteca	1
bieten	offrire	11
das **Biforium**	la bifora / il biforio	5/13
das **Bild**	il quadro / la foto / l'immagine	1/4
bilden	comporre / costruire / formare	2/4/8
der **Bildhauer** / die **Bildhauerin**	lo scultore / la scultrice	2/3/4
die **Bildhauerei**	la scultura	1
das **Bildhauerwerk**	la scultura	1
das **Bildthema**	il soggetto	1/4
die **Bildung** (eines Meisters)	la formazione (di un maestro)	13
das **Bindemittel**	il legante	7
die **Bindewörter**	i connettivi	10
die **Biosphäre**	la biosfera	12
bis (bis 1876 / bis zum Jahr 1876) / (von ...) bis ... / bis	fino a (fino al 1876 / fino all'anno 1876) / (dal ...) al ... / finché, fino a quando	5/11
bis bald	a presto	7
der **Bischof**	il vescovo	4
Biton	Biton, Bitone	8
bitte	per piacere / prego	1
das **Blatt**	il foglio / la foglia	1/9
der **Blattfries**	il fregio a girali	11
das **Blattgold**	l'oro in foglia	7
die **Blattvolute**	il girale	11
blau	blu	2
blauviolett	pervinca	7
der **Bleistift**	la matita	4
die **Bleistiftzeichnung**	il disegno a matita	4
das **Bleigelb**	il giallo di piombo	7
das **Bleiweiß**	la biacca, il bianco di piombo	7
die **Blendarkade** / die **Blendfassade**	l'arcata cieca / la facciata a vento	13
der **Blick**	lo sguardo (gli sguardi)	8
der **Birnbaum**	il pero	9
die **Birne**	la pera	9
bleiweiß	bianco di piombo	7
blühen	fiorire	9
die **Blume**	il fiore	8
der **Blutenstaub**	il polline	11
der **Boden**	la terra / il suolo / il pavimento / il terreno	5/8/9/11
Boden- (*Adj.*)	pavimentale (*agg.*)	9
das **Bodenniveau**	il livello del suolo	8
der **Bogen** (der Bogen und die Pfeile / der Rund-/Spitz-/Flachbogen / der überhöhte Bogen / der Triumphbogen)	l'arco (l'arco e le frecce / l'arco a tutto sesto / acuto / ribassato / l'arco a sesto rialzato / l'arco di trionfo), il fornice (= der Bogen bzw. die Bögen in einem Triumphbogen; aus dem Lat. *fornix*)	1/5/13/14
der **Bogengang** (der vierseitige Bogengang)	il portico, il porticato (il quadriportico)	13
die **Bogenlaibung**	l'intradosso, il sottarco	13
der **Bogenrücken**	l'estradosso	13
das **Bogentor**	il fornice	14
bogig (das ein-/dreibogige Fenster)	ad arco (la monofora, la trifora)	13
der **Bolus armenicus**	il bolo armeno	7
die **Bombardierung** (der Stadt Guernica)	il bombardamento (della città di Guernica)	5
der **Bookshop**	il book shop	6
bordeauxrot	rosso Bordeaux	7
das **Bozzetto** (ein Bozzetto aus Ton modellieren)	il bozzetto (modellare un bozzetto in creta)	1/4
braun	marrone, bruno	2

Die **Brautkammer** (des Mantegna)	La Camera degli sposi (di Andrea Mantegna)	2
brechen	rompere	11
die **Breite**	la larghezza	8/11
der **Bretterzaun**	lo steccato	9
bringen	portare	5
die **Bronze**	il Bronzo	1
bronzefarben	color bronzo	7
bronzen	bronzeo	7
die **Bronzezeit**	l'età del bronzo	11
der **Bruchstein**	la pietra	13
die **Bruchzahl**	la frazione	5
die **Brücke**	il ponte	11
der **Brunnen**	la fontana	9
die **Brust**	il busto, il petto	8
das **Brustbein**	lo sterno	12
der **Brustkorb**	il torace	8
die **Brustwarzen**	i capezzoli	7
das **Buch**	il libro	4
das **Buchdeckel** (das Buchdeckel aus Elfenbein)	la copertina (la copertina in avorio)	5
das **Buchstabe** (die Buchstaben)	la lettera (le lettere)	1
buchstabieren (einen Namen buchstabieren)	scandire (un nome), fare lo spelling	1
die (kleine) **Bucht**	la cala	6
das **Bühnenbild**	la scenografia	1
die **Bühnengestaltung**	la scenografia (= l'allestimento scenografico)	1
die **Bühnenmalerei**	la scenografia	1
der **Bühnenraum**	la scenografia, l'ambiente scenografico (=la scena)	10
die **Burg**	il castello	6
der **Bürger** / die **Bürger**	il cittadino / i borghesi	14/4
bürgerlich (die bürgerliche Gesellschaft)	borghese (la società borghese)	10
das **Büro**	l'ufficio	2
die **Buntstifte**	le matite colorate	4
der **Bursche** (der Werkstattbursche)	il garzone (il garzone di bottega)	7
der **Busch**	il cespuglio	9
der **Buschwald**	la macchia	12
der **Busen**	il seno	8
byzantinisch	bizantino	2/5

C

aus **Campione** (die Meister aus Campione)	Campionese (i Maestri Campionesi)	13
Caravaggio (Caravaggios)	Caravaggio (di Caravaggio)	7
das (römische) **Castrum**	il castrum (romano)	14
die **Cella** (die dreigeteilte Cella)	la cella (la cella tripartita), il naos	3/5
Ceres	Cerere	4
der **Charakter** (der künstlerische Charakter)	il carattere, la personalità (la personalità artistica)	8/13
die **Chemie**	la chimica	7
chemisch	chimico	7
das **Chiaroscuro**	il chiaroscuro	10
chinesisch	cinese	3
der **Chiton**	il chitone	8
die **Chorschranke**	il pluteo	13
christlich (die christliche Architektur)	cristiano (l'architettura cristiana)	13
das **Christkind**	Gesù Bambino / il Bambino	5
Christus (die Taufe Christi / vor/nach Christus)	Cristo (il Battesimo di Cristo / avanti/dopo Cristo)	4/5
die **Chronologie** (die absolute / relative Chronologie)	la cronologia (la cronologia assoluta / relativa)	4
der **Clan**	il clan	11
das **Claristorium** (der Ober- bzw. Lichtgade)	il claristorio	13
die **Collage**	il collage	3
aus **Como** (die Meister aus Como)	comasco, comacino (i Mastri o Maestri Comacini)	13
die **Concept-Art** (der Concept-Art)	l'Arte Concettuale (concettuale)	2
cremeweiß	bianco panna	7
der **Cro-Magnon-Mensch**	l'uomo di Cro-Magnon	11
das **Cubiculum** (*Pl.* die Cubicula)	il cubicolo (*pl.* i cubicula)	9
cyanblau	blu ciano	7

D

da	dato che, siccome, poiché, visto che	10
das **Dach** (die Fassade ist höher als das Dach des Gebäudes)	il tetto (la facciata è più alta del tetto dell'edificio)	13
die **Dachbedeckung**	la copertura (dell'edificio)	13
die **Dachbedeckung** in der Form eines Schiffkiels	la copertura a carena di nave (rovesciata)	13
die **Dachdecker** (spezialisierte Handwerksgruppen, die in der Bauhütte der Kathedrale tätig sind)	i copritetto (artigiani specializzati attivi nel cantiere della cattedrale)	13
der **Dachstuhl**	la capriata	13
dadaistisch	Dada, dadaista	2
der **Dadaismus**	il Dadaismo, il Dada	2
daher	per questo	10
(die) **Dame mit Sonnenschirm** – Claude Monet	(la) Donna col parasole – Claude Monet	2
dämmerig, dämmrig	crepuscolare	10
dank	grazie a	7/10
Danke (ja, bitte / nein, danke)	grazie (sì grazie / no grazie)	4
dargestellt	rappresentato	8
darstellen	rappresentare	3
die **Darstellung** (die Darstellung in zerlegter Anordnung)	la rappresentazione (l'esploso)	2/14
darum	perciò	10
dass	che (*cong.*)	9
die **Daten** (das Sammeln der Daten)	i dati (la raccolta dati)	4
die **Datierung**	la datazione	4
die **Dauerausstellung**	l'esposizione permanente	6
davon	ne	13
dazufügen	aggiungere	11
die **Decke** (die Decke in der Form eines Schiffkiels)	il soffitto, la copertura (la copertura a carena di nave rovesciata)	2/13
die **Deckenmalerei**	la decorazione pittorica del soffitto	14
die **Definition**	la definizione	11
dein, deine(-r, -s) (*Possessivpron. u. Adj.*)	tuo/a (*pron. poss.*), il tuo / la tua (*agg. poss.*)	6
mit Dekorationen	decorato, con decorazioni	3
die **Dekoration** (mit Figuren / aus Stuck)	la decorazione (con sculture, scultorea / in stucco)	13/14
dekorieren	decorare	3
dekoriert	decorato	3
dem (*Relpron.*)	cui, a cui, al quale (*pron. rel.*)	13
Demeter	Demetra	4
die **Demonstrativa** (das Demonstrativadjektiv / das Demonstrativpronomen)	i dimostrativi (l'aggettivo dimostrativo / il pronome dimostrativo)	6
dennoch	tuttavia	7
der, die, das (*best. Art.*)	il, lo (l'), la (l'), i, gli, le (*art. det.*)	3
der, die, das (*Relpron.*)	che, cui, il quale/la quale (*pron. rel.*)	9/13
derart	così, in questo modo	8
derjenige, der / **diejenige,** die / **dasjenige,** das (*Relpron.*)	colui il quale / colei la quale (*pron. rel.*)	13
deshalb	perciò, per questo	10
dessen/deren/dessen (*Relpron.*)	il cui = il ... del quale / la cui = la ... della quale (*pron. rel.*)	13
deswegen	perciò, per questo, per quello	10
das **Detail**	il particolare	7
detaillieren	definire (in dettaglio, nei dettagli)	4
detailliert	dettagliato	10
deuten	interpretare	10
deutsch	tedesco	1
Dezember	dicembre	5
d. h. (= das heißt)	cioè	4
die **Diagnostik** (die Techniken für die Untersuchung und die Diagnostik)	la diagnosi (le tecniche diagnostiche)	7
diagonal (*Adj. u. Adv.*) (die Falten des Himation verlaufen diagonal)	diagonale (*Agg.*) / diagonalmente (*Avv.*) (le pieghe dell'himation sono diagonali)	8
die **Diagonale**	la diagonale	8
der **Dialog**	il dialogo	1
Diana	Diana	4
die **Diathek**	la diateca	1
dich (*Personalpron.*) / dich (*Reflexivpron.*)	ti (*pron. atono dir. e ind.*) / te (*pron. tonico dir. e ind.*) / ti (*pron. rifl.*)	10/13
die **Dichte** einer Farbe	la compattezza / l'intensità di un colore	7
dick	pingue (= grasso)	7
die **Didaktik**	la didattica	1
die **Diener** (die kleinen Figuren der Diener)	i servitori (le statuette dei servitori), la servitù	6/8
Dienstag	martedì	5

der **Dienstraum** (die Diensträume der Villa Rotonda)	l'ambiente di servizio (gli ambienti di servizio della Rotonda)	8
dies, diese(-r, -s) (*Demonstrativpron.*)	questo/a/i/e (*pron. dim.*), questo (quest') / questa (quest') / questi / queste (*agg. dim.*)	6
diesseits	di qua / al di qua («di qua d'Arno»)	4
die **Dimension**	la dimensione	5
Dionysos	Dioniso	4
das **Diplom** (das Diplom erwerben)	la laurea (laurearsi)	1/11
das **Diptychon**	il dittico	5
dir (*Personalpron.*)	ti (*pron. atono indir.*), a te (*pron. tonico*)	7/13
der **Direktor** (die Direktorin)	il direttore (la direttrice)	6
diskret	riservato, discreto	10
diskutieren	discutere	5
der **Doktorand**	il dottorando	2
die **Dokumentation**	la documentazione	11
dokumentieren (dokumentiert werden)	documentare (essere documentato)	12
der **Dolch**	il pugnale	11
der **Dolmen**	il dolmen	12
der **Dom** (der Dom zu Modena)	il duomo (il Duomo di Modena)	13
die **Domestizierung** (der Tiere)	l'addomesticamento	11
Donnerstag	giovedì	5
der **Doppelpunkt**	i due punti	5
doppelt	doppio	5
das **Dorf**	il villaggio	11
dorisch (die dorische Skulptur)	dorico (la scultura dorica)	2
der **Doryphoros**	il Doriforo	2
der **Drachen** (Sankt Georg, der den Drachen tötet)	il drago (San Giorgio che uccide il drago)	4
die **Dramatik**	la drammaticità	8
drei	tre	5
dreieckig	triangolare	8
der **Dreischlitz** (die Triglyph)	il triglifo	3
dreißig	trenta	5
dreiundzwanzig	ventitre	5
dreizehn	tredici	5
dreizehnte(-r, -s)	tredicesimo/a	5
dreidimensional (die dreidimensionalen Modelle)	tridimensionale, in 3D (i modelli in 3D)	4
das **Dreieck**	il triangolo	8
dreieckig	triangolare	8
die **Dreifaltigkeit**	la Trinità	1
der **dreischiffige Grundriss**	la pianta a tre navate	13
der **Dreischlitz**	il triglifo	3
dreiteilig (die dreiteilige Apsis)	tripartito (l'abside tripartita)	13
das **Dripping**	il dripping	4
dritte(-r, -s)	terzo/a	5
drittel (ein Drittel) (Bruchzahl)	terzo (un terzo)	5
der **Druck**	la stampa	4
das **Druckverfahren** (das Hoch-/Tief-/Flachdruckverfahren)	la stampa, il processo / procedimento di stampa (in rilievo / in cavo / in piano)	4
das **Druckwerk**	la stampa, l'opera a stampa	3
du (*Personalpron.*)	tu (*pron. pers. sogg.*)	1
dunkel (dunkles blau, dunkles gelb, dunkles grün usw. / der dunkle Grund des Gemäldes)	scuro (blu scuro, giallo scuro, verde scuro *ecc.* / il fondo scuro del dipinto), cupo, buio	7/9
durch	per mezzo di, attraverso	10
durchführen	condurre	
dürfen	potere	9
die **Dynastie**	la dinastia	6
der **Dypteros**	il tempio diptero	3

E

eben	appunto	10
die **Ebene** (auf der zweiten Ebene)	il livello, il piano (in secondo piano), la pianura	1/4/12
ebenmäßig	regolare	11
der **Echinus**	l'echino	3
echt	schietto, vero	10
Eck-	angolare / canino	12
eckig (der eckige Platz)	*hier*: squadrato (la piazza squadrata)	14
der **Eckzahn**	il (dente) canino	12
ehemalig (die ehemalige Kirche)	ex (l'ex-chiesa)	4
eher, dass	piuttosto che	10

der **Eierstab**	l'ovulo	3
der **Eierstabfries**	il fregio a ovuli	3
eigene (in einer eigenen Art und Weise)	proprio (a modo loro)	7
der **Eigenschatten**	l'ombra propria	10
das **Eigentum** (ein Museum, das Eigentum einer Stiftung ist)	la proprietà (un museo che è proprietà di una fondazione)	6
ein, eine, ein (*unb. Art.*)	un, uno, una (un') (*art. indet.*)	2
einrichten (eine Ausstellung / einen Raum / Ausstellungsräume einrichten)	allestire (allestire una mostra, una sala / degli spazi espositivi)	6
der **Eierstab**	l'ovulo	3
der **Eierstabfries**	il fregio a ovuli	3
eigene (in einer eigenen Art und Weise)	proprio (a modo loro)	7
der **Eigenschatten**	l'ombra propria	10
das **Eigentum** (ein Museum, das Eigentum einer Stiftung ist)	la proprietà (un museo che è proprietà di una fondazione)	6
einbeschrieben (*Inf.* einbeschreiben)	inscritto (*inf.* inscrivere)	8
der **Eindruck** (der gesamte Eindruck)	l'effetto (l'effetto complessivo)	8
einerseits (einerseits und andererseits)	da una parte (da una parte e dall'altra)	4
einfach	semplice	10
der **Eingang**	l'ingresso (= biglietto d'ingresso / = ingresso di edificio, casa, palazzo)	6/14
die **Eingangshalle** (einer Kirche, eines Palastes)	l'atrio (di una chiesa, di un palazzo)	13/14
die **Eingangstür**	la porta d'ingresso	9
eingeprägt (die eingeprägte Keramik)	impresso (la ceramica impressa)	12
eingerahmt	inserito	9
eingeschnitzt	inciso	6
eingeschrieben (*Inf.* einschreiben; auch als Syn. für immatrikulieren)	iscritto (*inf.* iscrivere; *anche sin. di* immatricolare)	1
die **Einheit**	l'unità	5
einige(-r, -s) (*Indefinitpron.*)	qualche, alcuni (*pron. e agg. indef.*)	5/12
das **Einkaufsgebiet**	la zona commerciale	14
der **Einklang** (zum Einklang gebracht)	l'armonia (armonizzato)	10
der **Einraum**	l'ambiente unico	11
einritzen	incidere	4/7
eins	uno	5
einsetzen	inserire	4
die **Einteilung** (die Einteilung des Ausgrabungsfeldes in Quadrate)	la suddivisione (la quadrettatura)	11
der **Eintritt** (der freie Eintritt)	l'ingresso (l'ingresso gratuito)	6
die **Eintrittskarte**	il biglietto d'ingresso	6
der **Eintrittspreis** (der volle / ermäßigte Eintrittspreis)	il prezzo del biglietto d'ingresso (il biglietto intero / ridotto)	6
einundzwanzig	ventuno	5
Einzel-	individuale	12
das **Einzelbegräbnis**	la sepoltura individuale	12
die **Einzelheiten**	i particolari	4
das **Eisen**	il ferro	12
der **Eisenbeton**	il cemento armato	13
die **Eisenzeit**	l'età del ferro	11
elegant (*Adj. u Adv.*) (mit eleganten Kleidern, elegant gekleidet)	elegante (*agg.*) (con abiti eleganti), elegantemente (*avv.*) (vestito elegantemete)	4
das **Elektronenmikroskop SEM**	il microscopio elettronico a scansione (SEM)	7
das **Elektronenmikroskop TEM**	il microscopio elettronico a trasmissione (TEM)	7
elektronisch	elettronico	4
das **Element**	l'elemento (die dargestellten Elemente)	8
elf	undici	5
das **Elfenbein**	l'avorio	4
elfte(-r, -s) (*Ordnungszahl*)	undicesimo/a	5
die **Elle**	l'ulna	12
die **Ellipse**	l'ellisse	8
elliptisch	ellittico	8
das **Email** bzw. die **Emaille**	lo smalto	7
Emilia (italienische Region)	l'Emilia (regione italiana)	10
aus **Emilien / emilianisch**	emiliano	10
das (unbefleckte) **Empfängnis**	l'Immacolata Concezione	10
die **Empore**	*hier*: il matroneo	13
die **Empörung**	lo scandalo	7
das **Ende** (Ende des 2. Jahrhunderts nach Christus)	la fine (fine del II sec. dopo Cristo)	2
die **Endung**	la desinenza	2
der **Engel**	l'angelo	1
die **Enkaustik**	l'encausto	4
die **Entase** *oder* die **Entasis**	l'entasi	3
die **Entbindung**	il parto	5

entdecken	scoprire	7
die **Entdeckung**	il reperimento, il rinvenimento / la scoperta	4/7
die **Entfernung** (die Entfernung der oberen Erdschicht)	*hier*: la rimozione (la rimozione del suolo superficiale)	7/11
enthalten	contenere	10
enthüllen	rivelare	11
entlang (die Arme an den Hüften entlang gestreckt)	lungo (le braccia lungo il corpo)	8
entnehmen (aus der Analyse eines mittelalterlichen Fresko entnehmen wir die Namen zahlreicher Farbpigmente)	ricavare (dall'analisi di un affresco medievale ricaviamo i nomi di molti pigmenti)	7
entscheiden	decidere	11
die **Entscheidung**	la scelta	7
entschuldigen (entschuldige!)	scusare (scusa!)	1
die **Entschuldigung**	la scusa	1
entsprechen	corrispondere	9
entsprechend	corrispondente	11
die **Entstehung** (eines Kunstwerks)	la genesi di un'opera d'arte	1
die **Entstehungszeit**	la cronologia	4
der **Entstehungsprozess** (einer Stadt)	il processo di formazione di una città	14
entwerfen	progettare	4
entwickeln	sviluppare	11
entwickelt	sviluppato, costruito	6
die **Entwicklung**	l'evoluzione	10
der **Entwicklungsprozess** (einer Stadt)	il processo di sviluppo (di una città)	14
entworfen	progettato	6
der **Entwurf** (als Skizze)	il bozzetto, il progetto	4/14
entziffert	decifrato	6
der **Ependytes**	l'ependytes	7
das **Epistyl** *oder* das **Epistylion**	l'epistilio	3
die **Epoche** (die römische Epoche)	l'epoca (l'epoca romana)	2
er (*Personalpron.*)	lui (*III. pers. sing. pron. pers. sogg./ ogg.*), egli (*III. pers. sing. pron. pers. sogg.*)	1/6
der **Erasmus-Student** / die **Erasmus-Studentin**	lo studente / la studentessa Erasmus	1
das **Erbe** (das lateinische Erbe)	l'eredità (l'eredità latina)	11
die **Erde** (die nackte Erde)	la terra (la nuda terra)	5
die **Erden** (z. B. die Umbre, die Sienaerde, die Kaolinerde aus Vicenza)	le terre (*per es.* la terra d'ombra, la terra di Siena, il caolino o terra di Vicenza)	7
die **Erdschicht** (die Entfernung der oberen Erdschicht)	il suolo, lo strato di terreno (la rimozione del suolo superficiale)	11
das **Ereignis** (ferne Ereignisse)	l'avvenimento, il fatto (fatti lontani)	12
die **Eremiten**	gli eremiti	4
die **Erfahrung** (die Erfahrungen eines Meisters)	l'esperienza (le esperienze di un maestro)	13
die **Erfindung**	l'invenzione, la scoperta	7/11
erfüllen	soddisfare	8
das **Ergebnis**	il risultato	7
die **Ergebnisveröffentlichung**	la pubblicazione dei risultati	11
ergänzen (die flämische Malerei ergänzt die Geburt Christi mit realistischen Details)	*hier*: arricchire (la pittura fiamminga arricchisce la Natività di particolare realistici)	5
die **Ergänzung**	l'aggiunta	8
erhalten (gut erhalten)	conservato (ben conservato)	5
erhalten	ottenere	7
erheben	rilevare	14
die (architektonische) **Erhebung**	il rilievo architettonico	14
erhöhen (die Freitreppen und das Podium erhöhen die Villa vom Bodenniveau)	rialzare (le scalinate e il podio rialzano la villa rispetto al livello del suolo)	8
erinnern	ricordare	8
die **Erinnerung** (die Beständigkeit der Erinnerung – Dalì)	la memoria (La persistenza della memoria – Dalì)	5
erkennen	individuare, riconoscere	4/7/10
erlauben	consentire, permettere	7
die **Erläuterung** (Erläuterungen zum Komparativ)	la precisazione (precisazioni sul comparativo)	11
ernennen (ernannt werden)	nominare (essere chiamato)	11
erneuern	rinnovare	11
erneut	di nuovo	6
erneut machen	rifare, fare di nuovo	6
die **Ermäßigung**	la riduzione	6
erobert	conquistato	6
eröffnen	inaugurare	10
erotisch	erotico	7
erregen (Empörung erregen)	suscitare, fare (fare scandalo)	7
erreichen (ein Ergebnis erreichen)	pervenire a ..., raggiungere (pervenire a un risultato, raggiungere un risultato)	6
errichten	edificare	14

erschaffen	creare	4
erscheinen (erscheinen lassen)	sembrare, apparire, comparire (far sembrare)	9/10/12
das **Erscheinen** (des Menschen)	la comparsa (dell'uomo)	12
das **Erscheinungsbild** (einer Stadt)	l'immagine (di una città)	14
erschüttern	sconvolgere	10
ersetzen	sostituire	13
erste(-r, -s)	primo/a	5
der **Erwachsene** (der Fund menschlicher Knochen eines Erwachsenen)	l'adulto (il reperto di ossa umane di adulto)	12
die **Erweiterung** (einer Stadt)	l'ampliamento (di una città)	14
erwerben (das Diplom erwerben)	conseguire /acquisire qualcosa / la laurea (laurearsi)	11
das **Erzeugnis**	il prodotto	11
es (*Personalpron.*)	lui / lei (*III. pers. sing. pron. pers. sogg. ogg.*), esso / essa (*III. pers. sing. pron. pers. sogg. ogg.*), lo (l') / la (l') (*pron. pers. atono ogg.*)	1/6/7
der **Esel**	l'asino	5
es sei denn	a meno che	10
die (erste) **Etage**	il (primo) piano	6
die **Etruskologie**	l'etruscologia	11
die **Etymologie**	l'etimologia	2/11
euch (*Personalpron.*) / euch (*Reflexivpron.*)	vi (*pron. atono dir. e ind.*), a voi (*pron. tonico*) / vi (*pron. rifl. II pers. pl.*)	7/10/13
euer, euere(-r, -s) (*Possessivpron. u. Adj.*)	vostro/a (*pron. poss.*), il vostro/la vostra (*agg. poss.*)	6
die **Evangelisten**	gli Evangelisti (il tetramorfo è la rappresentazione simbolica dei quattro Evangelisti)	4
die **Evolution**	l'evoluzione	10/11
die **Evolutionstheorien**	le teorie dell'evoluzione	11
die **Exhumierung**	l'esumazione	12
experimentieren	sperimentare	5
der **Exponent**	l'esponente	10
expressionistisch (oder: aus dem Expressionismus)	espressionista	2
der **Expressionismus**	l'Espressionismo	2
die **Expressivität**	l'espressività	8
extern	esteriore	11
extrem (*Adj. u. Adv.*) (extrem schwer)	estremo (*agg.*) / estremamente (*avv.*) (estremamente difficile)	11

F

die **Fachrichtung** (die Fachrichtung Konservierung und Restaurierung an der Kunsthochschule bzw. Kunstakademie)	il corso di laurea (la scuola di restauro all'Accademia di Belle Arti)	1
die **Fahne**	la bandiera	10
fahren	andare	6
die **Fakultät**	la facoltà	1
der **Fall** (im Falle, dass)	il caso (caso mai / nel caso che)	10
falsch (die falsche Tür)	finto, falso (la falsa porta)	6
die **Falte**	la ruga (*pl.* le rughe)	8
die **Familie** (Wortfamilien)	la famiglia (famiglie di parole)	4
die **Fantasie**	la fantasia	14
der **Fantasiestil**	lo stile fantastico o dell'illusionismo prospettico	9
die **Farbe**	il colore	2
der **Farbeffekt**	l'effetto cromatico	13
das **Farbenmittel**	il colorante	7
färben	tingere	7
der **Farbkontrast**	il contrasto di colori	7
die **Farbpalette**	la tavolozza cromatica	7
die **Farbperspektive**	la prospettiva cromatica	10
die (Farb-)Pigmente (*Sg.* das Pigment)	i pigmenti (*sing.* il pigmento)	7
die **Farbsättigung**	la saturazione di colori	7
die **Farbschicht**	lo strato di colore / la velatura di colore	10
die **Farbskala**	la gamma cromatica	7
der **Farbstoff** (der synthetische oder künstliche Farbstoff, der Naturfarbstoff)	il colorante (il colorante sintetico o artificiale, il colorante naturale)	7
der **Farbton**	il tono (di colore)	10
die **Farbvarietäten**	le varietà di colori	7
die **Farbzerlegung**	la scomposizione dei colori	7
die **Färbung**	la colorazione	11
faschistisch	fascista	5
die **Fassade** (die Fassade der Kathedrale von Rouen / die Fassade mit Vorsprung bzw. Kragstein)	la facciata (la facciata della Cattedrale di Rouen / la facciata a salienti)	5/8/13

die **Fassadenmalerei**	la decorazione pittorica della facciata	14
fast	quasi	5
die **Fassung**	la redazione	11
faszinierend	affascinante	7
die **Faust** (die geballten Fäuste)	il pugno (i pugni chiusi)	8
der **Faustkeil** (der Zweiseiter)	il bifacciale (o l'amigdala)	12
Februar	febbraio	5
die **Feder**	la penna	4
fehlen	mancare	12
fehlend (der fehlende Arm / die fehlenden Teile)	mancante (il braccio mancante / le parti mancanti)	12/8
der **Feigenbaum**	l'albero di fico	8
das **Feld** (das elektromagnetische Feld)	il campo (il campo elettromagnetico) / il registro (nell'affresco)	11/9
der **Feldzug**	l'impresa	11
das **Felsengrab**	la tomba rupestre	6
die **Felszeichnung**	il disegno rupestre	12
feminin (das/ein Femininum)	femminile (il genere femminile / un nome femminile)	2
das **Fenster** (das große Fenster)	la finestra (il finestrone)	8/14
die **Fernerkundung**	il telerilevamento (*ingl.* remote sensing)	11
der **Feston** (*Arch.*)	la ghirlanda	1
die **Festung**	la fortificazione, il forte	14
die **Feuersteine**	le pietre focaie, le selci (*sing.* la selce)	11
die **Feuerstelle**	il focolare	11
die **Figur** (die Figuren des Zirkus)	la scultura (= statua) / la figura / il personaggio (i personaggi del circo)	1/5
das **Figurenkapitell**	il capitello istoriato	13
der **Film**	il film	1
die **Filmwissenschaft**	Storia e Critica del cinema	1
finanzieren	finanziare	11
finden	trovare	5
der **Finger**	il dito (*plur.* le dita) della mano	8
das **Fingerglied**	la falange (del dito)	8
der **Fisch**	il pesce	9
das **Flachdruckverfahren**	il procedimento / processo di stampa in piano	4
die **Fläche** (ihre Fläche ist doppelt ...)	la superficie (la sua superficie è doppia ...)	5
die **Flamen**	i Fiamminghi	10
flämisch (die flämische Malerei / die flämischen Maler)	fiammingo (la pittura fiamminga / i pittori fiamminghi)	5/10
fliegen	volare	9
die **Flintsteine**	le pietre focaie, le selci (*sing.* la selce)	11
die **Florentiner**	i fiorentini	4
florentinisch	fiorentino	10
der **Fluchtpunkt**	il punto di fuga	9
der **Flügel** (mit offenen Flügeln)	l'ala (*plur.* le ali) (ad ali spiegate)	11
der **Flügel des Gebäudes**	l'ala dell'edificio (*plur.* le ali)	14
der **Flügelaltar**	il polittico	3
fluoreszierend	fluorescente	7
der **Fluss**	il fiume	9
die **Flusswassertiefe**	il fondale fluviale	12
folgend	posteriore	11
folglich	dunque	10
der **Förderer**	il promotore	11
fordern	richiedere	5
die **Form** (des Adjektivs/Verbs: Aktiv-, Reflexiv-, Passivform)	la forma (dell'aggettivo / del verbo: attiva, riflessiva, passiva)	2
fortführend	continuo	3
forschen	fare una ricerca, ricercare	4
der **Forscher** / die **Forscherin**	il ricercatore / la ricercatrice	2
die **Forschung**	la ricerca / l'indagine	4
die **Forschungsmethode**	il metodo di ricerca	4
das **Forum**	il foro	8
das **Fossil**	il fossile	12
die **Fotografie** (die Fotografie mit Licht auf 80-Grad-Winkel)	la fotografia (la fotografia a luce radente)	7
die **Fotothek**	la fototeca	1
das **Frageadjektiv**	l'aggettivo interrogativo	4
das **Frageadverb**	l'avverbio interrogativo	4
das **Fragepronomen**	il pronome interrogativo	4
das **Fragment**	il frammento	4
die **Frau** (die junge Frau / die Frau aus dem Volk)	la donna (la giovane / la popolana)	7/10
frei (der freie Eintritt)	libero, gratuito (il biglietto gratuito / l'ingresso libero)	6
Freitag	venerdì	5
die **Freitreppe**	la scalinata	8

der **Freskenzyklus**	il ciclo di affreschi	8
das **Fresko**	l'affresco	1
die **Freskomalerei**	l'affresco, la pittura ad affresco	1
der **Freund**	l'amico	6
die **Freundschaft**	l'amicizia	7
Friaul Venezia Giulia	Friuli Venezia Giulia	10
friaulisch	friulano	10
der **Fries** (der fortführende Fries / Metopen-Triglyphen-Fries / dekoriert mit einem Flachrelief / der Fries mit Tiermotiven)	il fregio (il fregio continuo / diviso in metope e triglifi / decorato a bassorilievo / il fregio animalistico)	1/3/7
die **Frische**	la frescura	9
fromm	pio	8
frontal	frontale	6
die **Frontsäulen**	le colonne che stanno, si trovano sul fronte dell'edificio (le colonne del pronao)	5
frontal (hier: die frontale Sicht einer Figur, eines Kunstwerks)	frontale (*qui*: la visione frontale di una statua, di un'opera d'arte)	6
die **Frontalität**	la frontalità	8
die **Frottage**	il frottage	4
die **Fruchtbarkeit**	la fertilità	12
die **Früchte** (*Sg.* die Frucht)	i frutti (*sing.* il frutto)	7/9
früh (Frühgotik oder der frühen Gotik / Frührenaissance oder der frühen Renaissance / Frühbarock oder des frühen Barock)	proto / del primo (protogotico o del primo gotico / protorinascimentale o del primo Rinascimento / protobarocco o del primo Barocco)	2
frühchristlich	paleocristiano	2
die **Frühgeschichte**	la protostoria	4
der **Frühling**	la primavera	5
der **Fuchs**	la volpe	12
Fuchsia	fucsia	2/7
führen	condurre	11
die **Führungslinien** (der Komposition)	le linee guida (della composizione)	8
der **Fund** (der Fund menschlicher Knochen)	il reperto (il reperto di ossa umane)	4/12
das **Fundament**	le fondamenta (*solo pl.*) (del palazzo / di un edificio)	11
fundamental, wesentlich	fondamentale	4
fünf	cinque	5
fünfte(-r, -s) (Ordnungszahl)	quinto	5
Fünftel (ein Fünftel) (Bruchzahl)	un quinto	5
fünfundzwanzig	venticinque	5
fünfzehn	quindici	5
fünfzehnte(-r, -s) (Ordnungszahl)	quindicesimo/a	5
fünfzig	cinquanta	5
die **Funktion** (die Funktion einer Stadt)	la funzione (la funzione di una città)	7/14
der **Fürst**	il principe	9
der **Fuß** (der Fuß des Kreuzes / die Füße sind zusammengestellt)	il piede (il piede della croce / i piedi sono uniti)	2/3/8
der **Fußboden mit Schachbrettmuster**	il pavimento a scacchiera	10
der **Fußgelenk**	la caviglia	8
der **Futurismus**	il Futurismo	2
futuristisch	futurista	2

G

die **Galerie**	la galleria	2
der **Garten**	il giardino	1/5/9
die **Gartenanlage**	il parco	6
das **Gebälk**	la trabeazione	3
die **Gebärden**	i gesti (*sing.* il gesto)	8
die **Gebärfähigkeit**	la fecondità	12
das **Gebäude** (das Gebäude als lebendiges, pulsierendes Wesen)	l'edificio (l'edificio come organismo vivente e pulsante)	2/14
gebaut	costruito	5
geben / es geben (es gibt)	dare / esserci (c'è, ci sono)	4/1
gebeugt	piegato	8
das **Gebiet**	l'area	4/10
gebildet	costruito / colto	6/11
geboren werden	nascere	11
gebräunt	abbronzato	7
die **Geburt**	la nascita	5
die **Geburt Christi**	la Natività	5
die (frühchristliche) **Gedächtniskapelle**	il sacello (paleocristiano)	13

gedämpft	soffuso	10
gedankenvoll	pensieroso	5
die **Gedenktafel**	la lapide	13
gedrungen (ein gedrungener Körper)	tozzo (un corpo tozzo)	8
geeignet	adatto	7
gefallen (gefällt es dir? / ja, es gefällt mir)	piacere (ti piace? / sì, mi piace)	7
der **Gefährte**	il compagno	12
das **Gefühl** (ein Ort des Gefühls)	l'emozione / il sentimento (un luogo del sentimento)	9/10
gefunden	trovato	6
gegen	verso	4
gegensätzlich (der gegensätzliche Sinn / die gegensätzliche Bedeutung)	opposto (il significato opposto)	8
der **Gegenstand**	l'oggetto	9
gegenwärtig (die gegenwärtige Kunst)	contemporaneo (l'arte contemporanea)	4/1
das **Gehege**	il recinto per gli animali	11
gehen (gehen wir ...?)	andare (andiamo ...?)	1/6
die **Gehilfen**	gli aiutanti	13
gehören	appartenere	6
das **Geison**	il gheison	3
der **Geistliche**	il sacerdote	11
gekreuzigt	crocifisso	1
gelb (zitronen-, helles, dunkles, senf-, topas-)	giallo (limone, chiaro, scuro, senape, topazio)	1/2/7
das **Geld**	il denaro	11
gelegen sein	essere situato/a	9
das **Gemälde**	il dipinto	10
die **Gemäldegalerie**	la galleria, la pinacoteca	6
gemäß (gemäßer als / ruhiger als ...)	moderato, misurato (più moderati che ...)	7
der **Gemeinschaftsraum**	la sala comune	11
gemeißelt	scolpito	6
genannt	detto	9
genauso ... wie	tanto ... quanto	10
die **Genesis**	la Genesi	13
der **Genosse**	il compagno	12
geografisch	geografico	10
die **Geologie**	la geologia	12
geologisch	geologico	12
geometrisch (die geometrisch zylindrische Form / die geometrische Zeichnung)	geometrico (la forma geometrica cilindrica / il disegno geometrico)	8/14
gepflegt (*Inf.* pflegen)	curato (*inf.* curare)	9
gerade (die gerade Strecke)	diritto / dritto / rettilineo (il rettilineo)	8/14
geradlinig	rettilineo	14
geritzt	inciso	6
gern	volentieri	1
gerollt	arrotolato	6
das **Gerundium** (das Gerundium im Präsens)	il gerundio (il gerundio presente)	4/7/14
gesamt (der gesamte Eindruck)	complessivo (l'effetto complessivo)	8
der **Geschäftsmann**	l'uomo d'affari	10
geschehen	avvenire	10
das **Geschenk**	il dono	7
die **Geschichte** (Geschichte der Römischen Kunst / die Kunst-, Theater-, Musikgeschichte)	la storia (Storia dell'arte romana / la Storia dell'Arte, del Teatro, della Musica)	1
die **Geschichten aus der Genesis**	le Storie della Genesi	13
das **Geschlecht** (Maskulinum / Femininum / männlichen/ weiblichen Geschlechts)	il genere (maschile/femminile) / il sesso (di sesso maschile/ femminile)	2/12
geschlossen (der geschlossene/offene Vokal)	chiuso (la vocale chiusa/aperta)	5/2
die **Geschmeidigkeit**	la morbidezza	10
geschnitzt	intagliato	8
das **Geschoss**	il piano	14
die **Gesellschaft**	la società	10
das **Gesicht**	il volto	5
die **Gesichtszüge**	i tratti del viso	10
das **Gesims mit Zahnschnitten** (*Sg.* der Zahnschnitt)	la cornice a dentelli (*sing.* il dentello)	8
das **Gespräch** (die Ikonografie des heiligen Gesprächs)	la conversazione (l'iconografia della Sacra Conversazione)	10
gesprochen (die gesprochene Sprache)	parlato (la lingua parlata)	6
gestalten	realizzare / costruire	4
die **Gestaltung**	la creazione, la progettazione	14
die **Gesten**	i gesti (*sing.* il gesto)	8
gestochen (von den Pfeilen gestochen)	trafitto (trafitto dalle frecce)	4
gestorben	morto	8
geteilt	diviso	3/5

die **Gewalt**	la violenza	5
das **Gewand**	il vestito, la veste	7/8
das **Gewände** (= die Laibung)	la strombatura	13
das **Gewebe** (das alte / bemalte Gewebe)	il tessuto (il tessuto antico / dipinto)	6
das **Gewerbegebiet**	la zona industriale	14
gewesen	stato	6
gewidmet (der Göttin Hera gewidmet)	dedicato (dedicato alla dea Hera)	5
gewinnen	vincere	11
das **Gewölbe** (das Tonnengewölbe)	la volta (la volta a botte)	1
das **Gewölbekreuz**	la crociera	13
geworden	diventato	6
gewunden (die gewundene Oberfläche)	sinuoso (la superficie sinuosa)	14
gezielt (die gezielte Ausgrabung)	mirato (lo scavo mirato)	11
gezogen (die Arme an den Körper gezogen)	steso (le braccia stese lungo il corpo) / attratto	8/10
der **Giebel**	il frontone	2/3
das **Giebelgesims**	la cornice del frontone	3
der **Gigant Polyphemos**	il gigante Polifemo	12
gigantisch (die gigantische Ordnung / der gigantische Stil)	gigante (l'ordine gigante)	14
das **Gipsfigurenkabinett**	la gipsoteca	6
die **Girlande**	la ghirlanda	1
glänzend	brillante	7
das **Glas**	il vetro	4
das **Glasfenster**	la vetrata	14
die **Glaspaste**	la pasta vitrea	4
glatt (die glatte Säule)	liscio (la colonna liscia)	3
der **Gläubige**	il fedele	10/13
glitzern	scintillare	7
das **Glitzern** (der Lichter, der Farben)	lo scintillío (di luci, di colori)	7
der **Glockenturm**	il campanile, la torre campanaria	13
die **Gnade**	la grazia	10
gold (goldfarben, golden)	oro (color oro, dorato)	7
gotisch	gotico	1
die **Gotik**	il Gotico	1
der **Gott** (*Pl.* die Götter) **/ Gott**	il dio (*pl.* gli dei) / Dio	4
die **Gottheit**, die **Göttlichkeit** (*Pl.* die Gottheiten)	la divinità (*pl.* le divinità)	4
die **Göttin** (*Pl.* die Göttinnen)	la dea (*pl.* le dee)	4
die **Göttlichkeit** (*Pl.* die Göttlichkeiten)	la divinità (*pl.* le divinità)	4
das **Grab** (das Felsengrab / das Grab eines Unbekannten)	il sepolcro / la tomba (la tomba rupestre / la tomba di uno sconosciuto)	1/2/6
die **Grabbeigaben**	il corredo funebre	12
das (frühchristliche) **Grabdenkmal**	il sacello (paleocristiano)	13
die **Grabgrube**	la tomba a fossa	12
die **Grabstele**	la stele funeraria	6
die **Grafik**	la grafica	1/4
der **Grafiker**	il grafico	4
die **grafische Technik**	la tecnica grafica	4
granatapfelrot	rosso granata	7
grandiös	grandioso	5
der **Granit**	il granito	8
grau (rauch-, staub-)	grigio (fumo, polvere)	2/7
die **Graviernadel** (auch: die Gravurnadel)	il bulino	4
der **Gravis**	l'accento grave	2
die **Gravur im Felsen**	le incisioni rupestri	12
die **Griechen** (die Griechen bilden kein Imperium)	i Greci (i Greci non costruiscono un impero)	5
griechisch	greco	2
der **Griff** (des Dolches / der Lanze / des Schwertes)	l'impugnatura (del pugnale / della lancia / della spada)	11
groß (der Größte)	grande, grosso (il più grande)	10
großzügig	generoso	11
die **Grotte**	la grotta	5
die **Grottenablagerung**	il deposito di grotta	12
das **Grubengrab**	la tomba a pozzo, a fossa	12
grün (helles, dunkles, smaragd-, oliv-, apfel-, moos-, unterholz-, schimmel-)	verde (chiaro, scuro, smeraldo, olivo, mela, muschio, sottobosco, marcio)	2/7
das **Grünareal**	l'area verde (*urbanistica*)	14
der **Grund**	la causa	11
gründen	fondare	5
die **Grundierung** der **Leinwand**	la preparazione della tela	7
die **Grundmauer** (des Palastes / eines Gebäudes)	le fondamenta (*solo pl.*) (del palazzo / di un edificio)	11
der **Grundriss**	la pianta	8
die **Gruppe** (von Substantiven, von Adjektiven / die Skulpturengruppe)	il gruppo (di sostantivi, di aggettivi / il gruppo scultoreo)	3

das **Gruppenporträt**	il ritratto di gruppo	10
günstig stimmen	propiziare	12
günstig stimmend (die günstig stimmenden / besänftigenden Riten)	propiziatorio (i riti propiziatori)	12
gut (*Adj. u. Adv.*)	buono (*agg.*) / bene (*avv.*)	1/4/10
die **Guttae** (griechischer Tempel)	le gocce (tempio greco)	3
das **Gut** (das Kulturgut, das künstlerische oder historische Gut, das Landschaftsgut)	il bene (il bene culturale, il bene d'interesse artistico o storico, il bene d'interesse paesaggistico)	6

H

haben	avere / possedere	1/2
das **Habitat**	l'habitat	12
die **Hacke**	la zappa	11
halb (es ist halb drei / ein halb)	mezzo / mezza (sono le due e mezzo/a / un mezzo)	5
das **Halbgeschoss**	l'ammezzato (il piano ammezzato o il mezzanino)	14
die **Halbsäule**	la semicolonna	13
halbscharf	semisfuocato	7
der **Halbschatten** (ein Subjekt in den Halbschatten setzen)	la penombra (porre un soggetto in penombra)	7
die **Hälfte** (die erste / die zweite Hälfte des Jahrhunderts)	la metà (la prima metà / la seconda metà del secolo)	5
Hallo? / Hallo ...	Pronto? / Pronto ...	1
der **Hals** (einer Vase / des Menschen)	il collo (di un vaso / dell'uomo)	2/8
halten	tenere	8
halten sich ... auf (*Inf.* sich aufhalten)	soggiornano (*inf.* soggiornare)	10
die **Haltung**	la posizione	8
die **Hand**	la mano (*pl.* le mani)	7/8
handeln	commerciano (*inf.* commerciare)	5
der **Handgelenk**	il polso	8
der **Händler**	il commerciante	10
die **Handlung**	l'azione	12/14
der **Handwerker**	l'artigiano	11
die **Handwerksgruppen** (spezialisierte Handwerker, auf dem Bauplatz der Kathedrale tätig)	le maestranze (artigiani specializzati attivi nel cantiere della cattedrale)	13
die **Handwurzel**	il carpo	12
die **Harmonie** (der Farben, der Töne, der Schatten / des Gebäudes)	l'armonia (di colori, di toni, di ombre / dell'edificio)	7
harmonisch (der harmonische Eindruck)	armonico (l'effetto armonico), armonioso	8/10
die **Hauptstadt**	la capitale	14
die **Hauptverkehrsachse**	l'asse viario principale	14
die **Hauptzentren** (für das Sammeln und die Bearbeitung der Informationen)	le stazioni totali (per la raccolta e l'elaborazione dei dati)	4
das **Haus**	la casa	4/7
Häuser, die Kunstschätze in ihrer Struktur bzw. in dem inneren Raum enthalten oder beherbergen, z. B. Häuser, die einem Künstler, einem Sammler gehört haben	case d'arte (*sing.* la casa d'arte)	6
häuslich (die häusliche Anwendung)	domestico (l'uso domestico)	11
das **Haustier**	l'animale domestico	9
die **Haustür**	la porta di casa	7
die **Haut**	la pelle	7/8
die **Hebamme**	la levatrice	5
heftig	intenso, forte	7
heilig (der Heilige Geist)	santo (lo Spirito Santo)	1/4
der **Heilige**	il santo	4
heimlich	segreto	7
die **Heimsuchung**	la Visitazione	10
heißen (das heißt = d. h.)	chiamarsi (cioè)	1/4
helfen	aiutare	7
hell	chiaro / luminoso	7/9
hellblau	azzurro	2/7
helldunkel-	tonale	10
das **Helldunkel** (= das Chiaroscuro)	il chiaroscuro	10
die **Helldunkelmalerei**	la pittura tonale	10
hellenistisch (das hellenistische Königreich)	ellenistico (il regno ellenistico)	6
die **Helligkeit** / die Leuchtkraft	la luminosità	7
der **Helm**	l'elmo	12
hemisphärisch (die hemisphärische Kuppel)	emisferico (la cupola emisferica)	8
der **Henkel** (der Vase)	l'ansa (del vaso)	2
Hephäst(us)	Efesto	4
Hera	Era	4

herablassen	scendere	11
der **Herbst**	l'autunno	5
herkommen	venire (da)	1
die **Herkunft** (des Menschen)	l'origine (dell'uomo)	13
Hermes	Ermes (Ermete)	4
herrichten	sistemare	14
die **Herrschaft**	il dominio	11
herstellen	preparare, produrre	7/11
die **Herstellung**	la produzione	11
das **Herstellungsjahr** (eines Kunstwerks)	l'anno di produzione (di un'opera d'arte)	4
die **Herstellungsmethode**	il metodo di produzione	11
Hestia	Estia	4
heutzutage	oggigiorno	4
hier	qui	1
die **Hieroglyphe**	il geroglifico	6
das **Hilfsverb** (mit Hilfsverb gebildete Tempora)	il verbo servile / il verbo ausiliare (tempi costruiti con l'ausiliare)	9/11
der **Himation** (= der Mantel, der Umhang)	l'himation (= il mantello)	8
der **Himmel**	il cielo	9
himmelblau	celeste	2
hinaufgehen	salire	5
hinfallen (gerade hinfallen)	scendere, cadere (scendere, cadere dritto)	8
hinter	dietro a	4
Hinter-	posteriore	11
der **Hintergrund** (im Hintergrund)	lo sfondo (sullo sfondo)	4
hinuntergehen	scendere	11
hinzufügen	aggiungere	5
der **Hirte**	il pastore	5
der **Hirtenstab**	il pastorale	4
die **Historienmalerei**	il quadro di soggetto storico, la pittura di storia	10
historisch (das historische Präsens)	storico (il presente storico)	12
hoch (das Hochmittelalter, das / der Hochbarock, die Hochrenaissance)	alto, maturo (l'Alto Medioevo, il Barocco maturo, il Rinascimento maturo)	2
das **Hochdruckverfahren**	il procedimento / processo di stampa in rilievo	4
hochgehen	salire	5
die **Höhe**	l'altezza	8/11
die **Höhlenmalerei**	la pittura rupestre	12
die **Hohlkehle**	la scozia (o trochilo)	3
die **Höhle**	l'antro / la grotta / la caverna	5/11/12
der **Holz**	il legno	4
der **Holzschnitt**	la xilografia	4
der **Homo erectus**	l'homo erectus	11
der **Homo habilis**	l'homo abilis	11
der **Homo sapiens**	l'homo sapiens	11
der **Homo sapiens sapiens**	l'homo sapiens sapiens	11
der **Horizont**	l'orizzonte	9
die **Horizontlinie**	la linea dell'orizzonte	9
der **Hügel**	la collina	12
der **Hügel Oppius**	il Colle Oppio	12
der **Hund**	il cane	12
hundert (einhundert, zweihundert usw.)	cento (cento, duecento ecc.)	5
der **Hunderter** / die **Hunderterstelle**	il centinaio / le centinaia	5
die **Hütte** (die Hütte aus Lehm/Stroh/Holz/Stein)	la capanna (la capanna di fango/paglia/legno/pietra)	5/11
die **Hypothese**	l'ipotesi	2

I

iberisch (an die iberische Küste)	iberico (sulla costa iberica)	5
ich (*Personalpron.*)	io (*pron. pers. sogg.*)	1
idealisiert	idealizzato	6/8
die **Idealisierung**	l'idealizzazione	8
der **Idealismus** (die Philosophie des Idealismus)	idealistico (la filosofia idealistica)	11
identifizieren	individuare	4
ihm (*Personalpron.*)	gli (*pron. atono ind. m. sing.*), a lui (*pron. tonico ind. m. sing.*)	7/13
ihn (*Personalpron.*)	lui (*pron. pers. III pers. m. sing.*) / lo (*pron. atono dir. m. sing*), lui (*pron.tonico dir. m. sing*)	7/13
ihnen (*Personalpron.*)	gli (*pron. atono ind. m. pl.*), a loro (*pron. tonico ind. m. pl.*)	7/13
Ihnen (*Personalpron.* Höflichkeitsform)	Le (*pron. atono ind.* forma di cortesia.), a Lei (*pron. tonico ind. forma di cortesia.*)	7/13

ihr (*Perspron. Subj. 2. Pers. Pl.*)	voi (*pron. pers. sogg. II pers. pl.*)	1
ihr (*Perspron. 3. Pers. Sg. F.*)	le (*pron. pers. atono indir.*), a lei (*pron. pers. tonico indir.*)	7/13
ihr (*Possessivpron. u. Adj. 3. Pers. Sg. F.*)	suo/a (*pron. poss.*), il suo/la sua (*agg. poss.*)	6
ihr, ihre(-r, -s) (*Possessivpron. u. Adj. 3. Pers. Pl.*)	loro (*pron. poss.*), il/la loro (*agg. poss.*)	6
Ihr, Ihre(-r, -s) (*Possessivpron., Adj. u. Höflichkeitsform*)	Suo/a (*pron. poss.*), il Suo/la Sua (*agg. poss.*)	6
die **Ikonografie** (*Adj.* ikonografisch)	l'iconografia (agg. iconografico)	3/9
die **Ikonologie** (*Adj.* ikonologisch)	l'iconologia (*agg.* iconologico)	7
die **Ikonostase**	l'iconostasi	13
illusionistisch (die illusionistiche Architektur)	Illusorio, illusionistico (l'architettura illusionistica)	9
der **Illustrator**	l'illustratore	4
imitieren	imitare	9
immer	sempre	4
der **Imperativ**	l'imperativo	6
das **Imperfetto** (das Imperfekt) / das Präteritum	l'imperfetto	12
das **Imperium** (die Griechen bilden kein Imperium)	l'impero (i Greci non costruiscono un impero)	5
der **Impressionismus**	l'Impressionismo	2
impressionistisch (oder des Impressionismus)	impressionista (o dell'Impressionismo)	2
in (im Zentrum der Szene / in der «Taufe Christi» / in diesem Bild / in der Außenseite / in Süditalien / in einem Museum arbeiten)	in / a (al centro della scena / nel Battesimo di Cristo / in questa foto / all'esterno / nell'Italia del sud / lavorare in un museo)	4/5/6
in der Tat	infatti	10
inchoativ (das inchoative Verb)	incoativo (il verbo incoativo)	4
der **Incrustationsstil**	lo stile a incrostazione	9
die **Indefinita** (die Indefinitadjektive und die Indefinitpronomen)	gli aggettivi e i pronomi indefiniti	12
das **Indigoblau**	l'indaco	7
der **Indikativ** Präsens	l'indicativo presente	1
indirekt (die indirekten unbetonten Objektpronomen)	indiretto (i pronomi atoni indiretti)	7
das **Individuum**	l'individuo	12
die **Industrie**	l'industria	7
der **Infinitiv**	l'infinito	1
infolge	in seguito a	10
die **Informatik-Instrumente**	i supporti informatici	4
informell (die informelle Kunst)	informale (l'arte informale)	2
das (reflektografische) **Infrarot**	l'infrarosso riflettografico	7
die **Infrarotspektrofotometrie**	la spettrofotometria IR	7
die **Infrarotspektroskopie**	la spettroscopia IR	7
das **Internat** (das Internat des Adels)	il collegio (il Collegio dei Nobili)	14
die **Initiative**	l'iniziativa	6
Innen-	interno	9
der **Innenraum**	l'interno	9
in der Innenseite	all'interno	5
innere(-r, -s) oder **Innen-**	interiore	11
die **Innung** (= die Zunft)	la corporazione	13
insbesondere	in modo particolare	10
die **Inschrift** (eine Inschrift auf eine Marmorplatte einritzen)	l'iscrizione (scolpire/incidere un'iscrizione su una lastra di marmo)	4
die **Insel** (die Insel Rhodos)	l'isola (l'isola di Rodi)	12
das **Institut**	l'istituto / il dipartimento	1
die (elektronischen) **Instrumente**	i supporti elettronici	4
die **Integration** (die Integration zwischen Skulptur und Architektur)	l'integrazione (l'integrazione tra / di scultura e architettura)	8
die **Intensität** einer/der Farbe	l'intensità di un / del colore	7
das **Interkolumnium**	l'intercolumnio	3
interessant	interessante	4
die **Interpretation**	l'interpretazione	8
interpretieren	interpretare	5
die **Interpunktion**	l'interpunzione, i segni di punteggiatura	5
intervenieren	intervenire	14
die **Invasion**	l'invasione	11
die **Inventarkarte** (eines Kunstwerks)	la scheda dell'opera	4
ionisch (die ionische Skulptur)	ionico (la scultura ionica)	2

J

ja	sì	1
das **Jagdschlösschen**	la palazzina di caccia	14
der **Jagdsitz**	la residenza di caccia	14
die **Jagdszene**	la scena di caccia	12
die **Jagdutensilien**	gli utensili da caccia	11
jagen	cacciare	11
die **Jagdwerkzeuge**	gli utensili da caccia	11
der **Jäger**	il cacciatore	11
das **Jahr**	l'anno	4
die **Jahreszeit**	la stagione	5
das **Jahrhundert** (Jhd.)	il secolo (sec.)	1/5
die **Jahrhundertwende** (zur Jahrhundertwende)	il volgere del secolo (al volgere del secolo)	5
Januar	gennaio	5
japanisch	giapponese	3
jede(-r, -s) (jede, der drei Ordnungen zeigt ... / jedes Mal, wenn ...)	ognuno, ogni (ognuno dei tre ordini presenta ... / ogni volta che ...), tutti	3/5/10/12
jene(-r, -s)	quel / quello (quell') / quella (quell') / quei / quegli / quelle (*agg. dim.*), quello / quella / quelli / quelle (*pron. dim.*)	6
jenseits («jenseits des Flusses Arno»)	di là / al di là («di là d'Arno«, «Oltrarno»)	4
jetzig (die jetzige Türkei)	attuale (l'attuale Turchia)	5
das **Joch**	la campata	13
der/die **Jugendliche**	il/la giovane	6
die **Jugendproduktion**	la produzione giovanile	10
der **Jugendstil**	lo stile Liberty / il Modernismo / lo stile floreale	2
Juli	luglio	5
jung	giovane	8
der **Junge**	il giovane	7
die **junge Frau**	la giovane	7
die **Jungfrau**	la Vergine	10
die **Jünger**	i discepoli	8
Juni	giugno	5
Juno	Giunone	4
Jupiter	Giove	4

K

das **Kaiserreich**	l'impero	6
Kalabrien	kalabrisch	10
der **Kalbträger**	il portatore di vitello	8
der **Kalk**	la calce	7
der **Kalkmörtel**	la malta di calce	13
der **Kalkstein** (aus Kalkstein)	il calcare (calcareo – *agg.*)	4/13
die **Kalotte** (die Kalotte der Apsis)	la calotta (il catino absidale)	12
kalt (die kalten Farben)	freddo (i colori freddi)	7
die **Kaltnadel**	la puntasecca (attrezzo)	4
die **Kaltnadelradierung**	la puntasecca (tecnica o opera)	4
das **Kalziumsulfat**	il solfato di calcio	7
Kampanien	Campania	10
kampanisch	campano	10
der **Kampf**	la lotta	13
kämpfen	lottare	13
der **Kämpferaufsatz**	il pulvino	13
die **Kannelierung**	la scanalatura	3
die **Kannelur**	la scanalatura	3
die **Kannelüre**	la scanalatura	3
der **Kanon des Polyklet**	il Canone di Policleto	2
kanonisch (die kanonischen Evangelien)	canonico (i Vangeli canonici)	5
die **Kanzel**	il pergamo	5
die **Kapelle**	la cappella	2
das **Kapitell** (das Kapitell besteht aus)	il capitello (il capitello si compone di)	2/3
kapitolinisch (die kapitolinische Triade)	capitolino (la triade capitolina)	5
die **Kappe** (des Gewölbes)	la vela (della volta)	13
die **Karaffe**	la caraffa	7
der **Kardinal**	il cardinale	11
die **Kardinalzahl**	il numero cardinale	5
karminrot	rosso carminio	7

karolingisch	carolingio	2/13
karstig (das karstige Phänomen)	carsico (il carsismo)	12
die **Karteikarte**	la scheda dell'opera	4
die **Karteikarte** der stratigrafischen Einheit	la scheda dell'Unità Stratigrafica (la scheda U.S.)	11
der **Karton**	il cartone	4
die **Kasse**	la biglietteria	6
die **Kassette** (ein Gewölbe mit Kassetten)	il cassettone (una volta con cassettoni)	10
das **Kassettengewölbe** (unter einem Kassettengewölbe)	la volta cassettonata (sotto una volta cassettonata)	10
kastanienbraun	castano	7
kastenförmig (der kastenförmige Sarkophag)	a forma di cassa (il sarcofago a cassa)	6
die **Katalogisierung**	la catalogazione	4
die **Katalogkarte**	la scheda dell'opera	4
die **Kathedrale**	la Cattedrale	4
die **Katze**	il gatto	12
kaufen	acquistare	7/11
der **Kaukasus**	il Caucaso	11
keine(-r, -s)	nessuno/a	12
der **Kelch**	il calice (*qui*: la coppa)	7
kennen (Kennst du diese Wörter?)	conoscere (Conosci queste parole?)	1
kennenlernen (1862 lernt er Manet ... kennen)	conoscere (qualcuno) (Nel 1862 conosce Manet ...)	5
die **Keramik**	la ceramica	5
keramisch (die keramische Produktion)	ceramico, di ceramica (la produzione ceramica)	12
der **Kilometer**	il chilometro o kilometro	11
das **Kind**	il bambino	5/12
das **Kinn**	il mento	8
die **Kirche**	la chiesa	1
klar (Ja, klar!)	nitido, certo (Sì certo!)	7/1
klassifizieren	classificare	4
die **Klassifizierung**	la classificazione	4
die **Klassik**	la classicità	2
der **Klassizismus** (des Klassizismus)	il Neoclassicismo (neoclassico)	2
klassizistisch	classicista / neoclassico	2
die **Kleidung**	l'abito	7
klein (die kleine Figur / kleine Schätze)	piccolo (la piccola statua = la statuetta / piccoli gioielli)	6
das **Kleinasien** (an den Küsten Kleinasiens)	l'Asia minore (sulle coste dell'Asia minore)	5
kleinen Maßes	di piccole dimensioni	7
Kleobis und Biton	Kleobis e Biton (*anche*: Kleobi e Bitone)	8
die **Klinge** (des Dolches / der Lanze / des Schwertes)	la lama (del pugnale / della lancia / della spada)	11
die **Klippe**	la scogliera	5
die **Klosteranlagen** (*Sg.* die Klosteranlage)	i complessi monasteriali (*sing.* il complesso monasteriale)	6
die **Klosterkirche**	la chiesa del convento	4
das **Knie**	il ginocchio (*pl.* le ginocchia)	8
die **Kniescheibe**	la rotula	12
der **Knochen**	l'osso (*pl.* le ossa)	8
kobaltblau	blu cobalto	7
der **Kohlenstoff 14**	il carbonio 14	4
das **Kohlenstoffschwarz**	il nero di carbonio	7
das **Kohlenschwarz**	il nero di carbone	7
die **Kohlezeichnung**	il disegno a carboncino	4
die **Kolonie**	la colonia	5
die **Kolonisierung**	la colonizzazione	11
die **Kombination** von Farben	l'abbinamento di colori	7
das **Komma**	la virgola	5
kommen (aus / nach *bzw.* zu ... kommen)	venire (venire ... da / a)	6
der **Komparativ**	il grado comparativo	8
die **Komplementärfarben**	i colori complementari	7
die **Komposition**	la composizione	2
die **Konche,** die Kalotte der Apsis / die Apsidialkonche	il catino absidale	10
der **Konferenzraum**	la sala conferenze	6
der **König**	il re	9
die **Königin**	la regina	6
das **Königreich**	il regno	6
der **Konkurrent**	il rivale	7
können	potere	9
Können Sie Ihren Namen buchstabieren?	Può scandire il suo nome?	1
der **Konservator** / die **Konservatorin**	il conservatore / la conservatrice	6
die **Konsole**	il peduccio	13
konsolidiert (konsolidierte Verbreitung)	consolidato (consolidata diffusione...)	12
die **Kontakte** zwischen den Schulen	i contatti tra scuole	13
der **Kontrapost**	il chiasmo	2
der **Kontrast** der Komplementärfarben	il contrasto dei (colori) complementari	7

konzentriert sich (*Inf.* sich konzentrieren)	si concentra (*inf.* concentrarsi)	5
kopflos	acefalo/a	8
die **Kopie**	la copia	2
der **Korb** / der kleine **Korb**	il cesto / il cestino	6
korinthisch (die korinthische Ordnung)	corinzio (l'ordine corinzio)	3
der **Körper**	il corpo	2
die **Körperlichkeit**	il modellato	8
korrigieren	correggere	11
die **Kraft** (die Kraft des auferstandenen Christus)	la forza (la forza del Cristo risorto)	13
kräftig	massiccio	5
der **Kragstein**	il peduccio	13
kreisförmig	circolare	8
die **kreuzförmige** Öffnung (kleines kreuzförmiges Fenster)	l'apertura a croce (piccola finestra a forma di croce)	13
der **Kranz**	la ghirlanda	1
das **Kranzgesims**	la cornice orizzontale	3
kreieren	creare	4
der **Kreis**	il cerchio	8
kreisförmig	circolare	8
das **Krepidoma**	il crepidoma (o la crepidine)	3
die **Krepis**	il crepidoma (o la crepidine)	3
kretische (Kunst)	(arte) cretese	2
das **Kreuz** (als Form in der Architektur: mit dem Grundriss des griechischen/lateinischen Kreuz / der Grundriss nach dem griechischen/lateinischen Kreuz)	la croce (*come forma in architettura*: la pianta a croce greca / a croce latina)	1/13
die **Kreuzabnahme**	la Deposizione (dalla Croce)	10
der **Kreuzgang**	il chiostro	1
das **Kreuzgewölbe**	la volta a crociera	10/13
die **Kreuzigung**	la Crocifissione	10
der **Kreuzpfeiler**	il pilastro cruciforme	13
das **Kreuzrippengewölbe**	la volta a crociera costolonata	13
die **Kreuzung**	l'incrocio	8
der **Krieger**	il guerriero	11
die **Krippe**	la mangiatoia / il presepe	5
kritisieren	criticare	7
die **Krone** («die Krone der Vergnügen»)	la corona («la corona di delizie» o piaceri)	14
das **Kruzifix**	il crocifisso	1
die **Krypta**	la cripta	13
kubisch	cubico	8
der **Kubismus**	il Cubismo	2
kubistisch	cubista	2
die **Küchen** (*Sg.* die Küche)	le cucine (*sing.* la cucina)	8
die **Kugel**	la sfera	8
kugelförmig	sferico	8
die **Kuh**	la mucca	12
die **Kühle**	la frescura	9
das **Kulturerbe**	il patrimonio culturale	6
der **Kult**(us)	il culto	12
sich (um etwas) kümmern (er kümmert sich um die Bauarbeiten)	occuparsi di / seguire (egli segue la costruzione)	8
die **Kunst** / die zeitgenössische Kunst / die visuellen Künste	l'arte / l'arte contemporanea / le arti visive	1
die **Kunstgattungen** (*Sg.* die Kunstgattung)	i generi artistici (*sing.* il genere artistico)	4
das **Kunsthandwerk**	l'artigianato artistico	11
die **Kunstkritik**	la critica (d'arte)	5
der **Kunstkritiker**	il critico d'arte	2
der **Künstler** / die **Künstlerin**	l'artista / l'autore (l'autrice) di un'opera	1/4
künstlerisch	Artistico	4
künstlich (das künstliche Pigment)	artificiale (il pigmento artificiale)	7
das **Kupfer**	il rame	7
kupferfarben	color rame	7
die **Kupferlasur**	l'azzurrite	7
kupferrot	ramato	7
der **Kupferstecher**	l'incisore	4
der **Kupferstich**	l'incisione su rame	4
die **Kupferzeit**	l'età del rame	11
kurvenförmig / **krummlinig**	curvilineo	14
kurz (die kurzen Arme)	corto (le braccia corte)	8
die **Küste**	la costa	9
Küsten- (die Küstenstraße)	costiero (la strada costiera)	12
das **Kyma**	la cimasa	3
das **Kymation**	il kymation	3

L

der **Lack**	la vernice	7
die **Lackfarbe**	la lacca (*pl.* le lacche)	7
die **Laibung**	l'intradosso (dell'arco)	13
die **Laibungsschräge**	la strombatura (della porta, della finestra)	13
mit Laibungsschrägen	strombato	13
die **Lampe**	la lampada	10
das **Land**	la regione / il territorio / la campagna	6/11/12
das **Landesmuseum**	il museo regionale	6
die **Landschaft**	il paesaggio	5
die **Landschaftsdarstellung**	il paesaggio	9/10
lang (die langen Haare)	lungo (i capelli lunghi)	8
langobardisch	longobardo	2
die **Länge**	la lunghezza	11
Längs- (mit Längsfalten)	In verticale, per lungo, in lunghezza (con pieghe verticali)	8
der **Längsgrundriss**	la pianta longitudinale	13
der **Längsschnitt**	lo spaccato (la sezione) longitudinale	14
die **Lanze**	la lancia	8/11
das **Lapislazuliblau**	il blu di lapislazzuli	7
der **Laser-Scanner**	lo scanner laser	4
die **Lasur**	la velatura	10
lateinisch (lateinischer Herkunft bzw. lateinischer Etymologie)	latino (di origine / di etimologia latina)	5/11
die **Laterne**	la lanterna	8
Latium	aus Latium	10
der **Laubengang**	il portico	13
laufen, rennen	correre	8/11
die **Lava**	la lava	11
die **Laute**	i suoni	1
leben	vivere	11
das **Leben**	la vita	5
lebendig	vivo	7
lebhaft	vivace	8
die **Lebensqualität einer Stadt**	la vivibilità di una città	14
das **Leder**	il cuoio	12
legen	inserire	4
die **Legionäre**	i legionari (i soldati romani)	4
der **Lehm**	il fango, l'argilla	11
die **Lehre** (die Lehre der flämischen Meister)	la lezione (la lezione dei pittori fiamminghi), l'insegnamento / l'apprendistato	4/13
die **Lehrlinge**	gli apprendisti	13
leicht (*Adj.*)	leggero (*agg.*)	8
leicht (*Adv.*)	leggermente, facilmente (*avv.*)	8/10
leidend (der leidende Christus)	sofferente (il Christus patiens)	3/8
leider	purtroppo	7
die **Leihgabe**	il prestito	6
das **Leinen** (aus Leinen)	il lino (di lino)	6
der **Leinstoff**	il lino, il tessuto di lino	6
die **Leinwand**	la tela	2
leise (*Adj. u. Adv.*)	silenzioso (*agg.*) / in silenzio, silenziosamente (*avv.*)	10
die **Leiste**	l'inguine	8
leiten (etwas leiten/ableiten)	condurre (derivare qualcosa da qualcosa)	6
der **Leiter** der Bauhütte	il capocantiere	13
der **Lendenschurz**	il perizoma	8
im Stile **Leonardo da Vincis**	leonardesco	7
lernen (von Giorgione lernen)	imparare, studiare, trarre insegnamento (trarre insegnamento da Giorgione)	1/10
lesen	leggere	1
letzte(-r, -s)	ultimo	11
die **Leuchtkraft**	la luminosità	7
das **Licht**	la luce	4
eine **Lichtquelle**	una fonte luminosa	7
liegen (die Madonna liegt in einem Bett)	essere steso (la Madonna è stesa su un letto)	5
Ligurien	Liguria	10
ligurisch	ligure	10
lila	lilla	7
die **Lilie**	il giglio	4
die **Linde**	il tiglio	11

linke(-r, -s) (links, links von)	sinistro/a (a sinistra / a sinistra di)	1/4
der **Linoldruck**	la linografia	4
die **Lippe**	il labbro (*pl.* le labbra) (del vaso, di una persona)	2/7/8
die **Lisene**	la lesena	13
die **Lithografie**	la litografia	4
lockig (die lockigen Haare)	riccio (i capelli ricci)	8
die **Loggia** (unter einer Loggia)	il loggiato (sotto / in un loggiato)	10
(sich) **lohnen**	convenire	6
Lombardei	Lombardia	10
lombardisch	lombardo	10
löschen	spegnere	11
lösen	risolvere	11
lösen (sich lösen)	sciogliere (sciogliersi)	5
der **Löwe**	il leone	4
lückenhaft (das lückenhafte Fresko)	lacunoso (l'affresco lacunoso)	9
die **Luftaufnahme**	la fotografia aerea	4
die **Luftdichte**	la densità atmosferica	10
lukanisch	lucano	10
die **Lünette**	la lunetta	13
das **Lünettenrelief**	la lunetta scolpita	13

M

machen (auch: machen = werden lassen)	fare, svolgere / rendere	6/11
die **Macht**	il potere	11
die **Mächtigen** (*Sg.* der Mächtige)	i potenti (*sing.* il potente)	10
das **Machtzentrum**	il polo / il centro di potere	14
das **Mädchen**	la fanciulla	8
Madonna mit Kind	Madonna con Bambino	10
die **Maestà**	la Maestà (la Madonna in Maestà, il Cristo in Maestà)	10
das **Magazin**	il deposito delle opere	6
magenta	magenta	7
magisch (die magischen Riten)	magico (i riti magici)	12
die **Magnetometer-Prospektion**	la prospezione magnetometrica	11
mahlen (die Farben bzw. die Pigmente mahlen)	macinare (macinare i colori, i pigmenti)	7
Mai	maggio	5
majestätisch	maestoso	14
makedonisch (die makedonische Zeit)	macedone (il Periodo macedone)	6
mal (x)	per	5
der **Malachit**	la malachite	7
malen	dipingere	1
der **Maler** / die **Malerin**	il pittore / la pittrice	1
die **Malerei**	la pittura	1
malerisch	pittorico	1
die **Malmittel** (*Pl.*)	le pitture (*pl.*), i colori per dipingere	7
die **Maltechnik**	la tecnica pittorica	4
die **Malweise**	il metodo pittorico	9
das **Mammut**	il mammut	12
man	si	9
die **Mandorla**	la mandorla	13
die **Maniera** (die «moderne Maniera»)	la maniera (la «maniera moderna»)	10
der **Manierismus** (des Manierismus)	il Manierismo (*agg.*: manierista)	2
der **Mann**	l'uomo (*pl.* gli uomini)	8
männlich	maschile	12
der **Mantel**, der **Umhang**	il mantello	8
die **Marken** (aus den Marken)	Le Marche (marchigiano)	10
der **Marmor** (*Adj.*: aus Marmor)	il marmo (*agg.*: marmoreo)	2
die **Marmorplatte**	la lastra di marmo	4/9
die **Marmorverkleidung**	il rivestimento a lastre di marmo	9
Mars	Marte	4
das **Martyrion**	Il martirion	8
das **Martyrium**	il martirio	4
der **Märtyrertod** (des Heiligen Sebastian)	il martirio (di San Sebastiano)	4
marxistisch	marxista	11
März	marzo	5
die **Maske**	la maschera	1
maskulin (das/ein Maskulinum)	maschile (il genere maschile / un nome maschile)	2
das **Massenbegräbnis**	la sepoltura collettiva	12
die städtebauliche/stadtplanerische **Maßnahme**	l'intervento urbanistico	14

der Maßstab	la scala	14
die Mastaba	la mastaba	6
der Master	il master / la laurea specialistica	1
das Material	il materiale	3
materiell (die materielle Kultur)	materiale (la cultura materiale)	11
materisch	materico	10
matriarchische (die matriarchische Gesellschaft)	matriarcale (la società matriarcale)	11
matt	opaco	7
die Mauer (die kleine Mauer als Einzäunung)	il muro (il muretto di recinzione)	9
das Mausoleum	il mausoleo	13
die Mediathek	la videoteca, la mediateca	1
das Meer	il mare	9
die Meereswassertiefe	il fondale marino	12
die Megalithen	i megaliti	12
die megalithische Architektur	l'architettura megalitica	12
das Mehl	la farina	12
mehr	più	8
mein, meine(-r, -s) (*Possessivpron. u. Adj.*)	mio/a (*pron. poss.*), il mio/la mia (*agg. poss.*)	6
meiner Meinung nach	secondo me	3
meistens	per lo più (*o* perlopiù)	10
der Meister (der anonyme/unbekannte Meister)	il maestro (il maestro anonimo)	10/13
die Meister aus Campione (= aus dem Tessin)	i Maestri Campionesi	13
die Meister aus Como bzw. aus der Umgebung von Como	i Maestri Comacini	13
der Meister der Metopen	il Maestro delle Metope	13
das Meisterwerk	il capolavoro	5
die Menge (an Licht)	la quantità (di luce)	10
der Menhir	il menhir	12
die Mensa	la mensa	1
die Menschengruppen	i gruppi umani	11
der Mensch	l'uomo (*pl.* gli uomini), il genere umano	11
menschlich (die menschliche Figur)	umano (la figura umana)	8
Mercurius/Merkur	Mercurio	4
das Mesolithikum	il mesolitico	11
Mesopotamien	la Mesopotamia	11
sich messen	misurarsi, confrontarsi	10
das Metall (die Anwesenheit des Metalls im Boden)	il metallo (la presenza di metallo nel terreno)	4
der Metalldetektor	il metaldetector	4
der/das Meter	il metro	11
die Metope	la metopa	2
mich (*Personalpron.*) / mich (*Reflexivpron.*)	mi (*pron. atono dir.*), me (*pron. tonico*) / mi (*pron. rifl.*)	10/13
die Mikroskopuntersuchung	l'osservazione al microscopio	7
milchweiß	bianco latte	7
die Militärkleidung	gli abiti militari	4
die Militärviertel	i quartieri militari	14
mineral (das Mineralpigment)	minerale (il pigmento minerale)	7
das Mineral	il minerale	7
minus	meno	5
mir (*Personalpron.*)	mi (*pron. atono indir.*), a me (*pron. tonico indir.*)	7
mischen (die Farben mischen)	mescolare (mescolare, preparare i colori)	7
mit	con	3
der Mitarbeiter	il collaboratore	10
mit einbeziehen	coinvolgere	10
mithilfe von, durch	per mezzo di	10
die Mitra (= die Bischofsmütze)	la mitra	4
der Mittag	il mezzogiorno	5
die Mitte (zur Mitte des Jahrhunderts)	la metà (a metà secolo)	5
mittel (das Mittlere Reich)	medio (il Medio Regno)	6
das Mittelalter / das Hoch-/Spätmittelalter	il Medioevo / l'Alto / il Basso Medioevo	5
mittelalterlich (das Museum für mittelalterliche Kunst)	medievale (il museo di arte medievale)	6
mittelgroß	di medie dimensioni	7
die Mittelhand	il metacarpo	12
der Mittelmeerraum (aus dem Mittelmeerraum)	il Mediterraneo (*agg.*: mediterraneo)	5/12
Mittwoch	mercoledì	5
die Modalverben	i verbi modali	9
das Modell	la modella (*m.* il modello)	7
die Modellierung	il modellato	8
modern (das Museum für moderne Kunst)	moderno (il museo di arte moderna)	6
modisch	di moda	9
mögen	volere, piacere	9
Molise (aus der Region Molise)	il Molise (molisano)	10
der Monat	il mese	5

der **Mond**	la luna	9
monotheistisch (die monotheistische Anbetung)	monoteista / monoteistico (il culto monoteistico)	6
Montag	lunedì	5
monumental	monumentale	9
Monumente (*Sg.* das Monument)	monumenti (*sing.* il monumento)	6
moosgrün	verde muschio	7
das **Moor**	la palude	12
morgen	domani	4
der **Morgen**	il mattino	5
der **Mörtel**	la malta	13
das **Mosaik**	il mosaico	1
Mosaik-, Musiv-, musivisch	musivo (agg.)	9
der **Mosaikstein**	la tessera (del mosaico)	9
die **Mühle**	il mulino	6
der **Mühlstein**	la macina	12
die **Mumie**	la mummia	6
mumifiziert	mummificato	6
der **Mund**	la bocca	2
die **Münzen** (*Sg.* die Münze)	le monete (*sing.* la moneta)	4
die **Muschel**	la conchiglia	11
das **Museum**	il museo	1
die **Museumsleitung**	la direzione (del museo)	6
der **Musiker** / die **Musikerin**	il/la musicista (*pl.* i musicisti / le musiciste)	6
musizierend	musicante	10
der **Muskel**	il muscolo	8
die **Muskulatur**	la muscolatura	8
muskulös (ein muskulöser Körper)	muscoloso (un corpo muscoloso)	8
müssen	dovere	9
das **Muster**	il motivo	9
die **Muttergöttin**	la dea madre	11
das **Mutterland**	la madrepatria	5
mykenisch (mykenische Kunst)	miceneo (arte micenea)	2
Mykene	Micene	2
der **Mystiker**	il mistico	5
die **Mythologie**	la mitologia	9
mythologisch (das mythologische Bildthema / die mythologische Erzählung)	mitologico (il soggetto mitologico / la favola mitologica)	10
der **Mythos**	il mito	10

N

nach (nach den neueren Forschungen / nach dem Muster des Martyrions / nach Christus (n. Chr.) / nach Hause gehen)	secondo (secondo gli studi più recenti), su (sul modello del martyrion) / dopo (dopo Cristo = d. C.) / a (andare a casa)	4/8/5/6
nach vorne	in avanti	8
nachdem	dopo che	10
der **Nachmittag**	il pomeriggio	5
die **Nachricht**	la notizia	11
nächste(-r, -s)/kommende	prossimo	11
die **Nacht**	la notte	5
der **Nacken**	la nuca	8
nackt (die nackte Erde / der nackte Boden)	nudo (la nuda terra)	5/8
der **Nagel**	l'unghia	7/8
nah	prossimo	9
die **Nähe**	la vicinanza	10
der **Nahe Osten** (Nahost)	il Vicino Oriente	11
der **Name**	il nome	1
nämlich	infatti	10
der **Narthex**	il nartece	13
die **Nase**	il naso	8
die **Natur**	la natura	9
der **Naturalismus**	il naturalismo	7
naturalistisch	naturalistico	7
der **Naturfarbstoff**	il colorante naturale	7
die **Naturkatastrophe**	il cataclisma	11
natürlich (*Adj.*)	naturale	4
natürlich (*Adv.*)	naturalmente (= certamente / certo che)	10
der **Neandertaler** (bzw. **Neanderthaler**)	l'uomo di Neandertal (o Neanderthal)	11
neben (neben den Häusern)	accanto, vicino a (vicino alle case)	4/5
die **Nebeneinanderstellung von Farben**	la giustapposizione di colori	7

die **Nebenräume**	gli ambienti di servizio	8
nehmen	prendere	1
nein	no	3
das **Neolithikum**	il neolitico	11
neolithisch (die neolithische Revolution)	neolitico (la rivoluzione neolitica)	11
nervös	nervoso	4
Nethuns	Nettuno	4
die **Netzstadt**	la rete di città	14
neu (die neuen Technologien)	nuovo (le nuove tecnologie)	4
neueste	recente	12
das **Neugeborene**	il neonato	12
neun	nove	5
neunte(-r, -s)	nono/a	5
neunundzwanzig	ventinove	5
neunzehn	diciannove	5
neunzehnte(-r, -s)	diciannovesimo	5
neunzig	novanta	5
nicht	non	3
nicht nur ..., sondern auch	non solo ... ma anche	10
die **Niederlage**	la sconfitta	9
niedrig (die niedrige Balustrade)	basso (la bassa balaustra)	9
niemand	nessuno	12
die **Nische**	la nicchia	8
das **Niveau** (zum Niveau des Sockels)	il livello (a livello del basamento)	1/8
noch	ancora	7
noch mal	di nuovo	7
der **Nomade**	il nomade	11
nomaden- (*Adj.*)	nomade (*agg.*)	11
das **Nomen** (Nomina, die das Geschlecht im Plural ändern)	il nome (nomi che cambiano genere al plurale)	8
normannisch	normanno	2
November	novembre	5
die **Nuance**	la sfumatura	7
null	zero	5
der **Numerus** (Singular/Plural)	il numero (singolare/plurale)	2
nur	solo	5
nur wenn	purché, a condizione che	10
das **Nutztier**	l'animale da allevamento	9
das **Nymphäum**	il ninfeo	9

O

der **Obelisk**	l'obelisco	11
obere *oder* **Ober-** (die obere Lippe)	superiore (il labbro superiore)	11
der **Oberarmknochen**	l'omero	12
der **Oberdirektor** (der Oberdirektor der Antiquitäten und der schönen Künste)	il Direttore generale (il Direttore generale delle Antichità e Belle Arti)	11
der **Obergaden**	il claristorio	13
der **Oberkiefer**	la mascella	12
der **Oberkörper**	la parte superiore del corpo	8
der **Oberschenkelknochen**	il femore	12
das **Objekt**	l'oggetto	9
das **Objektpronomen** (die direkten und indirekten / betonten und unbetonten Objektpronomen)	i pronomi oggetto (i pronomi diretti e indiretti / tonici e atoni)	7/13
der **Obsidian**	l'ossidiana	11
das **Obst**	la frutta	7/9
«Der **Obstkorb**» (Caravaggio)	la «Canestra di frutta» (Caravaggio)	7
obwohl	benché/sebbene	10
der **Ochse**	il bue	5
der **Ocker**	l'ocra	7
das **Oculus** (rundes Fenster)	l'oculo	13
oder / oder auch / oder (=besser gesagt) **/ oder noch**	oppure / o / ovvero / ossia / o ancora	6/10/8
Odysseus	Ulisse	12
offenbaren	rivelare	7
öffentlich (das öffentliche Museum)	pubblico (il museo pubblico)	6
öffnen	aprire	6
die **Öffnung**	l'apertura	9
die **Öffnungszeit des Museums**	l'orario di apertura del museo	6
oft	spesso	10
ohne (ohne den Kopf) **/ ohne, dass ...**	senza (senza la testa) / privo di / senza che ...	8/9/10

das **Ohr**	l'orecchio (*pl.* le orecchie)	8
ocker (ockergelb/ockerbraun)	ocra (giallo ocra / giallo ocra scuro)	7
ockerfarben *bzw.* **ockerfarbig**	color ocra	7
das **Ökosystem**	l'ecosistema	12
Oktober	ottobre	5
das **Öl** (auf Leinwand/Tafel/Karton)	l'olio (su tela/tavola/cartone)	4
olivgrün	verde olivo	7
die **Ölmalerei**	la pittura ad olio	4
der **Opisthodom**(os)	l'opistodomo	3
das **Opus sectile**	l'opus sectile	9
das **Opus signinum**	l'opus signinum	9
das **Opus tessellatum**	l'opus tessellatum	9
das **Opus vermiculatum**	l'opus vermiculatum	9
orange	arancione / color arancio / arancio	2
die architektonische **Ordnung**	l'ordine architettonico	2
die städtische **Ordnung**	l'assetto urbano	14
organisch (das organische Pigment)	organico (il pigmento organico)	7
original	originale	2
das **Original**	l'originale	2
das **Originalwerk**	l'opera originale	3
orphisch (der orphische Kubismus)	orfico (il Cubismo orfico)	5
die **Ortsadverbien**	gli avverbi di luogo	4
die **Ortsangaben**	le forme locative, i complementi di luogo	4
die **Ortspräpositionen**	le preposizioni di luogo	4
ottonisch	ottoniano	2
oval	ovale	8

P

das **Paläolithikum**	il paleolitico	11
das **Palais**	il castello	6
der **Palast**	il palazzo	11
die **Palastkapelle**	la cappella palatina	2
die **Palisade**	la palizzata	11
die **Palme**	la palma	4
der **Pantokrator**	il Cristo Pantocratore	10
der **Papyrus**	il papiro	6
parallel (*Adj. u. Adv.*)	parallelo (*agg.*) / parallelamente (*avv.*)	14/11
der **Parcours** (für den Besucher)	il percorso di visita	6
der **Park**	il parco	6
das **Parterre**	il piano terra	6
das **Partizip** (Perfekt/Präsens)	il participio (passato/presente)	6/10
das **Passato prossimo**	il passato prossimo	8
das **Passato remoto**	il passato remoto	12
passieren, geschehen	avvenire	11
die **Passivform**	la forma passiva	14
passivwirkend (das passivwirkende «si»)	passivante (il «si» passivante)	9
das **Pastell**	il pastello	4
die **Pastellfarben**	le tinte pastello	8
das **Pathos**	il pathos	9
patriarchische (die patriarchische Gesellschaft)	patriarcale (la società patriarcale)	11
der **Patrizier**	il patrizio	10
das **Pavillon**	il padiglione	11
der **Peloponnes**	il Peloponneso	8
das **Pendentiv**	il pennacchio (della cupola)	13
die **«Peplos-Kore»** (= das Mädchen mit dem Peplos)	la Kore del/col peplo	7/8
perfekt	perfetto	8
der **Peridromos**	il peridromo, la peristasi	3
die **Peripherie**	la periferia	14
der **Peripteros**	il tempio periptero	5
die **Peristasis**	la peristasi	3
die **Perlenschnur** (*auch:* der Perlstab oder die Astragale)	gli astragali (*pl.*)	3
der **Perserschutt**	la «colmata persiana»	8
persisch	persiano	9
das **Personal**	*hier:* la servitù, il personale di servizio	8
das **Personalpronomen** (Subjekt)	il pronome personale (soggetto)	6
die **Perspektive**	la prospettiva	1
die **Perspektive des Verschwindens**	la «prospettiva dei perdimenti»	10
in perspektivischer Verkürzung	di scorcio	4

der **Pfahlbau**	la palafitta	11
die **Pfeile**	le frecce	11
der **Pfeiler**	il pilastro	10
die **Pfeilspitze**	la punta (di freccia, delle frecce)	11
das **Pferd** (auf dem Pferd)	il cavallo (a cavallo)	4
die **Pflanze**	la pianta	9
die **Pflanzfaser**	le fibre vegetali	11
pflanzlich (die pflanzliche Faser)	vegetale (la fibra vegetale)	11
pflegen	curare	10
pflücken	cogliere	9
der **Pharao**	il faraone	6
die **Philosophische Fakultät**	la Facoltà di Lettere e Filosofia	1
die **Physiognomie**	la fisionomia	10
das **Piedestal**	il piedistallo	3
Piemont	Piemonte	10
piemontesisch	piemontese	10
die **Pietà**	la Pietà	10
der **Pilaster**	la parasta	13
der **Pilger** / die **Pilgerin**	il pellegrino / la pellegrina	7
die **Pilgermadonna**	la Madonna dei pellegrini	7
die **Pinakothek**	la pinacoteca	4/6
der **Pinsel**	il pennello	2
der **Pinselduktus**	la pennellata	2
die **Pinselführung**	la pennellata	2
planen	pianificare	14
die **Planimetrie**	la planimetria	11
die **planimetrische Vermessung**	il rilievo planimetrico	11
das **Plastilin**	la plastilina	4
plastisch (die plastischen Reliefs der Fassade)	plastico, scultoreo (i rilievi scultorei della facciata)	13
die **Platte** (die Kupfer-, Zinkplatte usw.)	la lastra (la lastra di rame, di zinco ecc.)	4
der **Platz**	la piazza	4
Plinius der Ältere	Plinio il Vecchio	12
die **Plinthe**	il plinto, il dado (del piedistallo)	3
plus	più	5
das **Podium**	il podio	8
die **Polargebiete**	le regioni polari	12
die **Polis** (in dem Raum der alten Polis)	la polis (nell'area dell'antica polis)	5
der **Pollen**	il polline	11
die **Pollenablagerung**	il deposito di polline	11
polychrom (= mehrfarbig)	policromo	7
die **Polychromie**	la policromia	7
das **Polyptychon**, der **Flügelaltar**	il polittico	3
das **Pontile** (architektonische Struktur über der Krypta, die den Altar vom Mittelschiff trennt)	il pontile	13
die **Pop-Art**	pop art	2
das **Portal** (das Mittel-/Seiten-/Hauptportal)	il portale centrale/laterale/maggiore o principale	13
der **Portikus**	il portico	14
das **Porträt**	il ritratto	7
porträtieren	ritrarre	10
der **Porträtmaler**	il ritrattista	10
Poseidon	Poseidone	4
posieren	posare	7
positiv	positivo	10
der **Positiv**	il grado positivo	11
die **Possessivadjektive**	gli aggettivi possessivi	6
das **Possessivpronomen**	il pronome possessivo	6
die **Postkarte**	la cartolina	7
die **Postmoderne**	il Postmoderno	2
prächtig	sontuoso	10
die **Präfiguration**	la prefigurazione	7
das **Präfix**	il prefisso	8
pragmatisch	pragmatico	10
praktisch	pratico, pragmatico	10
das **Praktikum**	il tirocinio	1
prähellenisch	preellenici	8
das **Präparat** (die Präparate in der Tube)	il preparato (i preparati in tubetto)	7
die **Präposition**	la preposizione	3
die **Prärie**	la prateria	12
die **Predella**	la predella	3
das **Presbyterium**	il presbiterio	13
preußisches Blau	blu Prussia	7

die **Primärfarbe**	il colore primario	7
die **Prinzessin**	la principessa	6
privat	privato	6/14
die **Probenentnahme** im Areal	il campionamento dell'area	11
das **Problem**	il problema	2
produzieren	produrre	6
der **Professor** / die **Professorin**	il professore / la professoressa	1
profitieren	approfittare (di qualcosa)	7
das **Projekt**	il progetto	11
der **Projektleiter**	il direttore del progetto	11
die **Promotion** (die **Promotionsforschung**)	il dottorato di ricerca	1
das **Pronaos**	il pronao	3
die **Pronominalpartikel «ne»**	la particella pronominale «ne»	13
die **Proportione**	le proporzioni	8
die **Proportionalverhältnisse**	i rapporti proporzionali	8
die **Prostituierte**	la prostituta	7
die **Protagonisten**	i protagonisti	9
die **Provenienz**	la provenienza	9
die **Provinz**	la provincia	6
die **Prozentzahl**	la percentuale	5
die **Prüfung/Klausur**	l'esame	4
die **Prunktreppe**	lo scalone	14
psychologisch (die psychologische Betrachtungsweise)	psicologico (l'osservazione psicologica)	10
ptolemäisch (die ptolemäische Zeit)	tolemaico (il Periodo tolemaico)	6
das **Pulver**	la polvere	7
der **Punkt**	il punto	5
purpurrot	rosso porpora	7
der **Putz**	l'intonaco	9
die **Pyramide**	la piramide	6

Q

das **Quadrat**	il quadrato	1
quadratförmig	quadrato	8
der **Quadraturmaler**	il quadraturista	1
das **Quadriforium**	il quadriforio	13
der **Quadriportikus**	il quadriportico	5
das **Quartier**	il quartiere	14
die **Quelle**	la fonte	12
quer	obliquo	14
die **Querstraße**	la via trasversale, obliqua o diagonale	14
der **Quer-/Längsbogen**	l'arco trasversale/longitudinale	13
das **Querschiff**	il transetto	13

R

Radial- (die Radialstadt)	radiale (la città radiale)	14
der **Radierer**	l'incisore	4
die **Radierung**	l'acquaforte	4
das **Radiocarbon** bzw. **Radiokarbon**	il radiocarbonio	4
der **Radiokohlenstoff**	il carbonio radioattivo	4
der **Radius**	il raggio	14
die **Raegula**	la raegula (tempio greco)	3
raffiniert	raffinato	9
der **Rahmen**	la cornice	2
der **Rand**	l'orlo	2
sich **rasieren**	farsi la barba	10
rationalistisch	razionalista	2
der **Rationalismus**	il Razionalismo	2
das **Raubtier**	la belva, la fiera	9
rauchgrau	grigio fumo	7
der **Raum**	l'ambiente, lo spazio	6/9
räumlich (das räumliche Schema der Stadt)	spaziale (lo schema spaziale della città)	14
realistisch	realista (= del Realismo) / realistico (= vicino, simile alla realtà)	2/8
der **Realismus** (des Realismus)	il Realismo (del Realismo, realistico)	2
die **Rechenzeichen**	i segni aritmetici	5
recherchieren	ricercare, fare una ricerca	4

rechte(-r, -s) (**rechts**, **rechts** von)	destro/a (a destra, a destra di)	4/8
das **Rechteck**	il rettangolo	8
rechteckig	rettangolare	8
rechtwinklig	ortogonale, ad angolo retto	14
das **Referat**	la relazione	4
reflektografisch (das reflektografische Infrarot)	riflettografico (l'infrarosso riflettografico)	7
die **Reflexivform**	la forma riflessiva	10
das **Reflexivpronomen «si»**	il pronome riflessivo „si«	9
die **Regel**	la regola	2
die **Region**	la regione	10
reich (an etwas)	ricco (di qualcosa)	9
das **Reich** (das Alte/Mittlere/Neue Reich)	il Regno (il Regno Antico/Medio/Nuovo *o* l'Antico Regno / il Medio Regno il Nuovo Regno)	6
die **Reihenfolge** (der Beschreibung)	l'ordine (della descrizione)	8
die **Reinheit**	la purezza	4
die **Reinigung**	la pulitura	7
die **Reise**	il viaggio	6
der **Reiseführer**	la guida turistica	1
die **Rekonstruktion**	la ricostruzione	4
relativ (der relative Superlativ)	relativo (il grado superlativo relativo)	11
das **Relativpronomen**	il pronome relativo	9
das **Relief**	il rilievo	2
die **Reliefplastik** mit historischem Bildthema	il rilievo storico	3
religiös	religioso	6
die **Renaissance** (aus der Renaissance)	il Rinascimento (rinascimentale)	2
renovieren	ristrutturare	14
die **Renovierung** (die städtebauliche Renovierung)	il restauro / la ristrutturazione (la ristrutturazione urbanistica)	1/14
repräsentativ (das repräsentative Porträt)	celebrativo (il ritratto celebrativo)	10
die **Reservierung**	la prenotazione	6
der **Restaurator** / die **Restauratorin**	il restauratore / la restauratrice	7
die **Restaurierung**	il restauro	1/6
die **Reste**	i resti	8
die **Retusche**	la ridipintura	7
retuschiert (die retuschierten Steinwerkzeuge)	scheggiato (le pietre scheggiate)	11
das **Rezept**	la ricetta	7
die **Riefelung**	la scanalatura	3
rigoros	rigoroso	11
ringsherum	tutt'intorno	3
der **Riss**	la screpolatura (su un dipinto), la crepa (in un muro)	7
der **Ritter Rampin**	il Cavaliere Rampin	8
der **Ritus**	il rito	12
roh (der rohe Ton)	crudo (l'argilla cruda)	11
das **Rokoko**	il Rococò	2
die **Rolle**	il ruolo	11
die **Romagna** (aus der Romagna)	la Romagna (romagnolo)	10
die **Romanik**	il Romanico	2
romanisch	romanico	2/3
die **Romantik** (aus der Romantik)	il Romanticismo (romantico / dell'età romantica)	2
römisch (die römische Villa)	romano (la villa romana)	1
die **Röntgendiffraktometrie**	la diffrazione a raggi X	7
rosa	rosa	2
rot	rosso	2
der **Rötelstift**	la sanguigna	4
die **Rötelstiftzeichnung**	il disegno a sanguigna	4
rubinrot	rosso rubino	7
der **Rücken**	la schiena	8
die **Rücksicht**	il rispetto	6
das **Rudel**	il branco	12
ruhen	posare (posarsi), poggiare	9
der **Ruhetag** (des Museums)	il giorno di chiusura (del museo)	6
die **Ruinen**	le rovine	8
der **Rumpf** (in der Architektur der Schaft der Säule / in der Skulptur der Torso)	il fusto (della colonna – *in architettura*), il torso (*in scultura*)	3/8
rund (auf einem runden Stufensockel)	rotondo (su un basamento rotondo a gradini)	8
rundförmig	circolare, rotondo	8
die **Rundheit**	la rotondità	8
der **Ruß**	il nerofumo	7
russisch (die russischen Ikonen)	russo (le icone russe)	5

S

sagen	dire	1/4
sahneweiß	bianco panna	7
das **Sakralgebäude**	l'edificio sacro/ecclesiastico	13
die **Sakralwelt**	il mondo sacro	13
die **Sakristei**	la sagrestia (o sacrestia)	13
der **Salon**	il salone	14
die **Sammlung**	la collezione (*pl.* le collezioni)	4/6
sammeln	raccogliere, cogliere	4/9
das **Sammeln** (der Daten bzw. der Informationen)	la raccolta (di dati, di informazioni)	4
Samstag	sabato	5
der **Sand** (die schneeweißen Sande)	l'arena (le arene candide)	12
der **Sandstein** (gelber, roter, grauer Sandstein)	l'arenaria (gialla, rossa, grigia)	13
sanft	dolce	10
der **Sänger** / die **Sängerin**	il/la cantante	6
sanieren	riqualificare	14
die **Sanierung** (eines Stadtviertels)	la riqualificazione (di un quartiere)	14
Sankt Joseph	San Giuseppe	5
Sardinien	Sardegna	10
sardisch	sardo	10
der **Sarkophag**	il sarcofago	6
Sattel- (Satteldach)	a capanna (tetto a capanna)	13
der **Säugling**	il lattante	12
die **Säule** (die Säule steht/ruht auf dem Stylobat)	la colonna (la colonna poggia sullo stilobate)	2/3
der **Säulengang** (= der Quadriporticus, der vierseitige Bogengang)	il quadriportico	13
die **Säulenordnung**	l'ordine architettonico	2
die **Säulenreihe**	il colonnato	8
die **Säulenschaft**	il fusto della colonna	3
säulentragend (der säulentragende Löwe)	stiloforo (il leone stiloforo)	13
die **Satzbildung**	la costruzione della frase	7
das **Satzglied**	l'elemento (della frase)	11
die **Satzstellung**	la posizione nella frase	7
der **Satzteil**	l'elemento (della frase)	11
die **Savanne**	la savana	12
scannen	scansire / passare allo scanner	4
das **Scannen**	la scansione	4
das **Schachbrettmuster**	l'impianto (urbano) a scacchiera	14
die **Schachbrettmusterstadt**	la città a scacchiera	14
der **Schädel**	il cranio / il teschio	12
das **Schaf**	la pecora	12
schaffen	riuscire, produrre	5/6
die **Schafsherde**	il gregge di pecore	12
der **Schaft**	il fusto (della colonna)	3
scharf	*hier*: a fuoco	7
scharlachrot	rosso scarlatto	7
der **Schatten**	l'ombra	7
schattiert	sfumato	7
die **Schattierung**	lo sfumato (l'ombreggiatura)	10
schauen	guardare	10
die **Scheide** (des Dolchs, der Lanze usw.)	il fodero (del pugnale, della lancia ecc.)	11
scheinen	sembrare, apparire	8/9/10
das **Schema**	lo schema	2
schematisch (die schematischen Züge)	schematico (i lineamenti schematici)	8
der **Schenkel**	la coscia	8
schenken (das Schenken)	donare (il donare, il dono)	7/11
die **Schenkung**	la donazione	6
die **Schicht**	lo strato	4
schicken	mandare	7
das **Schienbein**	la tibia	12
das **Schiff** (das Mittel-/Seiten-/Hauptschiff)	la nave / la navata (la navata centrale/laterale/principale)	12/13
schillernd (die schillernden Töne)	cangiante (i toni cangianti)	8
schimmelgrün	verde marcio	7
die **Schlacht**	la battaglia	9
der **Schlaf**	il sonno	5
schlafen	dormire	2
schlafend	dormiente	2
die **Schlafstadt**	la città dormitorio	14
das **Schlafzimmer**	la stanza da letto	9

der **Schlagschatten**	l'ombra portata	10
der **Schlagwort**	lo slogan	6
schlank	slanciato	3
schließen	chiudere	6/11
schließlich	infine	3
schlimm	grave	11
das **Schloss**	il castello	2
das **Schlüsselbein**	la clavicola	12
der **Schmerz**	il dolore	8
das **Schmuckelement** (die Herme, das Muschelwerk, der Engel usw.)	l'elemento decorativo (l'erma, la conchiglia, l'angelo ecc.)	14
das **Schmuckglied**	l'elemento decorativo	14
schmückend	decorativo	13
schmucklos	spoglio	8
schmutzig	sporco	7
schmutziges Weiß	bianco sporco	7
schneeweiß	candido	12
der **Schneidezahn**	il dente incisivo	12
schnell (der schnelle Pinselduktus)	veloce (la pennellata veloce)	9
der **Schnitt** (der Schnitt eines Gebäude / der archäologische Schnitt)	la sezione (la sezione di un edificio / la sezione archeologica)	8/11
schon	già	7
schön	bello	4
schon jetzt	già ora	8
schon seit	fin da	10
schöpfen	creare	4
schräg	obliquo	14
das **Schräggeison**	il gheison inclinato	3
das **Schräggesims**	la cornice inclinata	3
schreiben	scrivere	1
schriftlich (die schriftliche Sprache)	scritto (la lingua scritta)	6
die **Schriftrolle**	il cartiglio	1
schrittweise	graduale	10
die **Schule**	la scuola	2
der **Schüler**	l'allievo	10
das **Schulministerium**	il Ministro della Pubblica Istruzione	11
die **Schulter**	la spalla	2
der **Schütze**	la protezione	13
das **Schutzdach**	la tettoia	5
schützen	proteggere	13
der **Schutzzaun**	il recinto di protezione	11
der **Schwan**	il cigno	11
schwarz	nero	2
die **Schwellung** der Säule (die Entasis oder die Enthase)	il rigonfiamento della colonna (l'entasi)	3
schwer (zu lösen)	difficile (da risolvere)	7
das **Schwert**	la spada	11
die **Scrovegni-Kapelle**	la Cappella degli Scrovegni	8
sechs	sei	5
sechssäulig	esastilo	8
sechste(-r, -s) (*Ordnungszahl*)	sesto/a	5
sechstel (ein Sechstel) (*Bruchzahl*)	un sesto	5
sechsundzwanzig	ventisei	5
sechzehn	sedici	5
sechzehnte(-r, -s) (*Ordnungszahl*)	sedicesimo	5
sechzig	sessanta	5
der **See**	il lago	9
die **Seerose**	la ninfea (*plur.* le ninfee)	5
die **Seewassertiefe**	il fondale lacustre	12
sehen	vedere	2
das **Seil** (die Seile aus Pflanzenfasern)	la corda (le corde in fibre vegetali)	11
sein, seine(-r, -s)	suo/a (*pron. poss.*), il suo/la sua (*agg. poss.*)	6
sein	essere	1
seit	da, a partire da	5/10
die **Seite**	il lato	10
die **Seitenflügel**	gli scomparti / gli sportelli / i pannelli laterali	3
seitens	da parte di	10
die **Seitenwand**	il muro laterale	13
das **Sekretariat**	la segreteria	2
die **Sekretärin**	la segretaria	2
selbst wenn ...	anche se ...	7
das **Selbstbildnis**	l'autoritratto	10

die **Selektion**	la selezione	11
selten (ein seltenes Verb)	raro (un verbo raro)	10
die **Seltenheit**	la rarità	12
semantisch (die semantischen Felder)	semantico (i campi semantici)	4
das **Semester**	il semestre	2
das **Semikolon**	il punto e virgola	5
das **Seminar**	il seminario	4
senfgelb	giallo senape	7
senkrecht (die senkrechte Straße)	perpendicolare, ortogonale (la via ortogonale)	14
sensationell	clamoroso	7
sensibilisieren	sensibilizzare	6
September	settembre	5
die **Serigrafie**	la serigrafia	4
sesshaft	stanziale, sedentario	11
das **Sfumato**	lo sfumato	10
sich (*Reflexivpron. 3. Pers. Sg. und Pl.*)	si (*pron. rifl.* III *pers. sing.* e *pl.*) / sé (*pron. tonico*)	10/13
die **Sicht**	la visione	6
der **Sichtpunkt**	il punto di vista	4/9
sie (*3. Pers. Sg.*) / sie (*3. Pers. Pl.*) / **Sie** (*Höflichkeitsform*)	lei (III *pers. sing. sogg./ogg.*) / loro (III *pers. pl. sogg./ogg.*) / Lei (*forma di cortesia*)	1/6
	ella / Ella / essi / esse (*III pers. sing./pl. pron. pers. sogg.*) la (*pron. atono ogg. f. sing.*) / li / le (*pron. atono ogg. m. e f. pl.*)	7/13
der **Siebdruck**	la serigrafia	4
sieben	sette	5
siebenundzwanzig	ventisette	5
siebte(-r, -s) (*Ordnungszahl*)	settimo/a	5
siebzehn	diciassette	5
siebzehnte(-r, -s) (*Ordnungszahl*)	diciassettesimo/a	5
siebzig	settanta	5
die **Siedlungsstruktur**	la struttura dell'insediamento	14
der **Sieg**	la vittoria	13
siegen	vincere	13
das **Silber**	l'argento	1
silber	argento	7
silberfarben	color argento	7
silbern	argentato	7
silberweiß	bianco d'argento	7
singular (der Singular)	singolare (il singolare)	2
der **Sinn** (im marxistischen Sinn)	il senso (in senso marxista)	11
die **Situation** (die Situation des Menschen als Sünder)	la condizione, la situazione (la condizione di peccatore dell'uomo)	13
sitzen (z. B. für den Maler Modell sitzen)	sedere, posare (posare ad es. per il pittore)	5/7
sizilianisch	siciliano	10
Sizilien	Sicilia	10
das **Skelett**	lo scheletro	1/12
die **Skizze**	lo schizzo	4
skizzieren	fare/tracciare uno schizzo, schizzare	4
die **Skulptur** (als Kunstgattung und als Werk)	la scultura (come arte, genere artistico e come opera)	1
der **Slogan**	lo slogan	6
smaragdgrün	verde smeraldo	7
so sehr, dass	talmente che ...	10
sobald	non appena	10
sodass	cosicché, in modo da / che, in maniera che	10
sofort	subito	7
sogar	persino	10
sogenannt	cosiddetto	5
der **Sohn**	il figlio	6
der **Soldat**	il soldato	9
der **Sommer**	l'estate (*f.*)	5
die **Sonderausstellung**	la mostra / l'esposizione temporanea	6
die **Sonderformen**	le forme particolari	4
sondern	bensì	10
die **Sonne**	il sole	9
Sonntag	domenica	5
das **Souterrain**	il seminterrato, il piano sotterraneo	6
sowohl ... als auch ...	sia ... che ... / sia ... sia ...	10/13
Spanien	Spagna	5
spanisch	spagnolo	5
spätantik	tardoantico	2
spätbarock	tardobarocco	2
die **Spätgotik**	il Tardogotico	2

spätgotisch	tardogotico	2
die **Spätrenaissance**	il tardo Rinascimento	2
die **Spende**	l'offerta	11
der **Speer**	la lancia	9
die **Speiche**	il radio	12
der/die **Sphinx**	la Sfinge	1
der **Spiegel** (am / vor dem Spiegel; aus / von dem Spiegel etwas/jemanden malen)	lo specchio (allo / davanti allo specchio; dipingere qualcosa/qualcuno allo specchio)	7
das **Spiel**	il gioco	11
spielen lassen (eine Szene draußen spielen lassen)	collocare (collocare una scena all'aperto)	10
spirituell	spirituale	5
Spitz-	acuminato, acuto	12/13
der **Spitzbogen**	l'arco acuto	13
die **Spitze** (des Astes)	l'estremità (del ramo)	9
die **Sprache**	la lingua	6
sprechen	parlare	1
die **Spur**	la traccia	7
der **Staat**	lo stato	5
die **Stadt**	la città	2
die **Stadtbevölkerung**	la popolazione della città/urbana	14
der **Stadtbewohner**	l'abitante della città	14
das **Städtebau**	l'urbanistica	14
Städtebau-	urbanistico	14
das **Städtebaugrundschema**	lo schema urbanistico	14
städtebaulich	urbanistico	14
der **Städtebauplan**	il piano urbanistico	14
die **Stadtentwicklung**	lo sviluppo urbano / della città	14
das **Stadtgrundschema**	lo schema urbano	14
der **Stadtkern**	il centro della città / il nucleo urbano	14
die **Stadtmauer**	le mura della città	14
die **Stadtmodelle**	i modelli di città	14
das **Stadtmuster**	l'impianto urbano	14
der **Stadtplan**	il piano urbano, la pianta della città	14
der **Stadtplaner** / die **Stadtplanerin**	l'urbanista	14
stadtplanerisch	urbanistico / della pianificazione urbana	14
die **Stadtplanung**	la pianificazione urbanistica / urbana	14
Stadtplanungs-	urbanistico / della pianificazione urbana	14
die **Stadtplanungsgestaltung**	la pianificazione urbanistica	14
das **Stadtplanungsgrundschema**	lo schema di pianificazione urbanistica	14
der **Stadtrand**	la periferia	14
der **Stadtraum**	lo spazio urbano	14
der **Stadtring**	l'anello urbano	14
die **Stadtstrukturmodelle**	i modelli di strutture urbane	14
städtisch	cittadino, urbano	14
das **Stadtschema** (nach Schachbrettmuster / das Radialstadtschema)	lo schema urbano (a scacchiera/radiale)	14
der **Stadtteil**	la parte della città	14
das **Stadttor**	la porta della città	14
die **Stadttypen** (z. B.: historische Stadt oder Stadt mit Schachbrettmuster)	le tipologie urbane (per es.: città storica o città con lo schema a scacchiera)	14
das **Stadtviertel** (Wohn-/Verwaltungs-/Militärstadtviertel)	il quartiere (abitativo o residenziale/amministrativo/militare)	14
der **Stahlbeton**	il cemento armato	13
der **Stamm**	la stirpe / la tribù	10/11
stammen (aus etwas stammen)	risalire (risalire a ...), derivare (derivare da ...)	5/8
stapeln	accumulare	11
die **Stärke** (die Stärke einer Farbe)	la forza (la forza di un colore)	7
die **Statue**	la statua	2
statt	al posto di	10
stattdessen	invece	5
stattfinden	avvenire	11
staubgrau	grigio polvere	7
stehen	stare	4
stehend	in piedi / in posizione stante	1/8
steif	rigido	8
der **steigende Teil**	il saliente	13
die **Steigerungsstufen** (des Adjektivs und des Adverbs)	i gradi (dell'aggettivo e dell'avverbio)	11
der **Stein** (aus Stein)	la pietra, il sasso (litico, lapideo)	4/9/13
steinig (die steinige Landschaft)	roccioso (il paesaggio roccioso)	8
die **Steinzeit**	l'età della pietra	11
die **Stele**	la stele	6

stellen	mettere, collocare, porre, disporre	8/11
die **Stellung**	la posizione	9
der **Stempel** (der stilistische Stempel eines Meisters)	*hier*: l'impronta (l'impronta stilistica di un maestro)	13
sterben	morire	5/11
das **Stereobat**	lo stereobate	3
der **Stern**	la stella	2/9
die **Stichnadel**	il bulino	4
die **Stiftung**	la donazione / la fondazione	6
der **Stil** (der Stil der perspektivischen Architekturen / der ornamentaler Stil)	lo stile (lo stile delle architetture in prospettiva / lo stile «della parete reale»), la maniera (la «maniera moderna» – Vasari)	2/9/10
die **Stilrichtung** (einer Stilrichtung angehören)	lo stile (appartenere ad uno stile)	9
die **Stirn**	la fronte	8
der **Stock**	il bastone	11
das **Stockwerk**	il piano	14
der **Stoff**	il tessuto, la stoffa	6/11
der **Strand**	la spiaggia	5
die **Straße**	la strada	11
das **Straßenpflaster** (ein geometrisch genaues Straßenpflaster)	la pavimentazione (una pavimentazione geometrica rigorosa)	4
die **Stratigrafie**	la stratigrafia	4
stratigrafisch (die stratigrafische Ausgrabung / die stratigrafische Einheit)	stratigrafico (lo scavo stratigrafico / l'unità stratigrafica)	4/11
der **Strauch**	l'arbusto	9
das **Straußenei**	l'uovo di struzzo	10
der **Strebebogen**	l'arco rampante	13
der **Strebepfeiler**	il contrafforte	13
der **Strich**	il tratto	7
das **Stroh**	la paglia	11
die **Struktur** (der Satz, der Stadt)	la struttura (della frase, della città)	12
der **Stuck**	lo stucco	4
das **Stylobat**	lo stilobate	3
das **Stuckgold**	l'oro a pastiglia	7
die **Studie**	lo studio	4
der **Studiengang**	il corso di laurea, l'indirizzo di studio	1
das **Studium**	lo studio (universitario)	2
der **Stufensockel** (auf einem runden Stufensockel)	il basamento a gradini (su un basamento rotondo a gradini)	8
stufenweise	graduale	10
das **Subjekt**	il soggetto	5
suchen	cercare	4
Süditalien (in Süditalien)	l'Italia del Sud (nell'Italia del Sud)	5
Südtirol	Alto Adige	10
südtirolerisch	altoatesino	10
das **Suffix**	il suffisso	4
der **Sumpf**	la palude	12
der **Sünder**	il peccatore	13
der **Surrealismus**	il Surrealismo	2
surrealistisch (des Surrealismus)	surrealista	2
süß	dolce	10
das **Symbol**	il simbolo	1/13
symbolisch	simbolico	3
symbolisieren	simboleggiare	13
der **Symbolismus**	il Simbolismo	2
symbolistisch (des Symbolismus)	simbolista	2
symmetrisch	simmetrico	8
die **Synthese**	la sintesi	2
synthetisch (das synthetische Pigment)	sintetico, artificiale (il pigmento sintetico / artificiale)	7
die **Szene**	la scena, la scenografia	1
Szenen (die Szenen aus dem Leben Johannes des Täufers / Szenen aus dem Lebens Jesus / Szenen aus der Genesis)	storie (le Storie del Battista / Storie della vita di Cristo / Storie o Scene della Genesi)	7/8/13
Szylla	Scilla	12

T

die **Taenia**	la taenia (tiempo greco)	3
die **Tafel** (als Gemälde / als Relief)	la tavola (dipinta), la pala d'altare / la formella (scolpita a rilievo)	3/10/13
die **Tafelmalerei**	la pittura su tavola	3
der **Tag** (die Wochentage)	il giorno, la giornata (i giorni della settimana)	5/10
der **Tagesablauf**	lo svolgimento della giornata	10
das **Tageslicht**	la luce naturale	4
die **Tageszeit**(en)	il momento / i momenti della giornata	5
die **Taiga**	la taiga	12
der **Tambour**	il tamburo	13
die **Tänzerin** (*mask.* der Tänzer)	la danzatrice (*masch.* il danzatore)	6
die **Tasche**	la borsa	6
die **Tätigkeit**	l'attività	4/7
tatsächlich	davvero, effettivamente	10/12
die **Taube**	la colomba	1
die **Taufe** (in der Taufe Christi)	il Battesimo (nel Battesimo di Cristo)	4
die **Taufkapelle**	il battistero	13
tausend (eintausend, zweitausend, dreitausend)	mille (mille, duemila, tremila)	5
die **Technik**	la tecnica	3/4
die **Techniken** für die Untersuchung und die Diagnostik	le tecniche diagnostiche	7
der **Teil** (die Teile des Tempels / der Vase / der zentrale Teil eines Polyptichons)	la parte (le parti del tempio / del vaso / il pannello centrale di un polittico) / la porzione	2/3/11
teilen	dividere	3
teilnehmen	partecipare (a qualcosa) / prendere parte (a qualcosa)	6
der **Teint**	la carnagione	7
der **Teilungsartikel**	l'articolo partitivo	4
der **Telamon**	il telamone	13
die **Telefonnummer**	il numero di telefono	1
der **Tempel** (der Tempel mit acht Säulen / mit neun Frontsäulen auf der Vorderseite / der kleine Tempel)	il tempio (il tempio octastilo / ennastilo / il tempietto)	1/3/5/8
die **Tempera** (auf Tafel / auf der Wand)	la tempera (su tavola / su muro)	4
der **Temperamalerei**	la pittura a tempera	3
die **Temperatechnik**	la tecnica della tempera	7
das **Tempus**	il tempo del verbo / il tempo verbale	8
die **Terrakotta**	la terracotta	11
die (kleinen) **Terrakottafiguren**	le statuine / statuette in terracotta	11
die **Terramare**	la terramare	11
die **Terrasse** (auf einer Terrasse)	il terrazzo /la terrazza (su un terrazzo)	4
das **Territorium**	il territorio	12
das **Tetramorph**	il tetramorfo	5
das **Theater**	il teatro	4/11
das **Thema**	il tema	2
die **Thermen**	le terme	11
die **Thesis**	la tesi	2
die **Tholos**	la tholos (il tempio a tholos)	3
der **Thron**	il trono	10
das **Tiburium**	il tiburio	13
tief	profondo	11
das **Tiefdruckverfahren**	il procedimento / processo di stampa in cavo	4
die Tiefe einer Farbe	la profondità (di un colore)	7
das **Tiefrelief**	il rilievo inciso	6
das **Tier** (Tiere zähmen / züchten / jagen)	l'animale (addomesticare / allevare / cacciare gli animali)	6/9/11
die **Tiergestalt**	l'aspetto di animale (la figura con aspetto di animale)	11
die **Tierhaut**	le pelli d'animale	11
die **Tierjagd**	la caccia degli animali	11
das **Tiermotiv** (der Fries mit Tiermotiven)	il motivo animalistico (il fregio animalistico)	7
die **Tierzucht**	l'allevamento degli animali	11
titanweiß	bianco di titanio	7
der **Titel**	il titolo	4
das **Titianrot**	il rosso Tiziano	7
Titus	Tito	12
die **Tochter**	la figlia	6
der **Tod**	la morte	5
der **Ton**	la creta, l'argilla	4
der **Ton** (einer Farbe)	il tono (di un colore)	7
das **Tonnengewölbe**	la volta a botte	10
das **Tonschwarz**	il nero d'argilla	7

topasgelb	giallo topazio	7
das **Tor**	la porta, il portale (*p.es.* la Porta dei Principi / della Pescheria / Regia)	13
das **Torfmoor**	la torbiera	12
der **Torus**	il toro	3
die **Toskana**	la toscana	10
toskanisch	toscano	10
die **Tradition**	la tradizione	5
tragen	indossare / portare, trasportare	8
das **Traktat**	il trattato	2
die **transitiven Verben**	i verbi transitivi	11
transportieren (Ajax transportiert die Leiche Achilleus)	trasportare (Aiace trasporta il corpo morto di Achille)	12
das **Traufgesims**	il gocciolatoio (come cornice sporgente)	3
der **Traum**	il sogno	5
der **Travertinstein**	il travertino	13
treibend (das treibende Zentrum)	propulsore (il centro propulsore)	14
trennen	separare	13
das **Trentino**	il Trentino	10
das **Triclinium** / der Speisesaal	il triclinio	12
tridentinisch	trentino	10
das **Triforium**	il triforio	13
der **Triglyph**	il triglifo	2
die **Trinität**	la Trinità	5
trinken	bere	12
das **Triptychon**	il trittico	5
der **Triumpfbogen** (der Triumphbogen des Konstantin)	l'arco di trionfo (l'Arco di Costantino)	8/11
der **Trochilus**	il trochilo	3
trotz	malgrado, nonostante	10
trotzdem	comunque	4
trüb	cupo	7
die **Truhe**	il cassone	6
der **Truhedeckel**	il coperchio di cassone	6
die **Tube** (die Farben in der Tube)	il tubetto (i colori in tubetto)	7
das **Tuch**	il drappo	10
die **Tüchtigkeit** (die Tüchtigkeit in der Porträtmalerei)	la capacità (la capacità ritrattistica)	10
tun	fare	4
die **Tundra**	la tundra	12
die **Tunika**	la tunica	8
der **Turm**	la torre	14
die **Tusche**	l'inchiostro di china	4
die **Tuschfederzeichnung**	il disegno a penna a inchiostro di china	4
das **Tympanon**	il timpano	13
die **Typologie**	la tipologia	10
die **Tür**	l'uscio, la porta (di casa)	7
türkis/türkisblau	turchese	7

U

über (die Zahlen über 1000)	sopra / oltre (i numeri oltre il mille)	4/5
übereinstimmen	convenire, concordare	6
der **Übergang**	il passaggio	10
überhöhen	sopraelevare (un elemento architettonico, una struttura)	13
überhöht	sopraelevato	13
die **Übermalungen**	le ridipinture	7
das **Übernatürliche**	il soprannaturale	12
übernehmen	assumere	11
die **Überreste** (menschliche/tierische Überreste)	i resti (umani/animali)	12
überwiegen	prevalere	5
die **Uhr**	l'orologio	5
der **Uhrzeiger**	la lancetta	5
ultramarinblau	blu oltremare	7
um	circa (ca.) (= intorno al ...)	4
um die erste Ordnung herum	tutt'intorno al primo ordine	8
umbauen	ristrutturare	14
das (städtebauliche) **Umbauen**	la ristrutturazione (urbanistica)	14
Umbrien	Umbria	10
umbrisch	umbro	10
der **Umfang** (der Kuppel)	la circonferenza (della cupola)	13
der **Umgang** (Peridromos – um die Cella)	la peristasi	3

die **Umgrenzung** (der Stadt)	la cinta muraria (della città)	14
der **Umhang**	il mantello	8
die **Umwelt**	l'ambiente	6
um zu	per	4
unabhängig	autonomo	5
die **Unabhängigkeit**	l'indipendenza	6
unbekannt *(Adj.)*	sconosciuto, anonimo (*agg.*)	13
unbefleckt (die unbefleckte Empfängnis)	immacolato (l'immacolata concezione)	10
das **unbestimmte «si»**	il «si» indefinito	9
das **unpersönliche «si»**	«si» impersonale	9
und doch	eppure	10
unordentlich	disordinato	9
unregelmäßige Partizipien	participi passati irregolari	11
die **Unregelmäßigkeit**	l'irregolarità	6
uns (*Personalpron.*) / uns (*Reflexivpron.*)	ci (*pron. atono dir. e ind.*), a noi (*pron. tonico*)/ ci (*pron. rifl.*)	7/10/13
unscharf	sfuocato	7
unser, unsere(-r, -s) (*Possessivpron. u. Adj.*)	nostro/a (*pron. poss.*), il nostro / la nostra (*agg. poss.*)	6
unten	sotto / tra, fra	4
unter anderem	tra l'altro	10
unter einer Loggia / einer Arkade	sotto / in un loggiato	10
unter einer Säulenreihe	sotto un colonnato	10
unter-/niedriger	inferiore	11
der **Unterarm**	l'avambraccio	8
unterbrechen	interrompere	11
das **Untergeschoss**	il piano interrato, il sotterraneo	6
unterholzgrün	verde sottobosco	7
unterirdisch (der unterirdische Raum / die unterirdische Behausung)	sotterraneo (la stanza ipogea / l'abitazione ipogea)	9
der **Unterkiefer**	la mandibola	12
der **Unterkörper**	la parte inferiore del corpo	8
der **Unterleib**	l'addome	8
die **Untermauerung**	le fondamenta (*solo pl.*) (del palazzo / di un edificio)	11
die **Unternehmung**	l'iniziativa	6
unterrichten	insegnare	11
unterscheiden (sich unterscheiden)	distinguere (distinguersi)	11
der **Unterschied**	la differenza	4
unterschiedlich	diverso	8
untersuchen	studiare	8
die **Untersuchungen**	le analisi, gli studi, le ricerche	4/7
die **Unterteilung** (in Felder)	la suddivisione (in registri)	9
die **Urgeschichte**	la preistoria	4/11
urgeschichtlich (die urgeschichtliche Venus)	preistorico (la Venere preistorica)	12
der **Ursprung**	l'origine	9
ursprunglich (*Adj. u. Adv.*) (die ursprünglichen Formen)	originario (le forme originarie) / originariamente, in origine	6
das **Urteil** (ein Urteil äußern/ausdrücken)	il giudizio (esprimere un giudizio)	7
die **UV-Fotografie**	la fotografia a luce ultravioletta	7
die **UV-Reflexion-Fluoreszenz**	la fluorescenza riflettografica UV	7

V

die **Vase**	il vaso	2
der **Vater**	il padre	10
die **Vegetalextrakte**	gli estratti vegetali	7
die **Vegetation**	la vegetazione	9
venetisch	veneto	10
Venetien	il Veneto	10
Venus	Venere	4
die **prähistorische Venus**	la Venere preistorica	11
die **Veränderung**	il mutamento	11
der/die **Verantwortliche** (der Verantwortliche für das pädagogische Angebot)	il/la responsabile (il responsabile della didattica)	6
das **Verb**	il verbo	1
die **Verbformen**	le forme verbali	11
verbinden (Subjekt mit Prädikat verbinden)	collegare (collegare soggetto e predicato)	7/10
verbogen/krumm	ricurvo	12
verbreitern / sich verbreitern	diffondere / diffondersi	11/5
die **Verbreitung**	la diffusione	12
der **Verbstamm**	la radice (del verbo)	5
verdunkeln (sich verdunkeln)	scurire (scurirsi)	7

verdünnt (*Inf.* verdünnen)	diluito (*inf.* diluire)	10
verfügen	disporre (di qualcosa)	11
vergangen	passato (*agg.*)	12
die **Vergangenheit**	il passato	8
eine **Vergangenheitsform**	una forma di passato	8
der **Vergleich** (im Vergleich zu)	il confronto (rispetto a, in confronto a)	5
das **Verhältnis** (in Verhältnis zu)	il rapporto, la proporzione (in proporzione a)	3
die **Verehrung** der Sonne	il culto del disco solare	6
verkaufen	vendere	5
die **Verkleidung** (des Gebäudes)	il rivestimento (dell'edificio)	14
verlieren	perdere	6
die **Verkündigung**	l'Annunciazione	10
die **Verkündigung** (des Engels) an die Hirten	l'annuncio (dell'angelo) ai pastori	5
Verleger- / verlegerisch (die Verlagstätigkeit)	editoriale (*agg.*) (l'attività editoriale)	11
verlassen	lasciare	11
verletzt	ferito	4
die **Verkehrsachse**	l'asse viario / stradale	14
die **Verkürzung** (in perspektivischer Verkürzung)	lo scorcio (di scorcio)	4
verlieren	perdere	8
die **Vermutung**	l'ipotesi	12
die **Verneinung**	la negazione	3
der **Verneinungssatz**	la frase negativa	7
veröffentlichen	pubblicare, editare (*selten*)	11
die **Veröffentlichung**	la pubblicazione	6
das **Veronesegrün**	il verde Veronese	7
verpassen	perdere	11
der **Verputz**	l'intonaco	13
verschönern	abbellire	9
die **verschüttete Struktur**	la struttura sepolta	11
verschwimmen	confondersi	9
versetzen	trasferire	11
der **Verstorbene** (das Buch der Verstorbenen)	il defunto, il morto (il libro dei morti)	6
verstehen	capire, comprendere	4
das **Verstehen**	la comprensione	11
verstärken (eine Nuance/Schattierung verstärken)	accentuare, rafforzare (accentuare una sfumatura/un'ombra)	7
der **Verstorbene**	il defunto	6
verteidigen, schützen	difendere	6
vertiefen	approfondire	11
vertikal (eine Szene vertikal anlegen)	verticale (costruire una scena in verticale)	10
vertraut werden lassen	far conoscere	6
verurteilen	condannare	5
vervollständigen	finire	4
die **Vervollständigung**	il completamento	8
sich verwischen	confondersi	9
die **Verzierung**	la decorazione, l'ornamento	3/14
Vesta	Vesta	4
der/das **Viadukt**	l'asse stradale, viario	11
das **Video**	il video	1
der **Videoraum**	la sala video	6
viel	molto	4
Viele Grüße	Tanti saluti	7
vielfarbig	policromo	9
vielleicht	forse	5
vier	quattro	5
das **Viereck**	il quadrato	8
viereckig	quadrato, quadrangolare	8
vierte(-r, -s) (*Ordnungszahl*)	quarto/a	5
viertel (ein Viertel) (*Bruchzahl*)	un quarto	5
das **Viertel**	il quartiere	14
vierundzwanzig	ventiquattro	5
vierzehn	quattordici	5
vierzig	quaranta	5
die **Villa** (die Villa der weißen Hühner)	la villa (la Villa delle Galline bianche)	6
violett	viola, violetto	2/7
visuell (die visuellen Künste)	visivo (le arti visive)	1
der **Vogel**	l'uccello	9
die **Vokabel**	il vocabolo	3
die **Vokale** / die **Konsonanten**	le vocali / le consonanti	1
das **Volk**	il popolo	11
die **Völkerwanderung**	la migrazione di popoli	11
vollenden	concludere	8

voller Früchte	pieno, carico (di frutti)	9
das **Volontariat**	il volontariato	6
die **Voluten** (*Sg.* die Volute)	le volute (*sing.* la voluta)	3
vom vielen (+ Verb)	a forza di	10
von (von der Seite betrachtet / von den Pfeilen gestochen / von ... bis ... / von links nach rechts)	di / da (osservata di lato / trafitto dalle frecce / dal ... al ... / da sinistra a destra), da parte di	4/5/10
vor (vor 480 v. Chr. hergestellt)	prima (di) (anteriori al 480 a. C.) / davanti a	7/4
vor allem	soprattutto	10
vor Christus (v. Chr.)	avanti Cristo (a. C.)	2
das **Vorhandensein**	la presenza	10
vorangehen	procedere	10
vorbereiten	preparare	4
Vorder-/vorgehend	anteriore	11
der **Vordergrund** (im Vordergrund)	il primo piano (in primo piano)	4
die **Vorderseite** des Gebäudes	il fronte dell'edificio	14
die **Vorhalle** (= der Pronaos)	il pronao	3
vorherbestehend	preesistente	11
vorherrschen	prevalere	5
die **Vorstellung** (eines Kunstwerkes)	la presentazione (di un'opera d'arte)	8
vordynastisch (die vordynastische Zeit)	predinastico (l'epoca predinastica)	6
die **Vorgrabungen**	gli scavi di ricerca	11
vorschlagen	proporre	7
mit Vorsprung	a salienti	13
die **Vorstadt**	la periferia	14
die **Vorwegnahme**	la prefigurazione	7
Vulkan *bzw.* **Vulkanus**	Vulcano	4

W

das **Wachs**	la cera	4
die **Wade**	il polpaccio	8
das **Wadenbein**	il perone	12
die **Waffen**	le armi	11
der **Wald**	il bosco	9
wählen	scegliere	7
während	mentre	3
die **Wand**	il muro, la parete	4/8/13
Wand-	parietale	9
die **Wandmalerei**	la pittura parietale	9
die **Wange**	la guancia	8
der **Wangenknochen**	l'osso zigomatico	12
Wann? / Seit/Ab wann? / Bis wann?	Quando? / Da quando? / Fino a quando?	4
das **Wappenschild**	lo stemma	10
warm (warme Lichte)	caldo (luci calde)	10
der **Wärter** / die **Wärterin**	il sorvegliante / la sorvegliante	6
Warum?	Perché?	4
Was?	Che? / Che cosa?	4
Was bedeutet ...?	Cosa significa ...?	1
was ... betrifft	a proposito di	10
Was studierst du?	Cosa/Che cosa studi?	1
waschen	lavare	5
das **Wasser**	l'acqua	7
der **Wechsel**	l'alternanza	8
weder ... noch	né ... né	10
wegen	a causa di, per colpa di	10
weich (die weiche Linie)	molle / soave / morbido (la linea morbida)	5/10/14
die **Weihegabe**	l'offerta	6
das **Weihegeschenk**	la statua votiva	8
weil	perché	4
weinen	piangere	8
die **Weinreben**	i pampini	7
weinrot	rosso vino	7
die **Weintraube** (die Weintrauben)	l'uva (i grappoli d'uva)	9/7
der **Weisheitszahn**	il dente del giudizio	12
weiß (milch-, creme-, sahne-, schmutziges weiß, bleiweiß, titanweiß, silberweiß, zinkweiß)	bianco (bianco latte, panna, sporco, bianco di piombo, di titanio, d'argento, di zinco)	1/7
die **Weihestatue**	la statua votiva	8
weit von	lontano da	4
weitere(-r, -s)	ulteriore	11

weiterführen	continuare	5
welche(-r, -s) (*Relpron.*)	che , il quale / la quale	9/13
welche(-r, -s) (*Indefinitpron.*) (= davon)	ne	7/12
welche (Welche ist deine/Ihre Telefonnummer?) (*Fragepron.*)	quale (Qual è il tuo/Suo numero di telefono?)	4/5
die **Wellen** (*Sg.* die Welle)	le onde (*sing.* l'onda)	9
das **Weltliche**	il mondo profano	13
wenden (sich wenden)	rivolgere (rivolgersi)	11
wenige (*Sg.* wenig)	pochi (*sing.* poco)	7
weniger	meno	8
wenn (wenn Sie wollen)	se (se vuole) / quando	1/11
Wer?	Chi?	4
werden	divenire	6
das **Werk** / das Kunstwerk	l'opera / l'opera d'arte	2
die **Werkstatt**	la bottega	7
die **Werkzeuge** (gespitzte und gebogene Werkzeuge)	gli utensili (da lavoro), gli arnesi (arnesi acuminati e ricurvi)	4/12
der **Wert**	il valore	10
der **Wettbewerb**	il concorso	6
wesentlich	fondamentale	4
wichtig	importante	4
der **Widerlager**	il piedritto	13
widerspiegelt (*Inf.* widerspiegeln)	riflesso (inf. riflettere)	7
widmen (sich widmen)	dedicare (dedicarsi)	4/11
wie	come	8
Wie?	Come?	4
Wie alt bist du / sind Sie?	Quanti anni hai/ha?	5
der **Wiederaufbau**	la ricostruzione, la ricomposizione (di un monumento)	11
wiederaufbauen	ricomporre	11
die **Wiederauffindung**	il rinvenimento	11
die **Wiederaufnahme**	la ripresa	11
wieder aufnehmen	riprendere	11
das **Wiederauftauchen** (eines Fundes)	il riaffiorare, il riemergere (di un reperto)	11
die **Wiedergabe**	la resa	10
wiedergeben	rendere, riprodurre	2/9
die **Wiedergeburt**	la rinascita	12
wiedergefunden	ritrovato	6
wiederherstellen	ricostruire	4
die **Wiederholung**	la ripetizione	7
Wie geht es dir?	Come stai?	4
Wie heißt du / heißen Sie?	Come ti chiami / si chiama?	1
Wie lange?	Per quanto tempo?	4
Wie sagt man auf Italienisch ...?	Come si dice ... in italiano?	1
Wie schreibt man auf Italienisch ...?	Come si scrive ... in italiano?	1
die **Wiese**	il prato	9
Wieso?	Come mai?	4
Wie spät ist es?	Che ora è? Che ore sono?	5
Wie viel?	Quanto?	4
Wie viel Uhr ist es?	Che ora è? / Che ore sono?	5
Wild (das wilde Tier)	selvatico (l'animale selvatico)	9
willkommen	benvenuto	1
die **Wimper**	il ciglio (*pl.* le ciglia)	8
der **Winter**	l'inverno	5
wir (*Personalpron.*)	noi (*pron. pers.*)	1
der **Wirbel**	la vertebra	12
die **Wirbelsäule**	la colonna vertebrale	12
wirklich (*Adj. u. Adv.*)	reale (*agg.*) / davvero effettivamente (*avv.*)	9/10
der **Wisent** / der Bison	il bisonte	12
wissen	sapere	9
Wo?	Dove?	4
Wo wohnst du?	Dove abiti?	1
Woher?	Di dove? (Di dove sei?) / Da dove? (Da dove vieni?)	1/4
die **Woche**	la settimana	5
Wohin?	Dove?	4
die **Woche**	la settimana	5
das **Wochenende**	il fine settimana	5
die **Wochentage**	i giorni della settimana	5
wohnen	abitare	1
der **Wolf**	il lupo	12
die **Wolle**	la lana	11
wollen	volere	9
die **Wörter**	le parole	4
der **Wortschatz**	il lessico	3

wuchernd	rigoglioso	9
die **Wulste**	il toro	3
die **Wunder**	i miracoli	4
der **Würfel**	il cubo	8
würfelförmig	a dado, cubico	8
der **Wurfschatten**	l'ombra proiettata	10
die **Wüste**	il deserto	4

X

die **Xoanon** (*Sg.* das Xoanon)	gli xoana (*sing.* lo xoanon)	8

Z

zahlreich	numeroso	8
der **Zahn**	il dente (*pl.* i denti)	7
der **Zahnschnitt**	i dentelli	3
zähmen (ein Tier zähmen)	addomesticare (addomesticare un animale)	11
zart	delicato	10
die **Zehe**	il dito (*pl.* le dita) del piede	8
zehn	dieci	5
zehnte(-r, -s)	decimo/a	5
der **Zehner** / die **Zehnerstelle**	la decina / le decine	5
die (arithmetischen) **Zeichen**	i segni (aritmetici)	5
die **Zeichenkohle**	il carboncino	4
der **Zeichenkohlestift**	la matita a carboncino	4
die **Zeichensetzung**	la punteggiatura	5
zeichnen	disegnare / fare un disegno	4
der **Zeichner**	il disegnatore	4
die **Zeichnung**	il disegno	1
zeigen (zeigt ein Lächeln)	indicare / mostrare / rivelare / accennare a qualcosa (accenna ad un sorriso) / dimostrare	2/7/8/11
die **Zeit** (die Zeit Neros)	il tempo, l'età (l'età neroniana)	12/11
das **Zeitalter**	l'età, l'era	4
die (absolute/relative) **Zeitenabfolge**	la cronologia (assoluta/relativa)	4
zeitgenössisch (die zeitgenössische Kunst)	contemporaneo (l'arte contemporanea)	4
zeitnah	vicino nel tempo, attuale	12
die **Zeitschrift**	la rivista / il giornale	1
der **Zeitstrahl**	la linea del tempo	5
die **Zeitung**	il giornale	1
das **Zelt**	la tenda	11
der/das **Zement** / **aus Zement**	il cemento (*sost.*) / cementizio (*agg.*)	13
der **Zentimeter**	il centimetro	11
zentral (der zentrale Teil)	centrale (lo scomparto centrale)	3
der **Zentralgrundriss**	la pianta centrale	8
die **Zentralorte**	i centri	14
die **Zentralperspektive**	la prospettiva centrale	4
der **Zentralraum**	il salone centrale	8
das **Zentrum** (der Stadt)	il centro (della città)	14
zerknittert (die zerknitterten und abgetragenen Kleider)	sgualcito (gli abiti sgualciti e laceri)	7
zermahlen (die zu Pulver zermahlenen Minerale)	polverizzato (i minerali polverizzati)	7
die **Zersetzung** des Körpers	la decomposizione del corpo	12
zerstören	distruggere	11
zerstört	distrutto	5
Zeus	Zeus	4
das **Ziborium**	il ciborio	13
die **Ziege**	la capra	12
der **Ziegelstein**	il mattone, il cotto, il laterizio	13
Ziegelstein-	laterizio (*agg.*)	13
das **Ziel**	la finalità	11
ziemlich (ziemlich gut)	abbastanza (abbastanza bene), piuttosto	4
ziehen (gezogen ...)	attrarre (attratto)	10
das **Zimmer**	la stanza	8
zinkweiß	bianco di zinco	7
das **Zinnoberrot**	il rosso cinabro	7
der **Zirkus** (die Figuren des Zirkus – Picasso)	il circo (i personaggi del circo – Picasso)	5
die **Zitadelle**	la cittadella	14
zitronengelb	giallo limone	7

das **Zivilgebäude**	l'edificio civile	14
der **Zivilkrieg**	la guerra civile	5
der **Zopf** (in Zöpfen auf den Schultern geteilt)	la treccia (divisi in trecce sulle spalle)	8
zu (zum Himmel / zum Anfang/Ende des Jahrhunderts / zum Niveau des Sockels / zu jemandem gehen)	verso (verso il cielo) / a (ad inizio secolo / alla fine del secolo / a livello del basamento) / da (andare da qualcuno)	4/5/8/6
zu viel	troppo	7
züchten (Tiere züchten)	allevare (allevare animali)	11
der **Züchter**, *hier*: Hirte	l'allevatore	11
zuerst (zuerst von ... danach von ...)	prima, dapprima (prima di ... poi di ...)	10
zufällig	fortuito (= casuale)	11
zugunsten von	a favore di	10
zum Teil	in parte	5
zusammen	insieme	1
zusammenfassend (die zusammenfassende Malerei)	compendiario (la pittura compendiaria)	9
die **Zusammenfassung**	*hier*: il compendio (*lat. compendium*)	9
zusammenleben	convivere	11
zusammengesetzt (die zusammengesetzten Verben)	composto (i verbi composti)	6
(mit ...) **zusammenmischen**	mescolare (con ...)	7
zusammensetzen	comporre	11
die **Zusammenstellung von Farben**	l'accostamento di colori	7
der **Zusatz**	l'aggiunta	7
zusätzlich	ulteriore	11
zuschreiben	attribuire	8
die **Zuschreibung**	l'attribuzione	12
der **Zustand**	lo stato / la condizione	12
zwanzig	venti	5
zwanzigste(-r, -s) (*Ordnungszahl*)	ventesimo/a	5
zwei	due	5
zweimal	due volte	4
zweitausendste	duemillesimo	11
zweite(-r, -s) (*Ordnungszahl*)	secondo/a	5
der **zweitausendste Geburtstag**	il bimillenario	11
zweiundzwanzig	ventidue	5
das **Zwillingsfenster**	la bifora	5
zwischen	tra, fra	4
das **Zwischengeschoss**	l'ammezzato, il mezzanino	14
die **Zwischenzeit**	il Periodo Intermedio	6
zwölf	dodici	5
zwölfte(-r, -s) (*Ordnungszahl*)	dodicesimo/a	5
der **Zylinder**	il cilindro	8
zylindrisch	cilindrico	8